JN142701

小﨑敏男
佐藤龍三郎
編著

移民・外国人と日本社会

人口学ライブラリー 18

原書房

はしがき

　日本の総人口が 2008 年 12 月の 1 億 2,809 万 9 千人をピークに減少に転じて，はや 10 年たち，この間の減少数は約 170 万人にのぼる。生産年齢（15～64 歳）人口は，これよりも早く 1995 年を境に減少を続けており，ピーク時からすでに 1,200 万人減少している。1970 年代初頭には年間 200 万人にのぼった出生数は，100 万人を割り込み，今では 90 万人台に落ち込んでいる。一方で人口高齢化はいっそう進み，老年（65 歳以上）人口割合は 28% を超えるに至っている。国立社会保障・人口問題研究所の将来人口推計（2017 年公表，出生・死亡中位仮定）によれば，2065 年の総人口は 8,800 万人，生産年齢人口は 4,500 万人にまで縮小し，出生数はわずか 56 万人，老年人口割合は 38%（75 歳以上は 26%）に達する見通しである。現在でも労働力不足が叫ばれ，社会保障財政は危機に瀕しているが，このままでは近い将来，日本の経済・社会の破綻が避けられないことは誰の目にも明らかである。

　日本人がすでに自身の人口を再生産する力を失った以上，経済・社会の維持のために移民あるいは外国人に依拠せざるを得ないことは明白である。移民・外国人政策に関しては国民の間に大きな意見の隔たりがあり，「開国・鎖国」論争が闘わされたこともある。しかし政策がいかにあろうとも，国際化・グローバル化の波は確実に押し寄せている。在留外国人は 260 万人を超え，外国人労働者は 150 万人に近づいており，わが国の経済・社会にとってもはや無視できない存在となっている。また観光などで日本を訪れる外国人も年間およそ 3 千万人にのぼり，さらに増加傾向にある。このような現実を直視すれば，もはや 100%「鎖国」も 100%「開国」もあり得ず，われわれは冷静かつ理性的に将来のあるべき道を探る必要があるといえる。すなわち，日本社会はどのように外国人を受け入れ，どのように移民と共生していくのか，という問いに真剣に向き合わねばならない。

本書はこの課題に対し，人口学を中心に経済学，社会学などを含めた幅広い観点から包括的に取り組んだ研究書である．筆者らが集う人口学研究会の叢書「人口学ライブラリー」としては，シリーズ4『国際人口移動の新時代』（吉田良生・河野稠果編 2006年）で国際人口移動をテーマに取り上げているが，同書は移民を送り出す側すなわち諸外国の状況に重点を置いたものであった．これに対しシリーズ18にあたる本書は，移民を受け入れる側すなわち日本の状況に目を向けたものであり，序章以外はすべて国内の問題を扱っている．

各章の概要は次の通りである．

序章（国際人口移動の概況）では，まず国際人口移動と移民の定義・概念について確認する．国際人口移動は，人が国境を越えてその日常生活圏を変更することを意味する．現在では永住・定住のみならず，移動の目的や移動者の法的地位に関わらず，長期に及ぶ滞在も視野に含めている．国連人口部の推計によれば，国際移動者すなわち移民（シンプルに言えば，生まれた国とは異なる国に住む人）は2017年7月1日現在，2億5,800万人にのぼり世界人口の3.4%を占める．先進地域に住む移民の約6割は開発途上地域の出身である．移民の主要な類型（移動理由）には，労働移動（就業），留学・就学，家族移動（家族の随伴・帯同や呼び寄せ），強いられた移動（難民など）がある．

第1章（現代日本における移民受け入れの歴史）では，まず経済発展に伴って移民の送出国であった国が受入国に転換する歴史的過程を「国際移動転換」という普遍的な現象と捉え，日本ではこの転換が1990年代に起こったことを示す．すなわち1970年代に入り日本企業の海外進出が盛んになり日本人の国際移動は出国超過へと転じた．一方1980年代以降，人手不足が急速に顕在化し，ニューカマー外国人が急増し1994年にその人口は同時点の在外日本人人口を越え，その後，さらにその差は拡大していった．しかも日系人や日本人との国際結婚など日本社会との家族的結びつきに基づいた閉じられた移住から，留学や就労といった人的資本に基づいた開かれた移住への転換が見られている．

移民の受入国への影響のうち，人口の面では出生力に及ぼす影響が注目される．一般に送出国は受入国より出生力が高く，移民の出生力は受入国の国民の

それよりも高いと予想されるからである。第2章（日本における低い外国人女性の出生力とその要因）はこの研究課題に正面から取り組んだものであり，国勢調査の個票データを同居児法により分析し，日本では外国人女性の出生率はむしろ低いことを明らかにした。すなわち推定された女性1人当たり出生数は，日本人1.31に対して，中国人0.87，フィリピン人1.46，タイ人1.04，ブラジル人1.27にとどまった。その要因としては，結婚の不安定さ（高い離婚確率）に加え，外国人女性をとりまく出産・育児環境の厳しさが考えられる。

第3章（外国人人口の分布と移動）は，日本における外国人人口の地域分布と移動について，その動向の把握・分析に用いる種々の公的統計を解説したうえで，近年における移動と分布の特徴を整理し，その背景ならびに含意について考察した。近年，外国籍人口についても住民基本台帳ベースの統計が把握できるようになるなど，日本における外国人人口の分布と移動に関する統計の利用環境は急速に整備されつつある。日本国内における外国人人口は，規模の拡大に加えて，その構成が過去30年間で大きく変化しており，いわゆる「ニューカマー」外国人の定住化や郊外化が一部で示されるなど，その分布や国内移動にも新たな傾向が生じている。

第4章（移民・外国人政策の現在）では，日本における移民・外国人の法的地位に着目した5つの同心円モデルを提示した。すなわち，物理的な国境である第1の境界，合法的な入国・滞在資格を得る第2の境界，就労の自由を獲得する第3の境界，永住資格を得る第4の境界，日本国籍を取得する第5の境界である。各境界通過に係る政策と境界通過後の権利の状況を見ると，グローバル化の進行にともなって各境界は開放に向かっているものの，境界通過は選別的で，すべての移民・外国人に平等に開放されているわけではない。むしろ管理・監視が徹底されることで，排除の機能も強化されている。加えて，所属機関や在留期間，国籍・地域によって外国人カテゴリーが細分化され，階層化されていると指摘する。

国際的な人の往来としては，旅行・訪問といった短期の国境を越える人の動きも見逃せない。「地方創生」においても訪日外国人のさらなる増加と海外から

のインバウンドによる経済波及効果が期待されている。第5章（訪日外国人の経済・社会的効果）は，人口減少が続く北海道にあって外国人観光客が急増するスキーリゾートとして知られる倶知安町を対象に事例研究をおこなったものである。倶知安町では，外国人観光客の増加は外国人居住者の増加に繋がるものの，インバウンドによる消費が地元経済を活性化し住民の所得を高める効果は確認できなかった。有効求人倍率が上昇しても，派遣や非正規，冬季のみの雇用が中心である限り必ずしも地域の安定した「しごと」の創出には繋がらないなどの問題点が明らかとなった。

以下4つの章は，移民の労働者としての側面に的を当てた議論である。

第6章（移民・外国人労働者と労働市場）は，外国人労働者の流入がわが国の労働市場に及ぼす影響，とりわけ賃金・雇用への影響を検討する。2000年から2010年にかけての都道府県別データを用い，外国人労働者比率を説明変数とし，実質賃金率，日本人就業者数を被説明変数とする多変量解析により外国人労働者の増加はわずかに賃金にプラスの影響を与えることから，日本人労働者と外国人労働者の補完関係が示唆された。一方，雇用に関しては，産業全体では，外国人労働者の流入はマイナスの影響を与える。但しその程度は大きくはなく，外国人労働者10％の増加で就業者の1％程度の削減にとどまる。さらに本章は，移民のわが国の労働市場への統合の可能性を考察し，日本語の習得が非常に重要な役割を果たすことを指摘する。

現在わが国の外国人労働者は130万人を超えるが，およそ5人に1人はアジア諸国から来日した「技能実習生」である。日本の外国人労働者政策の中で，技能実習生の存在感が大きくなる中，政府は，「外国人材」の活用を拡大する方針を打ち出し，その看板政策として技能実習制度の抜本的見直しを掲げ，技能実習法を制定した。第7章（外国人技能実習制度の活用状況と今後の展開）では，日本独自の制度として発展してきた技能実習制度の沿革とその特徴を整理する。その上で制度の活用状況について，特に若年労働者の労働力需給に着目し，技能実習生の受け入れニーズを分析する。さらに技能実習制度の今後の課題について考察する。

第8章（移民・外国人と社会保障財政）では，国立社会保障・人口問題研究所の将来推計人口をベースに，追加的な移民人口を仮定し，これを足し合わせ，その人口規模と性・年齢構造の変化が日本の社会保障に及ぼす影響について検討する。社会保障制度の中でも年金保険のうちウェイトの大きい老齢厚生年金に焦点を当て，移民の流入が将来の人口に与える変化を通して年金財政の拠出と給付の両方に及ぼす影響について，マクロ経済モデルに基づき2015～2065年の期間についてシミュレーションを実施した。追加的移民がゼロ，毎年10万人，毎年20万人の3通りのシミュレーションで得られた結果から，移民の規模が大きいほど年金の給付総額と拠出総額はともに大きくなるが，拠出を増加させる効果の方が給付を増加させる効果よりも大きく，移民の受け入れは現役世代の負担を緩和する方向に作用することが示された。

　終章（外国人受け入れをめぐる議論）では，移民・外国人受け入れの是非を検討する。この議論において意見の相違は，おもに非経済的な影響についての見方の相違による。たとえば，社会的文化的摩擦や治安の悪化が懸念されている。しかし，いまのところ，外国人受け入れにより犯罪件数が増加するという根拠はない。経済面では，受入国の賃金・雇用への影響に関して，意見が分かれるがそれでも影響は軽微とする分析結果が圧倒的に多い。次に，外国人労働受け入れは，産業構造の高度化を遅らせるかという問いについて考える。非熟練の外国人労働者の導入はマクロ的に見て中長期的な産業構造の高度化を遅らせる可能性があることが指摘されており，そこで，外国人労働力に依存することなく，現状および将来の労働力不足を人工知能（AI），情報通信技術（ICT），ロボット等で代替することが可能という見方もある。これに対し，筆者は，そのような先端技術の導入のみでは少なくとも短期的には解決策にはならないと考える。

　以上，各章の要点を述べた。移民・外国人政策を展望するにあたっては長期的かつ総合的視点が欠かせない。現状では資料・データの不足や将来起こり得る変化の不確実性ゆえに限定的な分析にとどまっている面もあるが，そのような制約の中で一つの研究成果を示すことができたと編者は考えている。

折しも本書編集中に出入国管理及び難民認定法（入管法）が改正され（2018年12月成立，2019年4月施行），外国人労働者の受け入れ拡大（在留資格「特定技能1号・2号」の新設など）が決定された。現在のみならず今後数十年にわたってわが国が直面するこの大きな課題に対し，国民的議論が高まりつつある中で，本書が参考図書の一つとなれば幸いである。

　最後に，人口問題の重要性を深く理解され，「人口学ライブラリー」シリーズの刊行に尽力されている原書房の成瀬雅人社長と編集部の皆さま，とりわけ中村剛さんと矢野実里さんに心から感謝の意を表したい。

　2019年2月

編者

目　次

はしがき ………………………………………………………………… i

序章　国際人口移動の概況 …………………………… 佐藤 龍二郎　1
　はじめに …………………………………………………………… 1
　第1節　移民・外国人の定義と統計的把握 …………………… 1
　第2節　世界の移民人口の趨勢 ………………………………… 4
　第3節　移民（国際人口移動）の種類と説明理論 …………… 7
　第4節　国際人口移動の影響 …………………………………… 10
　おわりに …………………………………………………………… 12

第1章　現代日本における移民受け入れの歴史：
　　　　　国際移動転換の観点から ………………………… 是川 夕　17
　はじめに …………………………………………………………… 17
　第1節　諸外国における国際移動転換 ………………………… 18
　第2節　日本を取り巻く国際人口移動の歴史 ………………… 20
　第3節　日本における移住過程の変化 ………………………… 25
　おわりに …………………………………………………………… 28

第2章　日本における低い外国人女性の出生力とその要因
　　　　 ……………………………………………………… 是川 夕　33
　はじめに …………………………………………………………… 33

第1節　先行研究 …………………………………………………… 34
　第2節　仮説及び探究課題 ………………………………………… 37
　第3節　データ及び方法論 ………………………………………… 38
　第4節　日本における外国人女性 ………………………………… 42
　第5節　外国人女性の出生力 ……………………………………… 44
　第6節　低い外国人女性の出生力とその要因 …………………… 47
　おわりに ……………………………………………………………… 50

第3章　外国人人口の分布と移動 …………………… 中川 雅貴 57
　はじめに ……………………………………………………………… 57
　第1節　外国人人口の分布と移動に関する統計 ………………… 58
　第2節　外国人人口の地域分布 …………………………………… 63
　第3節　外国人の移動 ……………………………………………… 69
　おわりに ……………………………………………………………… 75

第4章　移民・外国人政策の現在：
　　　　重層的な境界管理と選別的排除 ………… 鈴木 江理子 81
　はじめに ……………………………………………………………… 81
　第1節　法的地位と移民・外国人政策 …………………………… 81
　第2節　第1の境界に係る政策 …………………………………… 83
　第3節　第2の境界に係る政策 …………………………………… 86
　第4節　第3の境界に係る政策 …………………………………… 89
　第5節　第4の境界に係る政策 …………………………………… 93
　第6節　第5の境界に係る政策 …………………………………… 95
　第7節　境界通過と権利の諸相 …………………………………… 97
　おわりに ……………………………………………………………… 102

第5章　訪日外国人の経済・社会的効果：北海道倶知安町の事例研究 ……… 原　俊彦　109

- はじめに ……………………………………………………………………… 109
- 第1節　北海道の訪日・在住外国人と観光 …………………………… 110
- 第2節　市町村の人口動態と訪日・在住外国人 ……………………… 114
- 第3節　事例研究：北海道倶知安町 …………………………………… 118
- 第4節　考察：地方創生と訪日・居住外国人の受け入れ …………… 128
- おわりに ……………………………………………………………………… 130

第6章　移民・外国人労働者と労働市場 ……………… 小﨑　敏男　135

- はじめに ……………………………………………………………………… 135
- 第1節　わが国の外国人労働市場の現状 ……………………………… 136
- 第2節　移民・外国人の受け入れの影響：実証のサーベイ ………… 139
- 第3節　わが国への移民・外国人流入と賃金・雇用への影響に関する実証分析 …………………………………………………… 146
- 第4節　移民・外国人労働者と労働市場統合 ………………………… 149
- おわりに ……………………………………………………………………… 151

第7章　外国人技能実習制度の活用状況と今後の展開
………………………………………………………… 万城目　正雄　159

- はじめに ……………………………………………………………………… 159
- 第1節　技能実習制度の創設と制度発展のプロセス ………………… 159
- 第2節　技能実習制度の活用状況 ……………………………………… 166
- 第3節　技能実習制度の新展開 ………………………………………… 173
- おわりに ……………………………………………………………………… 181

第8章　移民・外国人と社会保障財政 ……………………増田 幹人　185
　はじめに …………………………………………………………………… 185
　第1節　日本における移民・外国人人口の趨勢………………………… 186
　第2節　移民・外国人が社会保障財政に及ぼす影響 ………………… 193
　第3節　シミュレーションの方法………………………………………… 194
　第4節　移民の流入が年金財政に及ぼす影響の経路………………… 196
　第5節　移民の流入が将来の年金財政に及ぼす影響………………… 200
　おわりに …………………………………………………………………… 205

終章　外国人受け入れをめぐる議論 ……………………小﨑 敏男　213
　はじめに …………………………………………………………………… 213
　第1節　移民・外国人受け入れの現状と制度……………………………214
　第2節　移民・外国人受け入れの議論 ………………………………… 219
　第3節　社会統合と同化政策 …………………………………………… 228
　おわりに …………………………………………………………………… 230

　索引 ……………………………………………………………………… 237

執筆者一覧(執筆順)

佐藤　龍三郎(さとう　りゅうざぶろう)(中央大学経済研究所客員研究員)

是川　夕(これかわ　ゆう)(国立社会保障・人口問題研究所国際関係部第2室長)

中川　雅貴(なかがわ　まさたか)(国立社会保障・人口問題研究所国際関係部第3室長)

鈴木　江理子(すずき　えりこ)(国士舘大学文学部教育学科教授)

原　俊彦(はら　としひこ)(札幌市立大学名誉教授)

小﨑　敏男(こさき　としお)(東海大学政治経済学部経済学科教授)

万城目　正雄(まんじょうめ　まさお)(東海大学教養学部人間環境学科准教授)

増田　幹人(ますだ　みきと)(駒澤大学経済学部経済学科准教授)

# 序章　国際人口移動の概況

はじめに

　1989年のベルリンの壁崩壊，これに続くソビエト連邦の解体（1991年）により，第二次世界大戦後の東西冷戦は終結した。これは同時に古い世界秩序の崩壊であり，国際人口移動の新たな時代の幕開けとなった。すなわち地域紛争の噴出による難民の大量発生，市場経済のグローバル化による国際労働移動の活発化とこれに伴う家族移動の動きである。この大波は，少子高齢化・人口減少に悩む日本にも押し寄せつつある。

　その日本の状況は，続く第1章以下の各章で詳しく述べるとして，この序章では基礎知識としてグローバルな視点から移民・外国人人口の動きと影響・要因・政策等について概観する。すなわち，まず第1節で移民・外国人の定義とその統計的把握について述べる。第2節では世界の移民人口の趨勢について，第3節では移民（国際人口移動）の種類と要因について，また第4節では国際人口移動の影響について，各々概要を述べる。おわりに移民問題と移民政策に関する国際的な議論の流れを整理する。

第1節　移民・外国人の定義と統計的把握

(1) 国際人口移動と移民の定義・概念

　人は，日々，地球上で動いている。この動き（広義の移動）は大小，長短様々

である。それは期間（短期，長期），距離（近距離，遠距離），出発地と到着地の関係（片道，往復，周回）などの見地から，また移動の目的・理由などにより類型化が試みられている。しかし完璧な分類をなすことは困難である。というのも，これらの分類基準はいずれも相対的であるうえ，移動は人の一生の間に何回も起こりうる事象である。個人の移動歴を完全に把握するだけでも人を生涯にわたって観察しなければならず，移動に関する人口統計データの収集は容易なことではない。

人の日常生活圏との関係でいえば，広義の移動には，①日常生活圏内での移動（通勤，通学，買い物など），②自己の日常生活圏を変えることなく，日常生活圏の外へ移動（典型的には旅行・訪問），③日常生活圏の変更（長期滞在，移住）という3つの水準があるといえる。

一般に人口学では，人口移動（migration）とは常住地（ふだん住んでいるところ）を変更することと理解されており（渡辺 2010）[1]，上記の③が該当するといえる。しかし，②と③の境界は必ずしも明瞭ではなく，訪問であっても滞在が長期に及ぶ場合は人口移動に含まれることになる。

いずれにしても人口移動の行為者は移動者（migrant）である。人口移動が一国の国内で起これば国内人口移動（internal migration; domestic migration），その行為者は国内移動者（internal migrant）と呼ばれる。これに対し，人口移動が国境を越えるものであれば国際人口移動（international migration; cross-border migration），その行為者は国際移動者（international migrant）と呼ばれる。本書でいう移民は，この国際移動者を指すものとする。

ここで注意が要るのは，「移民」という語が日本語の日常的な使用例において，必ずしもこの意味に合致しないことである。日本では「移民」の語は外国への永住あるいは定住を念頭に置いて使われ，たとえ滞在が長期にわたっても定住・永住を目指さない場合には「移民」の語を用いないことが多い（鈴木 2010a）。しかし両者を厳密に区別することは不可能であり，また現実的でない。はじめから永住を目指す国際移動は今日ではもはや典型的とはいえず，出身国との往来，家族の随伴・帯同や呼び寄せ，第三国への再移動など，多様な動き

が見られている。このような現代の複雑かつダイナミックな国際人口移動現象を把握し分析するには，行為者の目的・理由や法的地位（国籍，市民権，永住権など）にかかわらず，もっぱら滞在期間の長さや常住地の変更の見地から「移民」を定義することが適当といえる。国連人口部が移民のストック指標（一時点における人数）として推計している"international migrant"の定義ももっぱらこの見地によっている。問題は，どれだけの期間外国に滞在していれば国際人口移動といえるかという点である。国連は，国際人口移動を1年以上滞在する長期移動と3か月以上1年未満の期間滞在する短期移動に分けているが，この定義通りに人口移動統計を取りまとめ発表している国は少なく，結局のところ各国政府のそれぞれの集計方法に委ねられている（河野 2006）。

　また，一国を基準として人口移動を見た場合，国外に移動していく人（emigrant）またはその行為（emigration）を「出移民」，自国に移動してくる人（immigrant）またはその行為（immigration）を「入移民」と呼ぶ。そして，入移民が多い国を移民受入国（receiving country），逆に出移民が多い国を移民送出国（sending country）という（鈴木 2010a）。

(2) 外国人の定義・概念

　外国人（foreigner; foreign national）とはある国から見て，その国の国籍（nationality）を有しない人のことである。ちなみに外国人の対語，すなわち，その国の国籍を有する人（national）は「国民」（日本の場合「日本人」あるいは「日本国民」）と呼ばれる。国民は，日本国憲法にも記されている法律用語であり，日本国民とは日本の国籍を有する人と同義である（日本国民の要件は国籍法に定められている）。

　その国の国籍を有しない人を外国人とする定義も厳密に見れば完全に割り切れるものではなく，極めて少数であるが無国籍者が存在し，また二重国籍の人が少なからずいるとみられている。しかし日本では二重国籍は法的に認められておらず，無国籍の人もごく少数とみられる。総務省統計局の2015年「国勢調査」に基づく日本の総人口（1億2,709万4,745人）は，①日本人人口，②外国

人人口，③国籍不詳人口の合計と表記されており，その人数と構成割合は各々① 1 億 2,428 万 3,901 人（97.8％），② 175 万 2,368 人（1.4％），③ 105 万 8,476 人（0.8％）である。

第 2 節　世界の移民人口の趨勢

ここでは国連人口部が 2017 年 12 月に刊行した「国際人口移動報告 2017 年版」（*International Migration Report 2017*）に基づいて，国際人口移動の概況を述べる（United Nations 2017a）。同報告では世界および国別の国際人口移動がストック（一時点における状態）とフロー（一定期間における変化）の両面から把握（推計）されている。前者は「国際移動者ストック」（*International Migrant Stock*）として，後者は「世界人口推計」（*World Population Prospects*）の一部として（United Nations 2017b），いずれも定期的に改訂されている。以下，「国際移動者」と「移民」は同義的に用いる[5]。

(1) ストック指標から見た国際人口移動
1）世界および主要地域別に見た国際移動者の推移（1990 年から 2017 年まで）

上記の国連統計によると（**表 P-1**），世界の移民の総数は 1990 年（7 月 1 日現在，以下も）の 1 億 5,250 万人（世界人口の 2.9％）から 2017 年の 2 億 5,770 万人（同 3.4％）へと増加した。この間平均して年間 390 万人（先進地域では 240 万人，開発途上地域では 150 万人）のペースで増加したことになる。

2017 年の世界の移民総数のうち，1 億 4,600 万人が先進地域に住み（同地域の人口の 11.6％），1 億 1,170 万人が開発途上地域に住んでいる（同 1.8％）。主要地域別に見ると，アジア（7,960 万人），ヨーロッパ（7,790 万人），北部アメリカ（5,770 万人），アフリカ（2,470 万人），ラテンアメリカ（950 万人），オセアニア（840 万人）の順に多くの移民が住んでいる。ただし各地域の人口に占める移民の割合で見ると，オセアニア（20.7％），北部アメリカ（16.0％），ヨー

表 P-1 世界の主要地域別に見た国際移動者の推移（1990年から2017年まで）

	国際移動者の人数（100万人，各年7月1日現在）				各期間における年平均増加率（％）			
	1990年	2000年	2010年	2017年	1990〜2000年	2000〜2010年	2010〜2017年	2000〜2017年
世界	152.5	172.6	220.0	257.7	1.2	2.4	2.3	2.4
先進地域	82.4	103.4	130.7	146.0	2.3	2.3	1.6	2.0
開発途上地域	70.2	69.2	89.3	111.7	-0.1	2.6	3.2	2.8
アフリカ	15.7	14.8	17.0	24.7	-0.6	1.4	5.3	3.0
アジア	48.1	49.2	65.9	79.6	0.2	2.9	2.7	2.8
ヨーロッパ	49.2	56.3	70.7	77.9	1.3	2.3	1.4	1.9
ラテンアメリカ	7.2	6.6	8.2	9.5	-0.9	2.3	2.0	2.2
北部アメリカ	27.6	40.4	51.0	57.7	3.8	2.3	1.8	2.1
オセアニア	4.7	5.4	7.1	8.4	1.2	2.8	2.4	2.7

（資料）United Nations（2017a, p.1）.
（注）"Trends in International Migrant Stock, The 2017 Revision" に基づく.
「ラテンアメリカ」は中南米とカリブ海諸国を含む.「北部アメリカ」はアメリカ合衆国とカナダを含む.

表 P-2 現在地・出身地別に見た国際移動者（2017年）

（単位：100万人）

現在地（移動先）	出身地（移動元）									
	先進地域	開発途上地域	アフリカ	アジア	ヨーロッパ	ラテンアメリカ	北部アメリカ	オセアニア	不明	世界
先進地域	56.9	89.0	12.4	42.6	51.8	31.4	2.5	1.7	3.6	146.0
開発途上地域	14.4	97.4	23.8	63.1	9.4	6.3	1.9	0.2	6.9	111.7
アフリカ	2.3	22.3	19.4	1.2	1.0	0.0	0.1	0.0	3.0	24.7
アジア	9.2	70.4	4.4	63.3	7.1	0.4	0.5	0.1	3.7	79.6
ヨーロッパ	43.3	34.6	9.3	20.5	41.0	4.6	1.0	0.4	1.1	77.9
ラテンアメリカ	2.9	6.6	0.1	0.3	1.3	6.1	1.4	0.0	0.3	9.5
北部アメリカ	9.4	48.2	2.6	17.2	7.6	26.4	1.2	0.2	2.4	57.7
オセアニア	4.2	4.2	0.5	3.2	3.1	0.2	0.2	1.1	0.1	8.4
世界	71.3	186.4	36.3	105.7	61.2	37.7	4.4	1.9	10.6	257.7

（資料）United Nations（2017a, p.2）.
（注）表 P-1 に同じ.

ロッパ（10.5％），アフリカ（2.0％），アジア（1.8％），ラテンアメリカ（1.5％）の順となる（United Nations 2017c）。

2) 現在地・出身地別に見た国際移動者

移民はどこから来たのだろうか。2017年における世界の移民の出身地を見ると（**表P-2**），アジアが最多（1億570万人）であるが，ヨーロッパ（6,120万人），ラテンアメリカ（3,770万人），アフリカ（3,630万人）からの移民も多い。

先進地域に住む移民 1 億 4,600 万人の 6 割にあたる 8,900 万人は開発途上地域の出身であり，開発途上地域に住む移民 1 億 1,170 万人の 9 割は同地域内での移動者である。このことは，「南」の国々から「北」の国々への移動のみならず，同時に「南」の国から別の「南」の国への移動も今日の国際人口移動の主流をなしていることを示している。

同じ表で（**表P-2**），アフリカに住む移民の大多数（1,940 万人）はアフリカ出身であり，アジアに住む移民の多く（6,330 万人）はアジア出身，ラテンアメリカに住む移民の多く（610 万人）はラテンアメリカ出身であることが分かる。一方，ヨーロッパに住む移民の出身地は，ヨーロッパ（4,100 万人），アジア（2,050 万人），アフリカ（930 万人）と分かれている。北部アメリカに住む移民の出身地は，ラテンアメリカ（2,640 万人），アジア（1,720 万人），ヨーロッパ（760 万人），アフリカ（260 万人）など多岐にわたる。オセアニア（その人口の大部分はオーストラリアとニュージーランド）に住む移民の出身地は，先進地域（420 万人，うち 310 万人はヨーロッパ出身）と開発途上地域（420 万人）が半々であり，アジア出身者は 320 万人にのぼる。

(2) フロー指標から見た国際人口移動

国連の世界人口推計は各国について 5 年区間ごとの純移動数を推計している。これをもとに主要地域別に見た国際人口移動の純移動数を見てみよう（**表P-3**）。純移動（net migration）数とはある国にとっての入移民数から出移民数を差し引いた人数であり，これが正の値であれば入移民超過，負の値であれば出移民超過を示す。世界全体の純移動数は当然ゼロである。

この表より 2010 年から 2015 年まで 5 年間の純移動数の推移を見ると，まず出入りを差し引いて開発途上地域から先進地域へ約 1,100 万人（年平均 221 万人）の移動があったことが分かる（**表P-3**）。この流れは 1955-60 年の 19 万人から次第に増大し 2005-10 年の 1,650 万人（年平均 330 万人）をピークに減少に転じている。2010 年から 2015 年まで 5 年間に出入りを差し引いて，アフリカ，アジア，ラテンアメリカから各々 330 万人，550 万人，180 万人が流出し，逆に

表 P-3　世界の主要地域別に見た国際人口移動の純移動数（各 5 年間）の推移
（1950 年から 2015 年まで）

(単位：1,000人)

	1950-55	1955-60	1960-65	1970-75	1980-85	1990-95	2000-05	2005-10	2010-15
世界	0	0	0	0	0	0	0	0	0
先進地域	698	192	2,530	6,885	5,854	10,968	15,656	16,523	11,057
開発途上地域	-698	-192	-2,530	-6,885	-5,854	-10,968	-15,656	-16,523	-11,057
アフリカ	-569	-573	-943	-2,290	-1,721	-341	-2,094	-3,352	-3,278
アジア	96	1,383	-249	-1,491	-537	-7,179	-7,650	-10,275	-5,485
ヨーロッパ	-1,376	-2,816	237	2,105	1,573	5,241	8,551	8,802	4,054
ラテンアメリカ	-203	-1,073	-1,485	-2,333	-3,506	-3,331	-5,608	-2,499	-1,843
北部アメリカ	1,574	2,673	2,006	3,712	3,778	5,212	6,231	6,259	5,641
オセアニア	477	407	432	298	413	399	571	1,065	910

（資料）United Nations（2017b）．
（注）"World Population Prospects, 2017 Revision" に基づく．
　　　「ラテンアメリカ」は中南米とカリブ海諸国を含む．「北部アメリカ」はアメリカ合衆国とカナダを含む．

ヨーロッパ，北部アメリカ，オセアニアへ各々410万人，560万人，90万人が流入した．

国連人口部は，2015 年以降の純移動の将来推計も行っている（United Nations 2017b）。表には示さないが，2015 年から 2050 年にかけて，開発途上地域から先進地域へ，年平均 240 万人程度の純移動が仮定されている（35 年間の累計は 8,400 万人）．

第 3 節　移民（国際人口移動）の種類と説明理論

　国際人口移動は，その原因・理由・目的などによって様々に類別化されている（渡辺 2010）。

　まず，強いられた移動（あるいは非自発的な移民：involuntary migrant）と自発的な移動（自由移民：voluntary migrant）の別がある。強いられた移動（forced migration）は，強制移住あるいは戦争や政治的宗教的迫害などの危険を逃れるための移動である（後述の難民など）。これは受入国側から見れば，人道的観点からの受け入れ（humanitarian migration）といえる．自発的な移動には，

就業目的など経済的動機にもとづく移動（国際労働移動），就学・留学のための移動，家族の随伴・帯同や呼び寄せ，家族形成に関わる移動がある。

　また一時的（出稼ぎ型）移動と定住型（永住型）移動に分けられることもあるが，前者から後者へ移行することもあり，両者の境界は必ずしも明確ではない。合法（legal）・不法（illegal）という観点からは，合法移民と不法移民に分けられる。不法移民には不法残留者，不法入国者，不法滞在の子どもが含まれるが，近年，語の否定的な響きを避けるため「非正規移民」あるいは「未登録移民」（undocumented migrant）という表現も用いられている（鈴木 2010b）。また移民の有する人的資本（教育，職業キャリアなど）の度合いにより"high-skilled"と"lower-skilled, unskilled"に分けられることもある。以下，「労働」，「家族」，「難民」という主要な3つの移動理由（移民の類型）に絞って概要を述べる。

(1) 国際労働移動

　井上（2014）は，ラベンスタインの法則を議論の出発点として，労働力移動としての人口移動を規定する主な要因を①距離摩擦要因（発地着地間の距離が増加するほど移動量が減少する），②人口規模要因（発地と着地の人口規模が大きいほどその間の移動量が増加する），③経済格差要因（人口移動が経済水準のより高い地域に流れる）の3つに整理している。

　また，これまでの経済的移動の説明理論を河野（2006）は，①賃金や就業率の格差（新古典派経済理論），②リスク分散，すなわち移動の主体は個人というよりも家族であり，家族単位における最大利益と最小リスクの実現（新家族経済学理論），③先進国の労働市場の二重構造，④グローバル市場経済の拡張（世界システム論），⑤情報網の拡大（ネットワーク理論）の5点にまとめている。

　吉田（2002）は，受入国における労働力不足あるいはミスマッチによってもたらされる「プル要因」と送出国における高い出生力による人口圧力，経済的な貧困すなわち相対的な飢餓感，失業の圧力，および政治的・社会的混乱などから生じる「プッシュ要因」に加えて，交通手段の発達（移動のコスト低下，

移動の時間短縮), マスメディアの発達 (異文化情報を大量かつ瞬時に提供するため, 移動する人の心理的コスト軽減), 貿易の増大による外国製品の流通や旅行者の増大 (文化的違和感を減少させ, 心理的コスト軽減), 出入国管理法, リクルーターの存在といった人々の移動を可能にする技術的・制度的要素の重要性を指摘している。

(2) 家族に関連した移動

国際人口移動のうち, 家族に関わる移動は「家族移動」(family migration) と総称される。これには, 家族の随伴・帯同や呼び寄せによる移動と家族形成 (国際結婚・離婚) や養子縁組に関連した移動がある。また外国に居住する親戚や友人を頼って移動する連鎖移動 (縁故移動) も知られている (井上 2014)。

経済協力開発機構 (OECD) の報告書 (*International Migration Outlook 2017*) によると, 近年, 家族移動は OECD 諸国への移動の主要な経路となっており, 2015 年には 160 万人以上が居住の許可を得た (新規の定住のほぼ 40% を占める)。2014 年に OECD 諸国に住む移民のおよそ 4 分の 1 ないし半数は家族移民ともいわれるほどである (OECD 2017, p.108)。家族形成は家族移動の理由としての重要性を増しつつあり, OECD 諸国の多くの国では結婚の 10% 以上は国民と外国人の間に起こっており, 結婚すれば家族であることを理由に居住許可が与えられるのが通例である (OECD 2017, p.109)。

(3) 難民など

国連難民高等弁務官事務所 (Office of the United Nations High Commissioner for Refugees: UNHCR) によると, 難民 (refugee) とは 1951 年の「難民の地位に関する条約」で「人種, 宗教, 国籍, 政治的意見やまたは特定の社会集団に属するなどの理由で, 自国にいると迫害を受けるかあるいは迫害を受ける恐れがあるために他国に逃れた」人々と定義されている。[6] 公式にはこの条約に基づいて難民と認定された人 (条約難民) を指すが, 今日では政治的な迫害のほか, 武力紛争や人権侵害などを逃れるために国境を越えて他国に庇護を求めた人 (庇

護申請者），住み慣れた家を追われたが国内にとどまっているかあるいは国境を越えずに避難生活を送っている人（国内避難民）も広く保護の対象と認識されるようになっている。

UNHCR（2018）の報告書（*Global Trends: Forced Displacement in 2017*）によって最新の状況を見ると，2017年末現在，世界全体で6,850万人が迫害，紛争あるいは人権侵害によって強制的に追い立てられた（forcibly displaced）状態にある。この人数は，難民2,540万人，国内避難民（internally displaced persons）4,000万人，それに庇護申請者（asylum seekers）310万人を合計したものである。なお難民のうち，UNHCRの支援対象は1,990万人であり，540万人は国連パレスチナ難民救済事業機関（UNRWA）によって登録されたパレスチナ難民である。

第4節　国際人口移動の影響

(1) 国際人口移動が先進地域の将来の人口と年齢構造に与える影響

先に国連の世界人口推計で一定数の国際人口移動が仮定に組み入れられていることを述べた。それでは，この規模の国際人口移動は，将来の先進地域の人口と年齢構造にどのような影響を与えるだろうか。「国連世界人口推計」（2017年版）によってこの点を見てみよう。

1) 主要地域別に見た2050年人口に対する国際人口移動の影響

世界人口推計（中位推計）によると2050年の先進地域の人口は12億9,800万人とされるが，もし純移動がゼロなら，すなわち開発途上地域からの移民の流入がないと仮定した場合は11億8,700万人にとどまる（**表P-4**）。すなわち9％小さな人口になってしまう。同様にヨーロッパ人口は6％減，北部アメリカとオセアニアは13％減となる。

他方，2050年の開発途上地域の人口は84億7,400万人のところが，もし先進地域への移民の流出がないと仮定した場合は85億8,500万人，すなわち1％大

表 P-4　国連世界人口推計（2017 年版）による世界主要地域の 2050 年の人口：中位推計結果と純移動ゼロ仮定推計結果の比較

	2050年の人口（100万人）		両者の差 (%)
	中位推計	純移動ゼロ仮定	
世界	9,772	9,771	―
先進地域	1,298	1,187	-9
開発途上地域	8,474	8,585	1
アフリカ	2,528	2,553	1
アジア	5,257	5,327	1
ヨーロッパ	716	672	-6
ラテンアメリカ	780	792	2
北部アメリカ	435	377	-13
オセアニア	57	50	-13

（資料）　United Nations (2017a, p.18).
（注）　表 P-3 に同じ．

きな人口になる．先進地域に比べて人口への影響が小さいのは，人口の規模がはるかに大きいためである．このように国際人口移動は，移民の送出国となる開発途上地域よりも，受入国となる先進地域にはるかに大きな影響を及ぼす．

2）先進地域の人口高齢化に対する国際人口移動の影響

　移民は，受入国の人口に比べ，生産年齢人口の占める割合が比較的高い．それゆえ，多くの移民の受け入れは，人口高齢化を緩やかなものにする作用がある．人口高齢化の指標の一つに中位数年齢があるが，これはその年齢を境により年齢の低い人とより年齢の高い人の人数が等しいという年齢のことである．国連の世界人口推計（2017 年版）によると，2015 年に 41.1 歳であった先進地域の中位数年齢は，一定の移民を織り込んだ中位推計では 2050 年に 45.4 歳へ上昇するが，もし国際人口移動がなければさらに 1.7 年高くなると見積もられている．すなわち，移民なしでは，北部アメリカは 2.0 年，オセアニアは 1.6 年，ヨーロッパは 1.1 年　中位数年齢が高まるとされている（United Nations 2017a, p.19）．

　一方，開発途上地域では，国際人口移動がない場合，2050 年の中位数年齢は 0.4 年低くなるとされる．このように途上地域への影響が比較的小さいのは，国連が仮定している程度の純移動の規模に比べ，開発途上地域の人口がはるかに

大きいことによる。しかし，この規模の人口移動であっても，それがないとなると先進地域への影響は大きい。すなわち，2050年の20〜64歳人口は，中位推計に比べ移民がない場合，北部アメリカでは16％減，オセアニアでは15％減，ヨーロッパでは8％減となる見込みである（United Nations 2017a）。

なお国際人口移動が移民受入国に及ぼす人口学的影響といえば，出生率，死亡率への影響，また移民一世のみならず，二世・三世など移民の子孫（descendants）による影響も考えなければならない（出生率への影響は本書の第2章で論じられる）。

(2) 経済・社会・文化面の影響

これまでの主な議論をまとめると（IOM 2017, pp.3-4），次のように考えられる。まず送出国への影響として，期待される正の効果は人口圧力の緩和，過剰労働力状態の解消，賃金水準の上昇，仕送り（remittance）の経済効果，労働者の技能向上などである。一方，頭脳流出という負の効果もある。

次に受入国への影響として，経済面で労働力の不足を補うという正の効果の一方で，構造改革を遅らせる，長期滞在や家族呼び寄せはコスト増大を招くという負の効果も指摘されている。社会的な面では，多文化の交流による活力という期待の一方で，社会的文化的摩擦が起こり，新たな階層構造が生じることも懸念されている。

おわりに

最後に国際社会における政策対応の動きを概観する。国際人口移動をめぐる政策課題は，移民の送出国の側の視点と受入国側の視点に分かれ，また各々が移動者とその家族から見た視点と国家・国民から見た視点に分かれる。すなわち4つの象限からなる。

主に受入国の国家・国民の視点から考えてみると，受入国側から見た移民政

策には，移民の入国に関する管理政策（出入国管理政策）と移民の居住に関する政策の2つの側面がある（鈴木 2010c）。前者はどのような人を受け入れるかという政策である。後者は移民（外国人）が受入国で生活する上でどのような権利と義務が付与されるかという政策である（本書の第4章参照）。

国際人口移動のうち，難民については，難民保護の国際レジームにおいて2つの中心的要素をなす「難民条約」すなわち1951年の「難民の地位に関する条約」（Convention relating to the Status of Refugees）と1967年の「難民の地位に関する議定書」（Protocol relating to the Status of Refugees）が国連加盟国のうち4分の3ほどの国で批准されているが，現在これらの国に住む難民および庇護申請者は全数の6割ほどに過ぎない（United Nations, 2017a, p.22）。

労働移動の面では，国際労働機関（ILO）がこれまでに労働移民の保護に関する3つの条約，すなわち1949年に改正された「移民労働者に関する条約（97号）」（ILO Convention concerning Migration for Employment），1975年の「劣悪な条件の下にある移住並びに移民労働者の機会及び待遇の均等の促進に関する条約（143号）」（ILO Convention concerning Migrations in Abusive Conditions and the Promotion of Equality of Opportunity and Treatment of Migrant Workers）および2011年の「家事労働者のディーセント・ワークに関する条約」（ILO Convention concerning Decent Work for Domestic Workers（189号）」を採択している。また1990年には「すべての移民労働者とその家族の権利の保護に関する国際条約」（International Convention on the Protection of the Rights of All Migrant Workers and Members of Their Families）が国連総会で採択された。しかし，これらの条約は現在のところ国連加盟国の1～2割の国で批准されるにとどまっている（United Nations 2017a, pp.22-23）。移民労働者の権利についての国際的規範設定活動は，国連とILOが並行して補完的な形でおこなってきたが，条約の批准数（とりわけ労働移民受け入れ側の先進国による批准）が伸び悩んでいるため十分に保護が行き届いていない状況にあるとみられる（吾郷 2014）。

移民を犯罪から守るという面では，いずれも2000年に採択された国際的な組織犯罪の防止に関する国連条約を補足する「人（特に女性及び児童）の取引を

防止し，抑止し及び処罰するための議定書」(Protocol to Prevent, Suppress and Punish Trafficking in Persons, Especially Women and Children) と「陸路, 海路及び空路により移民を密入国させることの防止に関する議定書」(Protocol Against the Smuggling of Migrants by Land, Sea and Air) は，国連加盟国の7〜8割の国で批准されている (United Nations 2017a, pp.22-24)。

さらに2016年9月の「難民と移民に関する国連サミット」における成果文書（ニューヨーク宣言）を受けて，2018年12月モロッコのマラケシュで開催された会合で「安全で秩序ある正規の移住に関するグローバル・コンパクト」(Global Compact for Safe, Orderly and Regular Migration) が採択された。

以上，世界の国際人口移動の概況について述べた。ユーラシア大陸の東端に位置し，太平洋で他の大陸と隔てられた日本はこれまで国際人口移動の大波を免れていたが，いまやこの大波は日本にも押し寄せつつある。新しい移民の時代に日本はどう取り組んでいるのか，どのような課題に直面しているのか。その詳細は本書の以下の章で論じられる。

注

(1) 国立社会保障・人口問題研究所が5年ごとに実施している人口移動調査の設問では，「引っ越し」の経験の有無を問うている（国立社会保障・人口問題研究所 2017）。
(2) 本書では，移民は「外国生まれの人」，外国人は「その国の国籍を有しない人」とシンプルに定義するが，これは人口を属性によって分けるとき，「出生国」という属性によるか，「国籍」という属性によるかの違いである。ここで対応する動態事象（状態変化をもたらす事象）は，おのおの国際人口移動, 国籍変更（帰化：naturalization）である。なおこの定義では，海外に住む日本人から生まれた日本人の子が日本に帰国した場合も「移民」のカテゴリーに入る。したがって厳密に言えば，本書の主題の下で扱う移民は「移民でなおかつ入国時に外国人であった人」に限定される（以下，特に断りはしない）。
(3) 国際移住機関 (International Organization for Migration: IOM) の"migrant"（日本

語版で「移民」の訳語があてられている）の定義でも，法的地位，移動の理由，滞在期間に関わらず，その人の本来の居住地を離れて移動している（または移動した）人としている（http://www.iomjapan.org/information/migrant_definition.html, 2019年1月8日確認）。
(4) 外国人に対し「内国人」という語もある。なお「国民」は，日常の用法では，人民（people）の言い換え語として用いられることも多い。
(5) 国連が推計している国際移動者（international migrant）は，各年の7月1日時点の「外国生まれの人」の人数である。ただし，外国生まれの人の統計が存在しない国（日本もその一つ）では，外国人の人数で代用している。この点に関する議論は，千年（2016）参照。なお，ここでいう国際移動者に対して，「外国生まれの移住者（外国移住者）」（河野 2006），「国際人口移動者」（林 2014），「国際移住者」（大崎 2016）という訳語も用いられている。
(6) UNHCR駐日事務所による（http://www.unhcr.org/jp/what_is_refugee, 2019年1月8日確認）。

参考文献

吾郷眞一（2014）「人の国際移動と労働：国際組織の役割」『立命館法学』2014年5・6号，1-21頁。
井上孝（2014）「人口移動モデルと国際結婚移動」（特集：第18回厚生政策セミナー「国際人口移動の新たな局面：『日本モデル』の構築に向けて」）『人口問題研究』70(3)，264-274頁。
大崎敬子（2016）「国際人口移動の世界的潮流と受入国・送出国の人口動向への影響」『統計』2016年6月号，31-35頁。
河野稠果（2006）「世界人口の動向と国際人口移動」吉田良生・河野稠果編『国際人口移動の新時代』原書房，1-24頁。
国立社会保障・人口問題研究所（2017）「『第8回人口移動調査』結果概要」。
鈴木江理子（2010a）「移民」人口学研究会編『現代人口辞典』原書房，9-10頁。
鈴木江理子（2010b）「不法移民」人口学研究会編『現代人口辞典』原書房，263-264頁。
鈴木江理子（2010c）「移民政策」人口学研究会編『現代人口辞典』原書房，10-11頁。
千年よしみ（2016）「世界の国際人口移動：データ統一化に関わる課題」国立社会保

障・人口問題研究所編『日本の人口動向とこれからの社会：人口潮流が変える日本と世界』東京大学出版会，207-231頁。

林玲子（2014）「国際人口移動の現代的展望：日本モデルは可能か」（特集：第18回厚生政策セミナー「国際人口移動の新たな局面：『日本モデル』の構築に向けて」）『人口問題研究』70(3)，192-274頁。

吉田良生（2002）「20世紀後半の国際人口移動の特質」日本人口学会編『人口大事典』培風館，702-706頁。

渡辺真知子（2010）「国際人口移動」人口学研究会編『現代人口辞典』原書房，60-61頁。

International Organization for Migration (IOM) (2017) *World Migration Report 2018*, Geneva: International Organization for Migration（https://www.iom.int/wmr/world-migration-report-2018，2018年6月11日確認）.

Organization for Economic Co-operation and Development (OECD) (2017) *International Migration Outlook 2017*（http://medienservicestelle.at/migration_bewegt/wp-content/uploads/2017/10/International_Migration_Outlook_2017.pdf，2019年1月8日確認）.

United Nations, Department of Economic and Social Affairs, Population Division (2017a) *International Migration Report 2017* (ST/ESA/SER.A/403).

United Nations, Department of Economic and Social Affairs, Population Division (2017b) *World Population Prospects, 2017 Revision*（https://esa.un.org/unpd/wpp/Download/Standard/Population/，2018年6月10日確認）.

United Nations, Department of Economic and Social Affairs, Population Division (2017c) *International Migration Report 2017: Highlights*（http://www.un.org/en/development/desa/population/migration/publications/migrationreport/docs/MigrationReport2017_Highlights.pdf，2018年6月11日確認）.

United Nations High Commissioner for Refugees (UNHCR) (2018) *Global Trends: Forced Displacement in 2017*（http://www.unhcr.org/globaltrends2017/，2019年1月8日確認）.

（佐藤龍三郎）

第1章　現代日本における移民受け入れの歴史
——国際移動転換の観点から——

はじめに

　国際移動転換とはそれまで移民送り出し側であった国，地域が移民受け入れ側に転換する現象を指し，現在，国際的に拡散しているものである。その結果，米国やカナダ，そしてオーストラリアといった古典的な移民受入国だけではなく，戦後の高度経済成長期には西欧諸国が，1990年代以降には，イタリア，スペインといった南欧諸国等が新しい移民受入国として登場してきた。特に冷戦崩壊後，世界経済がグローバル化し，国際移動が活発化する中でこうした現象はより広範な国，地域へと拡散していっているとされる（Castles *et al.* 2014, p.16）。

　日本も1990年代以降，外国籍人口の急増過程を経験しており，2016年6月末時点で約200万人のニューカマー外国人が日本に安定的に居住している。彼女／彼らは国連やOECDの定義に従うならば，移民と見なされる人々であり，その観点から日本は既に移民受入国として捉えられるといえよう。実際，石川（2005）は，こうした現象を指し，1990年代に日本が国際移動転換を経験したと結論付けている。つまり，このことは他の西欧社会と同様，日本社会も今後，国際移民の受け入れから様々な影響を受けていくであろうことを意味する。

　また，外国人人口の急増過程は様々な社会変動の引き金となっており，こうした変化に関する数多くの研究が行われてきたことが，それを如実に物語っている。代表的なものだけでも，新宿や池袋などの東京のインナーシティエリアに急増したアジア系外国人の生活実態を明らかにした奥田，田嶋らの研究（奥

田・田島 1991, 1993）や，北関東や東海地方に集住する日系ブラジル人の生活や労働の実態を明らかにした梶田ら（2005）の研究等が挙げられる。これらの研究では，職場や地域社会において，日本が着実にマルチエスニックな社会へと変化していく様子が描かれている。

第1節　諸外国における国際移動転換

　国際移動転換の影響がより大きな欧州諸国や，1965年以降，新しい移民が増加した米国においては，国際移動転換の社会人口学的影響に注目した研究が行われて来た。[1]

　第一に，西欧諸国における移民人口の急増を国際移動転換による主要な社会変動として明らかにした研究として，Coleman（2006）による「第三の人口転換」理論が挙げられる。同研究によると，欧米の先進諸国では1950年代以降，多くの移民を受け入れてきたが，1980年代以降，特にこうした傾向が強まると同時に，受入国側の低出生力状態が常態化したことから，国際移民の流入は人口学的にきわめて大きなインパクトを与えるようになった。Colemanはこうした変化を踏まえ，現在，先進諸国で「第三の人口転換」（The Third Demographic Transition）とでも呼ぶべき大きな変化が起きているとする。また，同論文では実際にオーストリア，イングランド・ウェールズ，デンマーク，ドイツ，オランダ，ノルウェー，そしてスウェーデンの将来人口推計を比較し，多くの国で今後50～60年ほどの間に外国人，ないしは移民及びその子孫（第二世代まで）の総人口に占める割合が大幅に上昇するとし，これにより欧米の先進諸国は大きな社会変動を経験するだろうと予測している。

　更にColemanと同じ視点に基づき，より新しいデータに基づいてEU加盟国における外国人，あるいは移民及びその子孫の人口規模を推計したLanzieri（2011）によると，2011年にEU全体で15.6%であった移民及びその子孫の人口規模が全人口に占める割合は2061年には32.6%まで上昇すると見込まれてい

る。また，このような変化は流入人口の若い年齢構成や，移民の高い出生力を反映し，若年層から先行して進むと指摘している。Coleman（2009）も，英国に関する最新のデータを用いて，人種，エスニシティ別の独自の人口推計を行っており，Lanzieri（2011）や自身の過去の研究の結果を再度，支持している。

一方，1965年以降，急激な移民人口の増加を再度経験した米国では，センサス局が行う将来人口推計において，人種，エスニシティごとの人口推計が行われている（Colby and Ortman 2014）。それによると，2014年時点で62.2％を占めている非ヒスパニック系白人は，2044年までには総人口の半数を割り込み，2060年には43.6％にまで低下すると見込まれている。また，同推計においては移民人口として外国生まれ人口（foreign-born）の推計も行っており，2014年時点で13.3％であった同人口割合は2060年には18.8％まで増加すると見込まれている。

更に以上の推計を基に，Lichter（2013）は1965年以降，新たな移民の流入を経験した米国社会では，移民の若年層を中心とした年齢構成や，その相対的に高い出生率により，今後，若年層からエスニシティの多様化が急速に進むとしている。そして，貧困率の高い移民の子どもが総人口に占める割合が高くなっていくことで，アメリカにおける社会的格差の拡大，及びそれによる社会的分断が，若年層から先行して起きていくとしている。

これらの研究はいずれも，現行の水準の国際移動転換が受け入れ社会の人種，エスニック構成を大きく変化させることを明らかにすると同時に，それが若年層から先行して進むこと，及びその結果として社会的格差の拡大や社会的分断が生じる恐れがあるなど，大きな社会変動を引き起こすことを予測したものといえよう[2]。

つまり，これらの国，地域において国際移動転換は単に，移民人口の増加にとどまらず，それ自体が大きな社会変動をもたらすものとして受け止められてきたといえよう。では，日本における国際人口移動の歴史はどのようなものであろうか。

第2節　日本を取り巻く国際人口移動の歴史

(1) 第二次世界大戦前の状況

　日本を取り巻く国際人口移動の歴史は，近代国家としての歩みを始めた明治期以降に始まった。近代以降の日本は旺盛な人口増加も寄与して，主に移民送出国として位置付けられてきた（Watanabe 1994, p.121）。

　日本が近代以降，初めて経験した国際移動は明治初年（1868年）に見られたハワイとグアムへの195人の労働者の送り出しである。この送り出しは政府の正式な許可を得たものではなく，また非常に劣悪な労働条件であったことから，早くも1869年には政府によって中止され，その後，労働移民としての海外渡航は禁止された。その一方，米国で黒人奴隷制度が廃止された（1865年）ことから，アジア人労働者への需要が高まり，日本政府も労働移民の送り出しを強く要請され，1885年には日本政府とハワイ政府との間で3年間を上限とする労働者派遣の協定が結ばれた。しかし，1893年にハワイ王国が米国に接収されると，日本からの移民の送り出しは制限されるようになり，その後，1924年には移民法が改正され日本からの移民の受け入れは完全に禁止された。その結果，1910年代に日本から移民として渡った者の内，約80％が帰国したとされている（Watanabe 1994, pp.124-7）。

　また，米国が日本人の移民としての入国を禁止するのに先立って，カナダ（1907年），オーストラリア（1901年）といった国々でも日本からの移民の流入が禁止されたことから，それに代わって南米，特にブラジルへの国際移動が活発化することとなった。また，ブラジル政府も1870年代にアマゾン川流域の広大な後背地を開発するため，黒人奴隷に代わる労働力を欲していたこともあり，日本人移民を積極的に受け入れることとなった。こうした動きは第一次世界大戦後，ヨーロッパから南米への移動が再度，活発化したことからいったん，中止されたものの，1917年には日本で移民送り出しを事業とする海外興業株式会

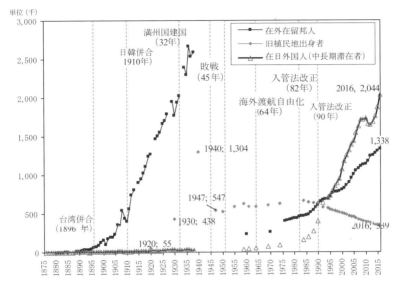

図 1-1 在日外国人及び在外在留邦人人口の推移

(資料) 各種資料より筆者作成.
(注) 戦前期の在外在留邦人人口は日本長期統計総覧（日本統計協会 1987）に基づく．これは海外植民地等（朝鮮，台湾，樺太，関東州，南洋諸島）及び外国に居住する日本人人口の合計．戦後の在外在留邦人人口は，海外在留邦人統計（外務省 1961, 71, 76-2016）に基づく．戦前期の在日旧植民地出身者人口については同様に日本長期統計総覧を参照した．戦前期の在日外国人人口については，日本長期統計総覧より外国人人口を参照した．戦後は在留外国人統計（法務省 1959a, 64a, 69a, 74a, 84a, 86a, 88a, 90a, 92a, 94a-2016a）の内，中長期滞在者に該当する在留資格人口を用いた．

社が設立され，その後，ブラジルへの移住事業を独占した。ブラジルへの移住は 1933-34 年にかけてピークを迎え，その後，急速に減少した。この背景には，ブラジル政府がアジアからの移住を制限し始めたこと，及び 1932 年の満州国の建国に伴い，日本から満州への移住が増加したことがある（Watanabe 1994, p.127）。

　これに対して，戦前の日本人が最も多く移住したのが，中国や朝鮮半島といったアジア地域である。これらの地域では，1896 年の台湾併合や，1910 年の日韓併合，そして 1932 年の満州国建国など，日本の植民地や租借地等の事実上の植民地が次々と建設され，多くの日本人が移住した。それぞれの地域の日本人人口の推移を見ると，この間，最も多くの日本人が住んでいたのは朝鮮半島であ

り，1943年時点で約75万人の日本人が住んでいたことが分かる。それに次いで多いのが，満州，関東州，そして中国大陸を合わせた地域であり，1938年時点で約70万人の日本人が居住していた。また，樺太，台湾，南洋諸島にも最盛期でそれぞれ約41万人，37万人，8万人の日本人が住んでいた。その結果，最盛期で（1936年）で1,673,277人の日本人が海外植民地等に住んでいたことが分かっており，それ以外の外国に住む日本人約100万人を併せると，2,670,392人の日本人が外国や旧植民地，租借地などに住んでいたことが分かる。

一方，日本国内（内地）に居住する外国人，及び植民地出身者の人口の内，外国人人口は戦前を通してわずか数万人の水準で推移した。それに対して，植民地出身者は1920年には約5.5万人だったものが，1930年には約44万人，1940年には約130万人と急増した。このほとんどが朝鮮半島出身者であり，彼女／彼らは戦後，在日コリアンと呼ばれるようになる人たちである。以上のことから，戦前には約270万人の日本人が海外に居住する一方で，その約半数の130万人の外国人，及び植民地出身者が国内（内地）に居住していたことから，日本は送り出し超過，つまり移民送出国であったことが分かる。

（2）第二次世界大戦後の状況と1990年代の国際移動転換

しかし，こうした出移民と入移民のバランスは，太平洋戦争の終結によって一挙に変化した。具体的には，日本国内（内地）に居住していた旧植民地出身者の半数超の約70万人近くが出身国へ帰国するとともに，海外に居住していた日本人の大半が帰国した。その結果，1947年には，国内に居住する外国籍人口（旧植民地出身者）が約55万人であったのに対して，海外に居住する日本人人口は1960年で約24万人と入移民超過の状態となった。これは一見，送り出しと受け入れのバランスが変化する国際移動転換とも見えるものの，いずれも戦争の終結に伴う植民地の喪失など政治的な変化によるものであり，人口学的な要因による現象ではないことから，国際移動転換には妥当しないと考えられる（Watanabe 1994, p.141）。

実際，そうした見方の正しさを証明するように，その後40年間程度，日本を

とりまく国際人口移動の状況は低調であった。日本の入国管理制度について包括的にまとめた明石（2010, pp.64-69）によると，1952年のサンフランシスコ講和条約の発効に伴い成立した入国管理制度における「1952年体制」は，米軍関係者を出入国管理制度の枠外に置くと同時に，それまで日本国籍を有していた旧植民地出身者を外国人と位置付け，管理の対象にすることによって特徴づけられるとされ，永住を前提とした大規模なニューカマー外国人の受け入れを想定していなかったとされる。また，日本人の出国についても，1964年に海外旅行が自由化されるまでは，一般の日本人が海外に行くことは事実上困難であったことから，この間，日本をとりまく国際移動は日本人の出国，及び外国人の入国ともに低調であったということができるだろう。

こうした動きに変化が見られるのは1970年代に入り，日本経済の成長発展に伴い，日本企業の海外進出が見られるようになったことによるものである。これにより，多くの日本人が企業の駐在員として海外に赴くようになり，日本人の国際移動は出国超過へと転換した（Watanabe 1994, pp.131-3）。こうした傾向は1980年代以降強まり，近年になるほどその傾向は著しい。実際，1960年には約24万人であった海外在住日本人は，1968年には約33万人，1980年には約45万人と増加し，2015年には約132万人に達している。こうした変化は国内での人口圧力を背景に海外に永住を目的として移動した戦前の国際移動とは異なるものであり，両者を同列に論じることはできないものの（Watanabe 1994, p.133, p.141），この間に起きた重要な変化ということができるだろう。

一方，外国人の流入圧力の高まりについては，高度経済成長期以来の労働集約部門における深刻な人手不足，及び日本経済の国際的なプレゼンスの高まりを背景として，1980年代以降，急速に顕在化した。実際，在留資格に定められた期間を超えて日本に滞在する超過滞在者が1990年には106,497人，そして，1994年には293,800人へと急増し，ニューカマー外国人（中長期在留者）と超過滞在者を併せた外国籍人口の27.9%を占めるに至った。超過滞在者の多くが就労を目的としていると考えると，これはまさに日本への就労を目的とした外国人の流入圧力の高まりを示すものといえるだろう。

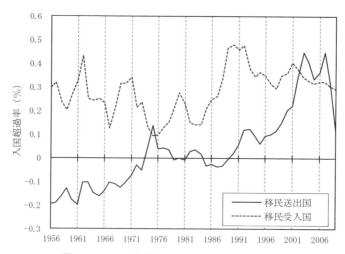

図1-2　OECD加盟国における純入国超過率の推移

(資料) OECD (2011).
(注) 移民受入国とは，米国，ドイツ，フランス，オーストリア，英国，スイス，スウェーデン，ニュージーランド，ベルギー，ルクセンブルク，オランダ，オーストラリアを指す．移民送出国とは，チェコ，イスラエル，ノルウェー，デンマーク，フィンランド，スロバキア，ポーランド，日本，ギリシャ，ハンガリー，アイルランド，ポルトガル，イタリア，スペインを指す．なお移民受入国と送出国の分類は過去の実績を元にしたものであり，現在の送り出しや受け入れの実態を定義するものではない．なお，純入国超過率とは入国者から出国者を引いた値（純入国者数）を総人口で割ったもの．

　こうした状況の変化に対応した1989年の入管法改正においては，就労を目的とした在留資格が6種類から16種類へと大幅に増加するとともに，研修生の受け入れの拡充や日系人の受け入れといったその後，主に非熟練労働力の受け入れの機能的等価物としての役割を果たすこととなる制度の創設が行われた．その結果，これらの在留資格を中心として外国人の入国者数は一挙に増加することとなり，1990年に407,603人であった外国籍人口（中長期在留者）は，早くも1992年には645,529人と特別永住者（図1-1の在日旧植民地出身者）の590,193人を凌駕し，2000年には1,081,732人と100万人を越え，直近（2016年12月末）では，2,043,872人と200万人を超えた．

　また，国際移動転換との関係では，早くも1994年にニューカマー外国籍人口は713,619人と，同時点の在外日本人人口（689,895人）を越えており，そしてその後，更にその差は拡大していった．これは，日本が1990年代に国際移動転

換を経験したという石川（2005）の結論と一致する。

　なお，こうした変化はこの時期の日本に限ったことではなく，同時期に世界的に見られた現象であることが明らかにされている（Castles *et al.* 2014, p.16）。この点について OECD 加盟国における純入国超過率の推移を見ると，1980 年代後半以降，それまで他の加盟国に対して移民を送り出す側であった南欧諸国の国々などが国際移動転換を経験したことが分かる（**図1-2**）。これは先進国における低出生力状態が常態化するとともに，冷戦の崩壊や経済のグローバル化により国際移動が活発化したことによるものであり，日本の経験が同時期の日本に固有の特殊な経験ではないことがわかる。

第3節　日本における移住過程の変化

　このような変化においては，単に外国人人口の増加という量的な変化だけではなく，外国人の移住過程（Migratory Processes）（Castles *et al.* 2014, p.27-8）も大きく変化したことが明らかになっており，この間，日本が構造的な面においても移民送出国から受入国への転換を経験したことがわかる。その過程を一言でいうならば，日系人や日本人との国際結婚など，日本社会との家族的紐帯に基づいた移住過程から，留学や就労といった一定の条件を満たせば誰でも利用可能な人的資本に基づいた移住過程への転換，つまり日本における「移民の移住過程の普遍化」とでも言うべき現象である。この変化は日本に流入する移民を日本社会と何らかのつながりを有する者に限定せず，一定の条件さえ満たせば，論理的にはほぼ無限の潜在的来日移民を想定できるようになったという意味で重要な変化である[4]。

　図1-3 は，在留資格別人口の前年からの差分の推移を図にしたものであるが，それによると，例えば，1980 年代から 1990 年代にかけて外国人人口の増加を大きく牽引したのは日本人の配偶者等及び南米からの日系人であり，就労を目的とした入国やその家族による影響は相対的に小さかったことがわかる。しか

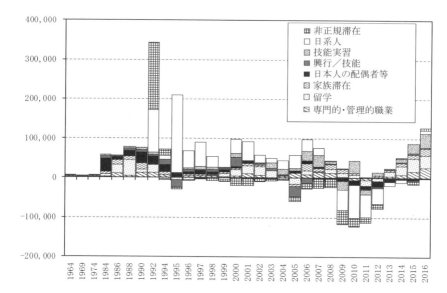

図 1-3　在留外国人人口の前年からの変化に対する在留資格別寄与度の推移

(資料) 在留外国人統計.
(注) それぞれのカテゴリーと在留資格との対応関係は以下の通り. 技能実習：1988 年までは研修 (4-1-6), 1990 年以降は研修と特定活動の内, 技能実習, 2010 年からは技能実習, 及び特定活動における技能実習の合計. 日系人とはブラジル, ペルー国籍人口の内, 日本人の配偶者等, 定住者, 及び永住者の在留資格で在留する者の合計. 興行／技能は興行, 及び技能の合計. 家族滞在は家族滞在, 及び永住者の配偶者等の合計. 留学は留学, 及び就学の合計. 専門的・管理的職業は就労を目的とした在留資格の内, 興行と技能を除いたものの合計. 前年の統計がない場合, 直近で入手可能な年からの差分.

し, 1990 年代後半になると日本人の配偶者等の寄与度は減少し始め, 2000 年代後半以降になるとむしろマイナスに転じた. また, 日系人も 1990 年代にかけてニューカマー外国籍人口の増加を大きく牽引したものの, 次第にその影響は弱まり, リーマンショックに端を発する 2009 年の世界経済危機以降はむしろマイナス要因へと転じている.

それらに代わって近年, 相対的な影響力を増してきているのが留学, 技術・人文知識・国際業務等から構成される専門的・管理的職業での就労を目的とした在留資格, それらの家族からなる家族滞在, 及び非熟練労働力の代替的機能を果たす技能実習である. これらの在留資格はこれまでもニューカマー外国籍人口の増加をけん引して来たものの, 近年, その相対的な存在感を増している

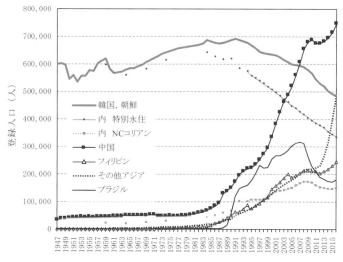

図1-4　国籍別に見た在留外国人人口の推移

(資料) 在留外国人統計.
(注)　NCコリアンはニューカマーコリアンの略.

ことが分かる。

　国籍別の動向を見ても，当初，外国人人口の急増をけん引した，フィリピンや，日系人からなるブラジルといったグループが，近年，その勢いを低下させたり，ストック人口が減少したりする一方，1990年代の外国人急増当初から堅調に増加している中国や，近年ではネパール，ベトナム，インド，インドネシア，タイなど，その他のアジアが全体の伸びをけん引するに至っている。更に，このように近年増加した国の出身者の在留資格の構成をみると，1990年代初頭に見られたような，興行や日本人の配偶者等といった在留資格ではなく，留学，家族滞在，技能，技能実習，専門的・管理的職業といった一定の条件さえ満たせば誰でも取得可能な在留資格が多くを占めている(5)。更に，法務省（2014c）によると，一般永住資格取得者の4分の1程度が就労関係，及びその家族からの切り替えによって占められていることが明らかにされており，日本において留学，就労から始まり，永住資格の取得に至る移住過程が一般化してきていることが分かる。

一方,この間,かつて日本における外国籍人口の大半を占めた在日コリアンは帰化や高齢化による死亡の影響により一貫して減少を続け,2003年には一般永住者人口に抜かれ,その後もその差は拡大している。このこともこうした変化の一環として位置付けることが可能であろう。[6]

おわりに

以上のことから,1990年代にグローバルに見られた国際移動転換の結果,日本が移民受入国に転じたとともに,そこにおける移住過程もその初期のように日本人との家族的紐帯を基礎としたものから,留学や就労といった人的資本を基礎としたものへと変化しつつあることが明らかにされた。このような変化は人的資本という,それ自体,誰にでも開かれた条件を入国の要件とするものであることから,日本に流入する潜在的可能性を有する外国人数を飛躍的に増大させるものであり,今後,移民の加速化,多様化といった現象をより一層加速化させるものといえよう。つまり,日本においても今後,国際移動転換が社会変動の主要因としてその重要性を増していくと予想されるのである。

注

(1) これとは別に国際移動転換の理論的側面について行われた研究としては,国内,国際移動も含めた人口移動全般について人口転換理論との関係から理論化したZelinsky(1971)の移動転換仮説(Mobility Transition Hypothesis),一国内の未熟練労働力の供給量との関係から国際移動の転換点(Lewis-Fei-Ranis Turning Point)について論じたLewis(1954),Fei and Ranis(1964, 1975),Bai(1985),個人の能力開発と移動意欲の関係から論じたCapability and Aspiration Hypothesis(Castles and Miller 2014, pp.46-51;de Haas 2010)等が挙げられる。
(2) なお,主に欧米の研究においては,エスニック構成の多様化を論じるに当たって,分析対象を,外国籍人口(foreign citizen),外国生まれ人口(foreign-born

population），外国に起源をもつ人々（foreign-origin population / persons with a foreign background），あるいは人種／エスニック・グループ（racial / ethnic group）といった概念で示して来た。また，統計データの利用可能性という意味では，外国籍人口，ないしは外国生まれ人口を利用する場合が最も多い。ただ，これらの概念は帰化や世代を経ることで自国民との区別がつかなくなるという問題を有している。一方，米国のセンサスのように自分が所属するエスニシティを記載する場合にはエスニック・グループごとの人口規模がわかり，エスニック構成の多様化について論じる際にはこれが最も望ましいとされる（Coleman 2006, p.416；Lanzieri 2011, p.10）。このようなデータ上の限界を抱えつつも，先行研究においては可能な限り，対象となる人口が広がるような工夫が見られる。例えば，本人の国籍にかかわらず，労働力人口などの統計を使用して基準人口に両親のいずれかが外国生まれの第二世代人口を含めることに成功した Lanzieri（2011）等が挙げられるだろう。日本においても，国勢調査や在留外国人統計といった公的統計には外国籍人口しか含まないことから，帰化人口や両親のいずれかが外国籍である子ども（移民第二世代）の人口を考慮するに当たっては，このような差異に留意する必要があるだろう。

(3) 「中長期在留者」とは，法務省によると入管法上の在留資格をもって我が国に在留する外国人のうち，次の①から④までのいずれにもあてはまらない者を指す。なお，次の⑤及び⑥に該当する者も中長期在留者にはあたらない。

　①「3月」以下の在留期間が決定された者
　②「短期滞在」の在留資格が決定された者
　③「外交」又は「公用」の在留資格が決定された者
　④ ①から③までに準じるものとして法務省令で定める人（「特定活動」の在留資格が決定された，亜東関係協会の本邦の事務所若しくは駐日パレスチナ総代表部の職員又はその家族）
　⑤ 特別永住者
　⑥ 在留資格を有しない者

(4) こうした変化の中長期的な影響について明らかにした研究として是川（2018）を挙げることができる。

(5) 例えば，在日ネパール人の場合，人口規模の大きい順に留学（35％），家族滞在（24％），興行・技能（19％），永住（7％），在日ベトナム人では，技能実習

(41%),留学 (34%),永住 (9%),専門的・管理的職業 (7%) となっている (2016年6月時点)。

(6) ニューカマーコリアン (韓国人) の入国は 1990 年代にかけて若干増加したものの,2000 年代以降はほぼ横ばいであり,他の国籍人口と比較して規模は決して大きなものとは言えない。

参考文献

明石純一 (2010)『入国管理政策:「1990 年体制」の成立と展開』ナカニシヤ出版.
石川義孝 (2005)「日本の国際人口移動の転換点」石川義孝編著『アジア太平洋地域の人口移動』明石書店,327-51 頁。
外務省 (1961, 71, 76-2016)『海外在留邦人統計』。
是川夕 (2018)「日本における国際人口移動転換とその中長期的展望—日本特殊論を超えて」『移民政策研究』(10),明石書店。
奥田道大・田嶋淳子 (1991)『池袋のアジア系外国人—社会学的実態報告』めこん。
奥田道大・田嶋淳子 (1993)『新宿のアジア系外国人—社会学的実態報告』めこん。
梶田孝道・丹野清人・樋口直人 (2005)『顔の見えない定住化—日系ブラジル人と国家・市場・移民ネットワーク』名古屋大学出版会。
法務省 (1949a-2016a)『出入国管理統計年報』。
法務省 (1959b, 64b, 69b, 74b, 84b, 86b, 88b, 90b, 92b, 94b-2016b)『在留外国人統計(登録外国人統計)』。
法務省 (2014c)『外国人労働者の受け入れについて』法務省入国管理局。
日本統計協会 (1987)『日本長期統計総覧〈第1巻〉』日本統計協会。

Bai, Moo Ki (1985) "Industrial Development and Structural Changes in Labor Market: the Case of Korea," Moo Ki Bai and Chang Nam Kim (eds.), *Industrial Development and Structural Changes in Labor Market-Korea and Southeast Asia*, Institute of Developing Economies.
Castles, M., H.D. Haas and M.J Miller (2014) *The Age of Migration, International Population Movements in the Modern World, Fifth Edition*, Palgrave Macmillan.
Colby, Sandra L. and Jennifer M. Ortman (2014) "Projections of the Size and Composition of the U.S. Population: 2014-60," *Current Population Reports*, U.S. Census Bureau,

pp.25-1143.

Coleman, D.(2006) "Immigration and Ethnic Change in Low-Fertility Countries: A Third Demographic Transition," *Population and Development Review,* 32(3), pp.401-46.

Coleman, D. (2009) "Divergent Patterns in the Ethnic Transformation of Societies," *Population and Development Review,* 35(3), pp.449-78.

de Haas, Hein(2010) "Migration Transitions, a Theoretical and Empirical Inquiry into the Developmental Drivers of International Migration, *International Migration Institute Working Papers*, pp.1-46.

Fei, J.C.H. & Ranis, G.(1964) *Development of the Labor Surplus Economy.* Homewood, Ill: R.D. Irwin.

Fei, J.C.H. & Ranis, G.(1975) "A Model of Growth and Employment in the Open Dualistic Economy: The Cases of Korea and Taiwan," *The Journal of Development Studies*, January, pp.32-63.

Lanzieri, G.(2011) "Fewer, Older and Multicultural? Projections of the EU Populations by Foreign/National Background," *Eurostat Methodological Working Papers,* Eurostat, pp.1-37.

Lewis, W. A. (1954) "Economic Development with Unlimited Supplies of Labour," *The Manchester School of Economics and Social Studies*, 22, pp.139-91.

Lichter, D. (2013) "Integration or Fragmentation? Racial Diversity and the American Future," *Demography,* Vol.50, pp.35-91.

OECD (2011) *International Migration Outlook: SOPEMI 2015*, OECD Publishing.

Watanabe, S.(1994) "The Lewisian Turning Point and International Migration: The Case of Japan," *Asian and Pacific Migration Journal*, 3(1), pp.119-47.

Zelinsky, W. (1971) "The Hypothesis of the Mobility Transition," *Geographic Review*, 61(2), pp.219-49.

(是川　夕)

第2章　日本における低い外国人女性の出生力とその要因[1]

はじめに

　国際移民の流入による人口変動の影響としては，移民人口が付け加わることによる一次的な影響が挙げられる。この点については，日本と同様に低出生力下にある欧州諸国において，国際移民の流入が人口減少を緩和しつつあるという観点から議論が行われている等，近年，注目が高まっている論点である（たとえば OECD 2015, pp.35-6）。

　日本においても 1990 年代以降，外国人人口が急増し，人口変動への影響が注目され始めている。例えば，国立社会保障・人口問題研究所（2013）による将来人口推計では，現行のペースで外国人人口が増加した場合，2060 年時点で 2010 年から 2060 年の間に予測される人口減少を 2％程度緩和すると見込まれている。また，国際人口移動に関する仮定を変化させた場合の各種人口への感応度分析も行われており，国際移民の流入と出生率の間に一定程度の代替性があることが明らかにされている。

　しかし，国際移民の流入そのものについては，政策による意図的なコントロールは困難であるとされてきており（Cornelius et al. 2004, pp.4-5），また，長期的な傾向を予測することも困難である。事実，各種人口推計においても，国際人口移動については過去のトレンドの延長や，一定期間後に特定の規模に収束するといった単純な仮定が置かれてきたに過ぎないことは，このことの表れといえよう（たとえば United Nations 2014, pp.36-8）。

　一方，欧米諸国では，移民女性の相対的に高い出生力が受け入れ社会の人口

増加に一定程度寄与していることが明らかにされてきた（たとえばGoldstein *et al.* 2009, pp.679-82；Sobotka 2008）。こうした高い出生力は現地社会での居住期間が長くなるにつれ，現地女性の水準に接近するとされており，そのパターンには一定の法則性があるとされている。つまり，国際移民流入の人口変動への影響を明らかにするにあたっては，予測が困難な一次的影響のみならず，二次的な影響に注目することが重要といえよう。

しかし，日本では外国人女性の出生力について明らかにした研究は少ない。数少ない先行研究においては，日本に居住する外国人女性の出生力は総じて低いとされてきたものの（たとえば是川 2013a, 2013b；山内 2010；小島 2007），居住期間の長期化の影響や配偶関係の有無，配偶のあり方といった重要な点については十分に検討されてきたとは言い難く，国際移民の流入の人口変動への二次的な影響についてはよくわかっていない点が多い。

本章はこのような問題意識を踏まえ，国勢調査の個票データをもとに，同居児法を用いて，配偶関係のカテゴリー，国際移動，及び居住期間の長期化の影響等，同化理論の枠組みから，外国人女性の出生力について明らかにすることを目的とする。それによって，低出生力状態における国際移民の流入が日本の人口変動へ与える影響について明らかにすることを目指す。

第1節　先行研究

(1) 中断理論

移動に伴う出生力の変化を説明する代表的な理論としては，中断理論が挙げられる。これは，経済的状況等，移動前後に生活の先行きが不透明になることに伴う出生力の低下，及び移動直後に婚姻，家族の呼び寄せなど出生近接要因に関わるイベントが相次いで見られることによる出生力の急激な上昇を説明する。これらは，それぞれ中断効果（disruption effect），あるいはイベント相関効果（interrelation of events）と呼ばれており（Milewski 2009, p.21），移民女性の

出生力をマクロのピリオドデータだけから見ることを困難にしている主因のひとつといえる（Parrado 2011）。

欧米を中心とした先行研究では，米国やカナダ，オーストラリアといった伝統的移民国において，中断効果が確認される一方で，スウェーデンのように中断効果が確認されず，むしろ出生率が上昇する事例も見られる。また，いずれの効果も移動からおよそ5年以内の間にみられることが明らかにされているとともに，中断効果については，出生児のパリティが大きくなるほど，イベント相関効果については，特に第1子において，その効果が大きいとされている。また，後者については，移動前に産み控えた出生を取り戻す効果（catch-up）としても知られており，その場合には，より低いパリティによる出生が多くを占めることとなる（Milewski 2009, pp.134-6；Milewski 2010, p.303；Andersson 2004, p.771；Parrado 2011, p.1073；Vila and Martin 2007, p.373）。

(2) 同化理論

上述した効果は短期的な効果であり，中期的な出生力の変化については，移動先への社会的適応，あるいは出身国で受けた社会化の影響といった視点が重要となる。これらを説明したものは，同化理論，及び社会化理論と呼ばれ，それぞれ同化効果（assimilation effect），社会化効果（socialization effect）と呼ばれる。同化理論においては，経済合理性の追求，及び女性の労働と出産をめぐる移動先での制度的制約など，様々な要因によって，結果的に現地女性の出生率に近似していくことが想定されている（Milewski 2009, pp.23-8）。また，そういった近似が見られない場合，それは移民が出身国で受けた社会化による影響が持続しているとされる。

多くの先行事例では，移民女性の出生力は居住期間の長期化や，世代を経ることによって現地女性の水準に近くなることが明らかにされている。特に，北米や，オーストラリアなど，伝統的移民国において移民二世の出生力は，移民第一世代と現地女性の間の値をとること，あるいは相対的に親の出身国の水準に近い値をとることが明らかにされている（Mileswki 2010, p.300）。一方で，欧

州においては，国によって大きく異なる結果が得られており，受入国の制度，あるいは移民受け入れの文脈（mode of incorporation）（Portes and Zhou 1993）が重要であることを示唆している（Mileswki 2010, p.311）。例えば，Andersson（2004, p.770）は，スウェーデンにおいて移民女性が入国から5年程度の内に，現地女性とほぼ同じ出生率を示すのは，スウェーデンの福祉制度がそれを規定しているためとしている。

(3) 選別／属性効果

最後に，選別効果及び属性効果が挙げられる。これは，マクロデータ上で確認される移民女性と現地人女性との出生力の格差が，両者の社会経済的属性の違いに起因しているとするものである。選別効果は，国際移動を選択する，あるいはできる人々は，もともと移動先の先進国的価値観を身に付けた人々であり，出生力は本国にあっても低い人々であるとする。また，属性効果は，移民女性の多くが移動先の現地人女性よりも教育水準が低いことなど，両者の社会経済的属性の違いを以て，出生率の格差の説明とする（Milewski 2009, pp.28-32）。

(4) 日本における先行研究

一方，日本においては，在日外国人女性全般の出生力について明らかにした森（2001），李（1998），在日コリアンの戦後の出生力の推移について明らかにした金（1971），金（1977）や，国際結婚夫婦の出生力に注目した，今井（2011），勝野・林（1990），小島（2007），原（1996），Hara et al. (1994)，近年の日本における外国人女性の出生力を，子ども女性比（Child-Woman Ratio）を用いて推定するとともに，欧州諸国の事例との比較を行った山内（2010），日本における外国人女性の出生力の推移を，在留資格別人口の変化から説明した是川（2013a, 2013b）が，数少ない先行研究として挙げられるだろう。

これらの研究から，①外国人女性の出生力は国籍により大きく異なること（森2001），②近年，ニューカマー外国人女性の総出生数に占める割合が増えてき

ていること（李 1998），③欧州諸国の移民女性と比較して，日本に住む外国人女性の出生力が低く，その要因としては有配偶出生力が低いことが考えられること（山内 2010），④国際結婚と国際結婚カップルの間に生まれた子ども数の間には密接な関連があること（勝野・林 1990；Hara *et al*. 1994；原 1996），⑤国際結婚夫婦の出生力は日本人夫婦の場合と比較して低いこと（小島 2007，今井 2011），⑥在日コリアンの出生力は日本人女性のそれと近似していること（金 1971，金 1977），⑦外国人女性の出生力はサブグループ間で大きく異なり，定住化が進むにつれて上昇する可能性があること（是川 2013a, 2013b）等，が明らかにされている。

第2節　仮説及び探究課題

　以上の先行研究に基づき，本研究では外国人女性の出生力に関して以下の仮説を設定する。第一に，同化理論に基づくならば，外国人女性の出生力は居住期間の長期化により，日本人女性の出生力に近似すると考えられる。また，同化理論が成立しない場合，考えられる可能性は以下の2つである。一つは，外国人女性の出生力は出身国で受けた社会化効果の影響により，依然として出身国の水準を維持している，ないしは，中断効果の持続により同化効果が十分に見られず，出生力が相対的に低位にとどまっているというものである。また，これらに加え，主に国際移動直後に限定されるものの，国際移動による中断効果への反動として出生力が急上昇するイベント相関効果の存在が予想される（図2-1 参照）。
　以上の仮説を明らかにするために以下の探究課題を設定する。まず，以下の議論全体の前提として，①欧米諸国の移民女性に見られるように，集合レベルで観察される外国人女性の出生力が日本人女性よりも高いのかどうかについて検証する。次に，②国際移動直後のイベント相関効果の有無，及程度について検証するとともに，それが国際移動直後に限定されることを確認する。同化

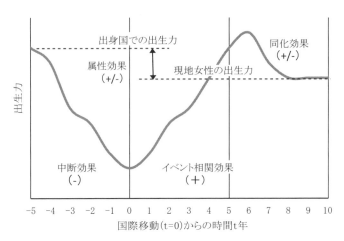

図 2-1　外国人女性の出生力の変化に関する概念図
（資料）筆者作成.

効果を検証するに当たっては，③配偶関係の有無，及びそのカテゴリーごとに見た出生力の日本人女性との差を明らかにした上で，④それらが居住期間の長期化により縮小するのかどうかを明らかにする。また，同化効果と並んで有力な仮説である社会化効果については，⑤国籍ごとに見た外国人女性と日本人女性との出生力の平均的な差がどの程度あるかを明らかにすることで検証する。

以上の探究課題を通じた分析を通じて，外国人女性の流入が人口変動に対して与える二次的な効果の大きさについて明らかにすることができるだろう。

第 3 節　データ及び方法論

(1) 国勢調査マイクロデータの利用

本研究では日本における外国人女性に関する広範な情報とともに，居住歴に関する情報も含むデータとして，総務省統計局によって 5 年ごとに実施されている「国勢調査」[2]の個票[3]データを用いることとした。具体的には，外国人を含

む一般世帯に属する個人の全数，及び抽出詳細集計用に作成された総人口の10%抽出標本である。なお，国勢調査には女性の既往出生児数，結婚持続期間といった出生行動に関するいくつかの重要な情報が含まれないことから，それを補完するため適宜，厚生労働省によって作成されている「人口動態統計」の個票データ[4]を利用する。

　分析対象とするグループは，ニューカマー外国人の内，ある程度の人口規模を持ち，またその属性が今後の日本における国際移民流入の人口変動への影響を考える上で参考になるものとした。まず，国籍としては，中国，フィリピン，タイ，ブラジルの計4か国の国籍保有者とし，その内，子ども出生時の満年齢が15-49歳の女性に限定した。それぞれの特徴は以下の通りである。

　中国人女性は後述するように，中国人同士での家族形成，及び定住化が進んでいるグループである。その経済的水準も他の国籍と比較すれば高く，今後，日本における移民受け入れの影響を考える上で参考となると考えられる。フィリピン，タイ人女性はいずれも日本人男性との国際結婚が多く，結婚移動の典型と捉えることができる。ブラジル人女性は日系人が大半を占めていること，その結果，家族単位での移住や非熟練労働への従事が多い等，自由な国際移動の典型事例と捉えることが可能である。

(2) 同居児法による出生率の推定

　本研究では先行研究にならい同居児法（Grabil and Cho 1965, Cho et al. 1986）を用いる。先述したように，パネルデータによるライフコースアプローチをとれない以上，横断面データから個々人のレベルでの過去の出生歴を再現できる本手法は現状で最善の方法といえるからである。

　同居児法とは，人口調査の調査票を「届出遅れの人口動態届」をみなすことで，過去10数年間にわたる女性年齢別出生率とその年次ごとの合計値である合計特殊出生率を推定する方法である（日本統計協会　1990, p.1）。多くの先行研究ではデータの信頼性を重視して，0歳，あるいは0-4歳までの同居児を対象に分析を行っているものが多い。特に，0歳の同居児は調査年から過去1年間

の出生率を示すことから，直近の期間出生率を再現するのに用いられることが多い (Vila and Martin 2007, Stephen and Bean 1992, Dubuc 2009, Goldstein and Goldstein 1981, Ford 1990)。

本研究では具体的に下記の手法を用いた。第一に，各世帯内の子と母親の組み合わせを適切に行うことが必要である。本研究では，ハワイ大学の東西センター (East West Center) による一連の成果も踏まえ，日本の国勢調査に対する同居児法の適用方法を解説した日本統計協会 (1990) も参考に，以下の方法によって両者の組み合わせを行った。

子については，各世帯内の 0-4 歳の者の内，世帯主との続き柄が，子，孫，兄弟姉妹，他の親族，その他，及び世帯主である場合を対象とした。そして，それぞれの場合について，続き柄，年齢から母親である可能性が最も高い女性を母親としている。また，母親となる可能性のある女性が 2 人以上いる場合には，子ども数を母親候補者で割った値をそれぞれに振り分けている。ただし，そうした事例は極めて少数にとどまっており，そのほとんどは，続き柄から母親として特定可能であった。

以上のように求められた同居児とその母親との対応関係をもとに，性，各歳別の生残率で割り戻すことで過去の各時点での年央人口を求め，再生産年齢 (15-49 歳) にある女性の年齢別の出生率 (ASFR) とその合計値である合計特殊出生率 (TFR) を算出した。[5]

(3) イベント相関効果の測定

このように TFR を算出できることに加え，0 歳，及び 1-4 歳の同居児を対象とした TFR_0，及び TFR_{1-4} を求めることで，調査年の 1 年前，及び 2-5 年前における期間出生率を求めることが可能である。[6]

なお，国勢調査では 5 年前の居住地が，海外／国内であるかを調査している。よって，仮にこれが海外の場合，TFR_0，TFR_{1-4} は，平均滞在期間でみると，それぞれ 0.5-1.5 年，及び -3.5 年から 0.5 年の間に妊娠したとみなすことができ，[7]下記の式によって求められた値を，おおむね移動前と移動直後の出生率の変化

とみなすことができる（Goldstein and Goldstein 1981）。これにより，国際移動前後の出生力の上昇（イベント相関効果）の有無を検証することが可能である。

$$D_{TFR.j} = TFR_{0,j} / TFR_{1-4,j}$$

$D_{TFR.j}$ ：国籍 j の過去5年間における合計特殊出生率の比
$TFR_{0,j}$ ：国籍 j の合計特殊出生率（平均滞在期間 0.5～1.5 年）
$TFR_{1-4,j}$ ：国籍 j の合計特殊出生率（平均滞在期間 -3.5 年～0.5 年の平均）

(4) 多変量解析による同化効果の検証

以下の分析に加え，個々人の出生確率の違いが，国際結婚を含む配偶関係の種類，あるいは居住期間の長期化からどのような影響を受けているかを明らかにするため，以下のモデルの推定を行う。

$$Probit(p) = \alpha + \sum_{j=1}^{4} \beta_{1,j} Cz_j + \sum_{j=1}^{4} Cz_j (\beta_{2,j} Mg + \beta_{3,j} Im) + \sum_{j=1}^{4} (Lr \cdot Cz_j)(\beta_{4,j} Mg + \beta_{5,j} Im) + X'\beta_6 \quad \cdots (1)$$

p ：過去1年間の出生確率
α ：定数項
Cz_j ：国籍ダミー
Mg ：有配偶ダミー
Im ：日本人男性を夫とする外国人女性ダミー（国際結婚ダミー）
Lr ：居住期間ダミー（国内居住期間が5年以上である外国人女性ダミー）
X' ：統制変数（ベクトル）（年齢，年齢の二乗項，国籍ダミーと年齢の二乗項の交差項，有配偶ダミー，就学ダミー，夫との年齢差及びその二乗，夫の学歴，居住都道府県，人口集中地区ダミー，居住自治体の人口規模ダミー）

従属変数は，直近1年間に出生を経験する確率 p をプロビット変換したものである。本モデルは出生力が個々人のライフコースを通して最適な水準が実現されるという前提に立ち，その上で，配偶関係，及び居住期間別に見た出生力

が日本人女性と外国人女性でどの程度違うかを明らかにしたものである。

Cz_j は国籍ダミーであり、日本人をレファレンスとして、中国、フィリピン、タイ、ブラジルが含まれる。Mg は、有配偶ダミーであり、無配偶（未婚、離死別）をレファレンスとする。Im は日本人男性を夫とする外国人女性ダミーであり、外国人男性を夫とする場合をレファレンスとする。Lr は国内居住期間が5年以上になる外国人女性を意味し、国内居住期間が5年未満の外国人女性をレファレンスとする。

推定式では、まず社会化効果に関して国籍ダミーの効果を見た後、国籍ダミーと有配偶ダミー、国際結婚ダミーの交差項をそれぞれとることで、配偶関係の有無、及びその種類ごとに見た出生力の日本人女性との差を国籍別に明らかにする。その上で、これらの変数と居住期間ダミーとの交差項をそれぞれとることで、同化効果の有無、大きさを類型ごとに明らかにする。仮に居住期間が長くなるほど日本人女性との出生力の差が小さくなるのであれば、同化効果が見られると考えることができる。

X には、統制変数がベクトルの形で含まれ、年齢、年齢の二乗項、国籍ダミーと年齢の二乗項の交差項、有配偶ダミー、夫の学歴ダミー、居住都道府県、人口集中地区ダミー、居住自治体の人口規模ダミー、就学ダミーがベクトルの形で含まれる。これはそもそも出生力がこれらの変数によって大きく異なることを反映したものである。

第4節　日本における外国人女性

(1) 外国人女性流入の文脈とその社会経済的特徴

日本における外国人女性の流入は1990年代から2000年代初頭にかけて、主にアジア系外国人女性が日本人男性と結婚する形で見られた。これは、「農村花嫁」といったあっせん組織を経由した流入や、あるいはエンターテイナーとして日本に入国したアジア系女性が日本人男性と知り合って結婚するといったも

表 2-1 15-49 歳女性の有配偶率とその内日本人男性を夫とする者の割合（国籍別，2010 年）

	有配偶率	内，夫日本人
中国人女性	56.3%	57.7%
フィリピン人女性	78.7%	89.3%
タイ人女性	76.1%	93.3%
ブラジル人女性	66.1%	11.6%
日本人女性	50.9%	－

（資料）国勢調査個票データより再集計．

のであった（武田 2011 など参照）。このことは，日本における外国人女性の流入が出生力と関係の深いところで始まったことを示している。

　国際結婚件数の推移を見ると，1980 年代後半から 2000 年代前半にかけて，日本人男性を夫とする国際結婚件数が急増した。その後，「日本人の配偶者等」の在留資格の取得要件が厳格化されたこと等により，国際結婚件数は急激に減少したものの（武田 2011，藤本 2013），この間の外国人女性流入の主要な入国経路であったことがうかがえる。特に，本章で扱う中国，フィリピン，及びタイ人女性の占める割合は大きく，全体の 7 割程度を占めている。

　もちろん，こうした傾向は国籍間で大きく異なるのも事実である。再生産年齢における有配偶率，及びその内の日本人男性との国際結婚割合を見ると，有配偶率はいずれの外国人女性の場合でも，日本人女性よりも高い（表2-1）。しかし，その中でも相対的に低い有配偶率，及び低い国際結婚割合を示す中国人女性，比較的高い有配偶率，及び非常に低い国際結婚割合を示すブラジル人女性，高い有配偶率と，高い国際結婚割合を示すフィリピン，タイ人女性とに分けられる。

　これは，中国人女性が留学，就労等を目的とした単身での来日から，外国人男性／日本人男性との結婚に移るケースが多いこと，フィリピン，タイ人女性はもともと国際結婚による来日が多かったこと，及びブラジル人女性はほぼすべてが日系人であり，家族単位での来日が多いことを反映したものといえよう。

第5節 外国人女性の出生力

(1) 同居児法による推定結果

同居児法によって求められた合計特殊出生率を見ると(**表2-2**)、日本人女性では1.31であるのに対して[8]、中国人女性0.87、フィリピン人女性1.46、タイ人女性1.04、及びブラジル人女性1.27であり、フィリピン人女性以外は日本人女性よりも低い値を示している。特に、中国人女性は1を切っており、非常に低い。出身国の出生率を見ると、中国1.7、フィリピン3.2、タイ1.4、及びブラジル1.8といずれも日本における出生率の方が低い結果となっている。これらの数値は日本に居住する外国人女性の出生力が総じて低い傾向にあることを示すものであり、先行研究の結果とも整合的といえる。

また、これらを年齢別出生率から見ると(**図2-2**)、フィリピン人、ブラジル人女性の間では10代後半から20代前半にかけて相対的に高い出生率を示しており、これが日本人女性よりも高い出生率につながっているといえよう。一方、中国人、タイ人女性は出生率のピークは日本人女性と同様、30歳前後であることに加え、全年齢を通して出生率が低いことが特徴であり、その結果、日本人女性よりも低い出生率にとどまるといえる。

以上のことから、集合レベルで観察される日本における外国人女性の出生力は、欧米諸国で見られるのとは異なり、日本人女性よりも低いことが示された。

表2-2 同居児法によって求められた合計特殊出生率(2010年)

	合計特殊出生率 (TFR)	出身国出生率 (TFR)
中国人女性	0.87	1.7
フィリピン人女性	1.46	3.2
タイ人女性	1.04	1.4
ブラジル人女性	1.27	1.8
(参考)日本人女性	1.31	―

(資料) 国勢調査個票データより再集計.

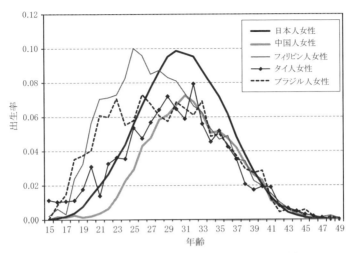

図 2-2 国籍別にみた年齢別出生率（2010 年）
（資料）国勢調査個票データより再集計．

（2）イベント相関効果の検証

しかし，上記の合計特殊出生率による推定結果は，国際移動に伴う出生力の変動を含んだものであり，そのまま日本人女性のそれと比較することは望ましくない。よって，以下ではその内，イベント相関効果の影響について検証する。

本稿では先述したように，$\text{TFR}_{0,j}$：国籍 j の合計特殊出生率（平均滞在期間 0.5～1.5 年）の $\text{TFR}_{1-4,j}$：国籍 j の合計特殊出生率（平均滞在期間 -3.5 年～0.5 年の平均）に対する比 $D_{TFR,j}$ を求めることでこれを明らかにする。

その結果，国内居住期間が5年未満の場合，これらの値は中国人女性で 1.51，フィリピン人女性で 1.03，タイ人女性で 1.40，そしてブラジル人女性で 1.15 とフィリピン人女性以外では，1を大きく上まわっており，国際移動直後に出生力

表 2-3 直近5年間の出生力の変化
（2010 年，国内居住期間5年未満）

	$D_{TFR,j}$
中国人女性	1.51
フィリピン人女性	1.03
タイ人女性	1.40
ブラジル人女性	1.15
（参考）日本人女性	1.04

（資料）国勢調査個票データより再集計．

の大幅な上昇を経験している，つまり，中断効果とそこからのキャッチアップとしてのイベント相関効果が観察されたといえよう[9]（**表2-3**）。

以上のことから，外国人女性は国際移動直後に出生力の急上昇を経験しているものの，これは国際移動からごく短い期間に限られ，その後はその効果は剥落するということが明らかにされた。

(3) 同化効果の検証

次に，多変量解析により，個人レベルで見た同化効果の検証を行う。

国籍ダミーの係数によれば，外国人女性の内，中国人女性が平均的に見て日本人女性よりも低い出生力を示す他は，日本人女性との有意な差は見られなかった（**表2-4**）。また，唯一，有意な結果が得られた中国人女性にしても，その値は-0.98と日本人女性よりも低い出生力を示す結果となり，出身国の出生率（1.7）との対応関係は見られなかった。よって，平均的な出生力の差として社

表 2-4 多変量解析による推定結果

従属変数: 過去1年間の出生確率	係数		
国籍		居住期間≧5年	
中国	-0.98 **	×中国	0.87 **
フィリピン	0.02	×フィリピン	0.46 **
タイ	-0.28	×タイ	0.72 **
ブラジル	-0.04	×ブラジル	0.32 **
有配偶		居住期間≧5年×有配偶	
×中国	0.21 **	×中国	-0.73 **
×フィリピン	-0.92 **	×フィリピン	-0.34 **
×タイ	-0.56 **	×タイ	-0.47
×ブラジル	-0.77 **	×ブラジル	-0.18
国際結婚		居住期間≧5年×国際結婚	- -
×中国	0.26 **	×中国	-0.19 **
×フィリピン	0.30 **	×フィリピン	-0.28 **
×タイ	0.21	×タイ	-0.46 *
×ブラジル	0.27	×ブラジル	-0.06
		統制変数	省略
		N	2,892,949

＊有意水準5%未満，＊＊有意水準1%未満
（資料）筆者推定値.

会化効果は見られないと言ってよいだろう。

　有配偶ダミーの係数によれば，中国人女性でプラスの他は，いずれもマイナスの結果が得られた。国籍ダミーに関する上記結果を踏まえると，このことは有配偶外国人女性の出生力が有配偶日本人女性よりもおしなべて低いことを意味する(10)。

　更に有配偶者の内，夫が日本人である場合，つまり国際結婚ダミーの係数を見ると，中国人女性，及びフィリピン人女性の間でわずかにプラスの結果が得られ，他については有意な結果を得られなかった。このことは有配偶女性の内，国際結婚をした外国人女性の出生力でさえ，有配偶の日本人女性の出生力よりも低いことを意味する(11)。

　では，居住期間の長期化によりこうした状況は変化するのであろうか。居住期間長期化の効果を見ると，中国人女性で 0.87，フィリピン人女性で 0.46，タイ人女性で 0.72，そしてブラジル人女性で 0.32 といずれの国籍でも居住期間の長期化は出生力を上昇させる効果を持つことが示された。

　しかし，配偶関係ごとの追加的効果となるとまちまちである。まず有配偶者全体で見ると，中国人女性で −0.73，フィリピン人女性で −0.34 と，居住期間の長期化によりそのプラスの効果は逓減する。また，日本人男性を夫とする場合を見ると，中国人女性で −0.19，フィリピン人女性で −0.28，タイ人女性で −0.46 と，ブラジル人女性以外では，居住期間長期化によるプラスの効果はさらに逓減する。その結果，日本人女性よりも高い出生率となるのは，フィリピン，タイ，ブラジル国籍の無配偶女性に限られ，有配偶女性についてはいずれの場合も日本人女性よりも低いという結果が得られた。

第6節　低い外国人女性の出生力とその要因

　以上のように外国人女性の出生力は，国際移動に伴う中断効果から同化効果による回復過程にあると見ることができるものの，無配偶者を除けばその回復

表 2-5　子どもが1歳未満の外国人男性を夫とする外国人女性の休業率，及び失業率

	休業率	失業率
中国人女性	22.4%	11.0%
フィリピン人女性	7.5%	18.0%
タイ人女性	8.3%	33.3%
ブラジル人女性	8.8%	26.6%
(参考)日本人女性	51.9%	4.1%

（資料）国勢調査個票データより再集計．
　（注）休業率は労働参加人口に占める割合．

力は十分ではなく，日本人女性と比較しても相対的に低い水準にとどまると考えられる。

　この内，無配偶女性の出生力が日本人女性と比べて相対的に高いのは，単に無配偶日本人女性の間で出生力が非常に低いことの反映に過ぎないと考えられる。よって，有配偶外国人女性の出生力が低いことが次に重要な論点として浮上する。以下ではこのことについて考察を加えたい。

　外国人男性を夫とする場合，居住期間が5年未満では出生力は非常に低いものの，居住期間が長期化するにつれ上昇する。こうしたことから，国際移動後による中断効果と，その後の同化効果による回復という解釈が妥当すると考えられる。論点となるのは，同化効果の大きさが十分でないことであり，その原因としては，外国人女性をとりまく出産，育児環境の厳しさがあるものと思われる。

　たとえば，出産育児支援として代表的な育児休業の取得率を見るため，国勢調査の個票データから子どもが1歳未満の女性について労働力人口（＝労働参加人口）に占める休業者の割合を求めると，日本人女性が51.9%であるのに対して，中国人女性が22.4%，フィリピン人女性が7.5%，タイ人女性が8.3%，及びブラジル人女性が8.8%と，非常に低いことがわかる（**表2-5**）。一方，同カテゴリーの女性についてその失業率を求めると，日本人女性が4.1%であるのに対して，中国人女性11.0%，フィリピン人女性18.0%，タイ人女性33.3%，ブ

ラジル人女性 26.6% と非常に高く，あたかも育児休業を取得できなかった人の大半が失業者に流れ込んだかのような様相を呈している。[13]

この背景には，外国人同士のカップルが日本の出産，育児支援に関わる制度に必ずしも精通していないことが考えられるが，それに加え，外国人女性の多くが派遣やパート労働者といった育児休業を取得しにくい立場に置かれていること等も影響を及ぼしていると考えられる。[14]

こうしたことからも見て取れるように，外国人同士のカップルが日本で出産，育児をすることは，日本人にもまして困難な状況にあるといえるであろう。これが，居住期間長期化の効果が必ずしも十分なものではないことの理由と考えられる。なお，この点が移民女性の出生力に関して日本と諸外国の間で最も大きく異なる点である。

では，日本人男性を夫とする場合はどうであろう。この場合，出生力の相対的な低さもさることながら，それにまして重要なのが居住期間の長期化によりむしろ出生力が低下することである。

この要因として考えらえるのは，国際結婚カップルに見られる婚姻関係の不安定さである。他の国における研究結果においても，国際結婚カップルの出生力は低いことが明らかにされており（Yang and Schoonheim 2010, p.121；Kim 2008；Maffioli *et al*. 2012；Kim *et al*. 2012），日本でもそうした傾向が妥当するものと思われる。[15]

たとえば，レイモ・岩澤・バンパス（2005）と同様の手法を用いて人口動態統計から国際結婚カップルの離婚率を求めると，結婚後18年後までに日本人女性の 22.4% が離婚するのに対して，夫日本人－妻中国人カップルの 39.4%，夫日本人－妻フィリピン人カップルの 44.2%，夫日本人－妻タイ人カップルの 33.2%，夫日本人－妻ブラジル人カップルの 25.7% が離婚することが示された（図2-3）。ブラジル人女性を除けば，特に結婚後5年以内の離婚率の高さは際立っており，仮に来日直後に日本人男性と結婚していたとしても，5年経つ頃には離婚しないまでも結婚関係の安定性は大いに失われている可能性が高いといえよう。

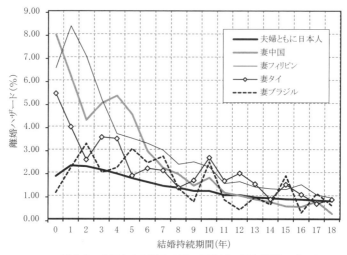

図 2-3　夫日本人の場合の妻の国籍別に見た離婚ハザード
(資料)　人口動態統計個票データより再集計.

　なお，ブラジル人女性の場合，日本人男性を夫とする場合でも，居住期間長期化によるマイナスの効果が唯一検出されなかったことも，こうした離婚率の低さに代表される婚姻関係の安定性と大きく関係しているものと思われる。この背景にはブラジル人女性の場合，その大半が日系人であることから，日本人男性との結婚といっても，他の国籍の場合のように文化的な障壁は相対的に少ないこと，あるいは日本人といっても日本国籍を有する日系ブラジル人同士のカップルであるといったことがあるものと思われる。

おわりに

　以上の結果から，外国人女性の出生力は，国際移動に伴う中断効果から，短期的にはイベント相関効果，中長期的には同化効果による回復過程にあるものの，その回復力は独身者を除けば，十分ではなく，外国人女性の出生力は日本人女性と比較して総じて低い水準にとどまると考えられる。また，その主な原

因としては，日本人女性を含め日本における育児，出産環境一般が厳しい中，外国人女性を取り巻く状況がより厳しいものであること，及び，これに加え，日本人男性と結婚している場合には，夫婦関係が相対的に不安定であることが予想され，それらの結果，出生力が抑制されていることが考えられる。

更に，仮に実際の日本人女性の間で，外国人女性と同じ出生行動上の特徴が見られた場合，無配偶者の多い若年層を中心に日本人女性よりも高い出生力が見られる場合もあるものの，有配偶者を中心とした30歳前後の出生力が低いことから，全体としては日本人女性よりも低い出生力にとどまる場合が多いことが明らかになった。

結論として，日本における外国人女性の流入による日本の出生力への影響は，諸外国の例と異なり，主に外国人同士のカップルの出生力が低いことから，ほぼ中立的（ゼロ）ということができるだろう。

注

(1) 本研究の内容はKorekawa (2017) の内容をもとにその内容を要約したものである。
(2) 国勢調査の外国人人口に関する精度は，登録外国人統計の約7-8割程度である。この差については，石川（2005）で詳しく分析されており，もっぱら不法就労・資格外活動・超過滞在などによって外国人としての自らの地位に不安を覚える外国人が，調査に非協力的になることを両統計の乖離の原因として挙げている。なお，本稿では永住者や日本人の配偶者など，比較的地位の安定した人々を分析対象とすることから，こうした脱落の影響は相対的に小さいものと考えられる。
(3) 本データは統計法第33条に基づいて総務省統計局より提供されたものである。
(4) 本データは統計法第32条に基づいて厚生労働省より提供されたものである。
(5) 第21回生命表（完全生命表）（厚生労働省2012）による値を用いた。
(6) 同居児法によって求められた出生率はTime-cohort型であるため，厳密には人口動態統計から求められる期間出生率とは異なる点に注意する必要がある（日本統計協会 1990, pp.25-6）。
(7) 出生については，それぞれ約1年ラグとなり，平均滞在期間に直すと，それぞれ

1.5 年から 2.5 年, -2.5 年から 1.5 年となる。
(8) 人口動態統計から求められた 2010 年の合計特殊出生率は 1.39 であり, 同居児法による値の方が若干低い。
(9) なお, こうした効果は国内居住期間が 5 年以上の場合には確認されておらず, 国際移動直後に限定して見られることが確認できる。また, こうしたパターンは 2000 年のデータによっても確認できることから, 2010 年に固有の 1 回きりの現象でもない事も確認された。
(10) 国籍ダミーの係数 ($\beta_{1,j}$) と有配偶と国籍ダミーの交差項の係数 ($\beta_{2,j}$) の和に基づく。
(11) 国籍ダミーの係数 ($\beta_{1,j}$) と有配偶と国籍ダミーの交差項の係数 ($\beta_{2,j}$) と国際結婚ダミーの係数 ($\beta_{3,j}$) の和に基づく。
(12) ちなみにこの値は, 出生動向基本調査（国立社会保障・人口問題研究所 2012, p.48）における 2005-9 年における第 1 子 1 歳時の育児休業利用率（54.7%）にほぼ等しい。
(13) 同様に日本人男性を夫とする場合について, 労働力人口に占める休業者割合を求めると, 中国人女性 24.7%, フィリピン人女性 9.5%, タイ人女性 17.3%, 及びブラジル人女性 27.3%と外国人男性を夫とする場合と比較して若干から大幅に高い傾向を示す。また, 失業率についても, 中国人女性 7.3%, フィリピン人女性 9.9%, タイ人女性 7.7%, ブラジル人女性 15.9%と外国人男性を夫とする場合と比較して大幅に低い。こうしたことから, 日本人男性を夫とする場合には, 出産, 育児環境の厳しさは外国人男性を夫とする場合に比較して, 大分, 緩和されているものと思われる。
(14) 国勢調査を用いて, 就労人口における従業上の地位を比較すると, 子どもが 1 歳未満の女性の内, 日本人女性は 22.7%が, 雇用者（労働者派遣事業所の派遣社員）ないしは, 雇用者（パート・アルバイト・その他）に該当するが, 中国人女性では 33.4%, フィリピン人女性では 78.3%, タイ人女性では 57.1%, 及びブラジル人女性では 62.8%がこれらに該当する。
(15) 国際結婚カップルの出生力に関しての研究はあまり多くみられない（Kim 2008, p.286）。これは, 国際結婚を目的とした国際移動は主に東・東南アジアに多くみられるパターンであり, 欧米では移民同士の結婚が主流であることに起因するものと思われる（Jones 2012: 30, 41）。

参考文献

石川義孝（2005）「外国人関係の 2 統計の比較」『人口学研究』37, 83-94 頁。

今井博之（2011）「国際結婚の夫婦の出生力―日本人男性と外国人女性の組み合わせの分析」『計画行政』34(4), 41-8 頁。

勝野真人・林謙治（1990）「わが国おける外国人の出産―その推移と将来予測」『周産期医学』, 1729-32 頁。

金正根（1971）「在日朝鮮人の人口学的研究」『民族衛生』37(4), 131-57 頁。

金潤信（1977）「在日韓国人の最近 10 年間における人口学的推移」『民族衛生』43 (3, 4), 91-102 頁。

厚生労働省（2012）『第 21 回生命表（完全生命表）』（http://www.mhlw.go.jp/toukei/saikin/hw/life/21th/index.html, 最終アクセス日 2013 年 3 月 21 日）。

国立社会保障・人口問題研究所（2012）『平成 22 年第 14 回出生動向基本調査（結婚と出産に関する全国調査）第 I 報告書』。

国立社会保障・人口問題研究所（2013）『日本の将来推計人口―平成 24 年 1 月推計の解説及び参考推計（条件付推計）―』。

小島宏（2007）「国際結婚夫婦の家族形成行動―日本と台湾の比較分析」中央大学『経済学論纂』47（3,4), 175-96 頁。

是川夕（2013a）「日本における外国人の移住過程がその出生率に及ぼす影響について」『社会学評論』64(1), 109-27 頁。

是川夕（2013b）「日本における外国人女性の出生力―国勢調査個票マイクロデータによる分析」『人口問題研究』69(4), 86-102 頁。

武田里子（2011）『ムラの国際結婚再考結婚移住女性と農村の社会変容』めこん。

日本統計協会（1990）『同居児法による日本の出生変動の計測と分析〈昭和 60 年国勢調査モノグラフシリーズ No.4〉』。

原俊彦（1996）「国際結婚と国際児の出生動向」『家族社会学研究』8, 67-79 頁。

藤本伸樹（2013）「『偽装結婚』の事例から人身取引のグレイゾーンを検証する」『立命館国際地域研究』37, 175-181 頁。

森博美（2001）「わが国における外国人の国籍別出生率について」法政大学日本統計研究所『オケージョナルペーパー』No.7, 1-18 頁。

山内昌和（2010）「近年の日本における外国人女性の出生数と出生率」『人口問題研

究』66(4), 41-59頁。

李節子(1998)『在日外国人の母子保健―日本に生きる世界の母と子』医学書院.

レイモ・ジェームズ,岩澤美帆,ラリー・バンパス(2005)「日本における離婚の現状:結婚コーホート別の趨勢と教育水準別格差」『人口問題研究』61(3), 50-67頁。

Andersson, G. (2004) "Childbearing after Migration: Fertility Patterns of Foreign-born Women in Sweden," *International Migration Review*, 38(2), pp.747-75.

Cho. L. J., Retherford, R. D. and Choe. M. K. (1986) *The Own-Children Method of Fertility Estimation*, University of Hawaii Press.

Cornelius, W. A. T., Tsuda, P. L. Martin, and J. F. Hollifield (2004) *Controlling Immigration A Global Perspective, Second edition*, Stanford University Press.

Dubuc, S. (2009) "Application of the Own-Children Method for Estimating Fertility by Ethnic and Religious Groups in the UK," *Journal of Population Research*, 26, pp.207-25.

Ford, K. (1990) "Duration of Residence in the United States and the Fertility of U.S. Immigrants," *International Migration Review*, 24(1), pp.34-68.

Goldstein, J. R., Sobotka, T., and Jasilioniene, A. (2009) "The end of 'lowest-low' fertility?," *Population and Development Review*, 35(4), 663-699.

Goldstein, S. and A. Goldstein (1981) "The Impact of Migration on Fertility: an 'Own Children' Analysis for Thailand," *Population Studies*, 35(2), pp.265-84.

Grabill, W. H. and L. J. Cho (1965) "Methodology for the Measurement of Current Fertility From Population Data on Young Children," *Demography*, 2, pp.50-73.

Hara, T., T. Ueki and M. Murakami (1994) "Estimate of the Number of International Children in Japan, Based on Trends in Intermarriage," *International Journal of Japanese Sociology*, 3, pp.29-43.

Jones, G.W. (2012) "International Marriage in Asia: What Do We Know, and What Do We Need to Know? ," Kim, Doo-Sub (ed.), *Cross Border Marriage: Global Trends and Diversity*, Korea Institute for Health and Social Affairs (KIHASA), pp.13-49.

Kim, Doo-sub (2008) "Status of Foreign Wife and Fertility: A Comparative Analysis of Korean and Taiwanese Data," Kim, Doo-Sub (ed.), *Cross Border Marriage, Process and Dynamics*, The Institute of Population and Aging Research, Hanyang University, pp. 287-319.

Kim, H.-S., Kim, K. and Jun, K.-H. (2012) "Mate Selection Pattern and Fertility Differentials among Marriage Immigrants in Korea," Kim, Doo-Sub (ed.), *Cross Border Marriage: Global Trends and Diversity*, Korea Institute for Health and Social Affairs (KIHASA), pp.235-277.

Korekawa, Y. (2017) "Fertility of Immigrant Women in Japan," *Conference Paper, Cross-Border Marriage in Asia, 2017 Annual Meeting of Population Association of America*, Chicago, U. S., pp.1-24.

Maffioli, D., Paterno, A. and Gabrielli, G. (2012) "Transnational Couples in Italy: Characteristics of Partners and Fertility Behavior," Kim, Doo-Sub (ed.), *Cross Border Marriage: Global Trends and Diversity*, Korea Institute for Health and Social Affairs (KIHASA), pp.279-319.

Milewski, N. (2009) *Fertility of Immigrants: A Two-Generational Approach in Germany*, Springer.

Milewski, N. (2010) "Immigrant Fertility in West Germany: Is There a Socialization Effect in Transitions to Second and Third Births?," *European Journal of Population*, 26, pp.297-323.

OECD (2015) *International Migration Outlook 2015*.

Parrado, E. A. (2011) "How High is Hispanic/Mexican Fertility in the Unites States? Immigration and Tempo Considerations," *Demography*, 48, pp.1059-80.

Portes, A. and Zhou, M. (1993) "The New Second Generation: Segmented Assimilation and Its Variants." *The Annals of the American Academy of Political and Social Science*, 530, pp.74-96.

Sobotka T. (2008) "The rising importance of immigrants for childbearing in Europe," *Demographic Research*, Vol.19(9), pp.225-248.

Stephen, E. H. and F. D. Bean (1992) "Assimilation, disruption, and the fertility of Mexican-Origin women in the Unites States," *International Migration Review*, 26(1), pp.67-88.

United Nations, Department of Economic and Social Affairs, Population Division (2014) *World Population Prospects The 2012 Revision, Methodology of the United Nations Population Estimates and Projections*, Working Paper No.ESA/P/WP. 235.

Vila M. R. and T. C. Martín (2007) "Childbearing Patterns of Foreign Women in a New Immigration Country: The Case of Spain," *Population (English Edition)*, 62(3), pp.351-79, INED.

Yang and Schoonheim (2010) "Minority Group Status and Fertility: The Case of 'Foreign Brides' in Taiwan," Yang and Lu (eds.), *Asian Cross-border Marriage Migration: Demographic Patterns and Social Issues*, Amsterdam University Press, pp.103-125.

(是川　夕)

第3章　外国人人口の分布と移動

はじめに

　日本国内では総人口が長期的な減少過程に入る一方で，増加を続ける外国人の人口学的・社会経済的影響についての関心が高まっている。地域人口に関する視点からは，国内の人口減少および高齢化が地域間格差を伴って進行していることをふまえ，外国人人口の地理的分布や移動が地域の人口規模や人口構造に与える影響が指摘されている（石川　2014，Hanaoka *et al.* 2017，清水ほか 2016）。一方で，地域レベルの人口動向への影響の評価に際しては，外国人特有の居住地分布や移動パターンを考慮する必要があり，とくに外国人人口の国内移動については，近年利用が可能になった市区町村レベルのデータを用いた分析によっても，日本人のそれとは異なる傾向がみられることが確認されている（中川ほか 2016，清水 2017）。また，日本国内における外国人人口については，規模の拡大に加えて，国籍別構成の多様化や，定住化および永住者資格を取得する外国人割合の増加など，過去30年間でその構成が大きく変容しており，外国人人口の地域分布や国内移動にも新たな傾向が生じていると考えられる。

　本章では，日本における外国人人口の地域分布と移動について，その動向の把握・分析に用いる種々の公的統計を解説したうえで，近年における移動と分布の特徴を整理し，その背景ならびに含意について考察する。本章は，以下の3節から構成される。まず第1節では，外国人人口に関する公的統計の概要と近年の制度変更を概説したうえで，とくに地域分布と移動に関する統計の種類

および整備状況について説明する。つづく第2節では，外国人の地域分布の基本的特徴とその変化を把握したうえで，近年利用可能になった住民基本台帳にもとづく市区町村別データも活用し，外国人の人口構造の地域的特徴を検討する。第3節では，外国人の移動を国外からの移動（国際移動）と国内移動に分け，その特徴および国籍による違いを，最新の国勢調査結果から把握する。おわりに，本章の内容を整理し，今後の研究課題に関する若干の展望を示す。

第1節　外国人人口の分布と移動に関する統計

(1) 外国人人口に関する公的統計の概要

　現在の日本における入国管理制度ならびに外国人受け入れ政策の原型は，1951年に施行された「出入国管理令」（政令第319号）に遡ることができる。いわゆる「ポツダム命令」の一つとして出された出入国管理令では，外国人の日本への入国および在留に関する諸規定が定められ，日本国内での就労を目的とする外国人の入国および在留については，高度な専門職あるいは技術職（熟練労働を含む）への従事を目的とするものに限定されるなど，現在に至るまでの日本の入国管理政策および外国人労働者受け入れ政策の原型が形成されることになった。出入国管理令は，部分的な改正が重ねられ，1982年には日本の国連難民条約への加入に伴い「出入国管理及び難民認定法」（入管法）と改められたものの，「非専門職・非熟練労働分野における就労を目的とする外国人の受け入れを認めない」「就労を目的とする外国人の入国は一時的滞在を目的とする場合に限る」という原則が一貫して維持されてきた。[1]

　また，出入国管理令の施行に併せて，「外国人登録法」が1952年に施行され，これにもとづいて外国人登録をしている外国人に関する統計が，「登録外国人統計」として法務省入国管理局によって集計・公表されてきた。具体的には，外国人登録法による外国人登録制度のもとでは，日本国内に「連続90日を超えて滞在する」（予定を含む）すべての外国人に登録義務が課せられ，該当する外国

人は入国から90日以内に居住する市区町村に外国人登録をすることになっていた。こうして各自治体に登録された外国籍人口について、法務省入国管理局が毎年12月末時点の登録者数を集計した統計が登録外国人数として公表された（2011年末集計分まで）。従来、外国人は住民登録や戸籍制度の対象外であったので、外国人登録制度はその代替機能をもっていたともいえる。

なお、総務省統計局が実施する国勢調査と法務省の外国人登録制度に基づく登録外国人統計については、いずれも日本国内に3ヶ月以上滞在実績のある外国籍人口（あるいは3ヶ月以上滞在予定の外国籍人口）を対象としているにもかかわらず、それぞれにおいて把握される外国人数には無視しえない乖離がみられることが確認されてきた（石川 2005, 2011 など）。清水（2000）および石川（2005）では、それぞれ1995年と2000年の国勢調査ならびに該当する年度の登録外国人統計を比較して、20歳代～30歳代にかけての若年層、国籍別では中国・フィリピン・ブラジルといった「ニューカマー」層、そして大都市部に居住する外国籍人口に関して、2統計間の乖離幅が大きいという傾向を指摘している。[(2)]このような公的統計による外国籍人口の違いについては、その規模や構造の把握のみならず、出生や死亡さらには移動（出入国による国際移動を含む）に関する動態率の算出に際しても、分母人口の選択を通じて重大な影響を与える可能性があるため、人口学的分析においては慎重に注意が払われてきた（山内 2010, 是川 2011）。

加えて、公的統計を用いた外国人人口の把握にとっては、近年の二つの制度的変更の影響が無視できないと考えられる。まず、2012年7月に「入管法」ならびに「住民基本台帳法」が改正されたことに伴い、従来の外国人登録法ならびに同法を根拠とする外国人登録制度は廃止され、外国籍住民についても住民基本台帳法の適用対象に加えられた。詳細については次項で述べるが、この一連の改正により、外国人住民についても住民票が作成されることになり、新たな在留管理制度に依拠した外国籍人口の集計値が公表されることになった。

二点目は、外国人の移動についての統計に関するものである。日本における外国人の移動については、従来、「出入国管理統計」による国際移動、そして国

勢調査の大規模調査年（10年ごと）の設問項目に含まれる「5年前の常住地」の集計結果により過去5年間の移動（外国からの移動を含む）状況が把握できるのみであった[3]。しかしながら，「住民基本台帳人口移動報告」については，2013年7月より，外国人の移動状況が集計・公表されることになった。具体的には，都道府県単位での年齢5歳階級別転入者数・転出者数が「日本人」と「外国人」の別に表章され，これにより，外国人に限定した都道府県単位の男女・年齢別移動率の算出が可能となっている。

（2）新しい在留管理制度のもとでの外国人統計

前述のとおり，2012年7月以降は従来の外国人登録制度に代わり，住民基本台帳制度にもとづく新たな在留管理制度のもとで外国籍人口が把握されることになった。具体的には，従来の登録外国人統計においては，日本での滞在期間（予定期間）が3ヶ月未満の「短期滞在」在留資格保持者でも，外国人登録の手続きを行うことが妨げられていなかったのに対し，新たな在留管理制度のもとでは，外国籍保有者を在留資格により「中長期滞在者」とそれ以外に分類し，「短期滞在者」については住民基本台帳制度の適用対象から外れることとなった。新たな「在留外国人統計」の集計対象は，**表3-1** に示されている区分のうち「中長期滞在者」と「特別永住者」となる[4]。

住民基本台帳法に基づき，住民票記載情報による人口（住民基本台帳人口）・世帯数，および住民票記載・消除による人口動態を集計したものが，「住民基本台帳に基づく人口，人口動態及び世帯数調査」（以下，「住基〈動態〉調査」と略）として総務省自治行政局より公表されている。この公表統計により，各年1月1日時点の人口（男女・年齢5歳階級別）および世帯数（総数）に加えて，「出生」，「死亡」，「転出入（国内・国外）」，「その他記載・消除」といった項目ごとに前年1年間の総数を市区町村単位で把握することができる。調査期日については，従来，各年の「3月31日時点の人口・世帯数および前年4月1日から3月31日までの動態数」という年度単位の集計であったが，2013年に調査期日が変更されて以降は，各年「1月1日現在の人口・世帯数および前年1月

表 3-1　住民基本台帳制度の適用対象者（外国人）

区分	対象	該当する在留資格
(1) 中長期滞在者	日本国内に在留資格をもって在留する外国人であって，3月以下の在留期間が決定された者や短期滞在・外交・公用の在留資格が決定された者等以外の者 →「在留カード」の交付	「外交・公用」「短期滞在」を除く
(2) 特別永住者	入管特例法により定められている特別永住者 →「特別永住者証明書」の交付	「特別永住者」
(3) 一時庇護許可者又は仮滞在許可者	一時庇護許可者や，不法滞在者が難民認定申請を行い，一定の要件を満たす場合に日本国内に許可された者（仮滞在許可者）	＊「一時庇護許可書」「仮滞在許可書」の交付
(4) 出生による経過滞在者又は国籍喪失による経過滞在者	出生又は日本国籍の喪失により日本に在留することとなった外国人	＊当該事由が生じた日から60日を限り，在留資格を有することなく在留することができる

（資料）総務省「外国人住民に係る住民基本台帳制度」資料（http://www.soumu.go.jp/main_sosiki/jichi_gyousei/c-gyousei/zairyu/index.html, 2019年1月4日最終閲覧）をもとに作成．

1日から12月31日までの人口動態」についての集計結果が公表されている．

　2013年以降の「住基〈動態〉調査」では，新たに住民票が作成されるようになった外国人住民に関しても，住民票情報による人口（男女・年齢5歳階級）・世帯数，および住民票記載・消除による人口動態が市区町村単位で集計され，日本人の集計分と分離して公表されている．人口動態については年齢（階級）別の集計結果が公表されていないものの，この「住基〈動態〉調査」の公表データを用いることにより，移動（転入・転出），出生，死亡といった人口動態事象について，日本人と外国人それぞれ総数を分母とした各年の動態率（普通動態率）を市区町村単位で算出することが可能となっている．

　なお，住民票の記載情報に基づく国内の地域間人口移動については，総務省統計局が公表する「住民基本台帳人口移動報告」が主要な統計となってきたが，外国人が住民基本台帳制度の適用対象となったことにより，その集計対象にも外国人が含まれるようになった．具体的には，2014年以降の年次集計結果より，都道府県単位の移動数に限って，男女・年齢階級別の移動数（転入者数・転出者数）が「総数（外国人を含む）」と「日本人」の別に公表されている．これ

表 3-2 公的統計による外国籍人口の国内移動の把握（公表ベース）

	国勢調査	住民基本台帳移動報告	住民基本台帳に基づく人口, 人口動態及び世帯数
所管	総務省統計局	総務省統計局	総務省自治行政局
リソース	国勢調査（常住者）	住民票	住民票
観察期間・方法	・前回国勢調査（5年前）時の常住地 ・10年ごとの大規模調査年のみの設問	・各年1月1日〜12月31日	・各年1月1日〜12月31日
項目	・国外からの移動 ・国内移動	・国内移動	・国外からの移動 ・国外への移動 ・国内移動
外国人の年齢（階級）別移動数の表章地域単位（注）	・外国人に関する年齢（階級）別の移動者数は, 全国値のみ公表 ・都道府県別の外国人移動者数については, 総数のみ公表（都道府県別・年齢別移動者数は公表なし）	・都道府県別に, 年齢（5歳階級）別の転入者数・転出者数および転入超過数が,「総数（外国人を含む）」と「日本人」それぞれについて公表されており, これらを比較する（差分を取る）ことによって, 年齢階級別の外国人移動者数の算出が可能	・外国人に関する年齢別の移動数の公表はなし ・市区町村単位で, 転入・転出（国内・国際）それぞれについての総数を日本人と外国人の別に表章
その他	・主要国籍別の集計結果あり	・日本人については, 年齢（5歳階級）別に市区町村を単位とする転入数・転出数を表章	・各年1月1日時点の外国人人口を, 男女・年齢5歳階級別に市区町村単位で表章 ・前年の出生・死亡の総数を市区町村単位で表章

（注）いずれも2019年1月4日時点の公表状況.

は, 日本人・外国人にそれぞれ限定した都道府県単位の男女・年齢別移動率が算出できることを意味している。市区町村間の年齢（階級）別移動数については, 依然として日本人と外国人別の移動数が分離されていないものの, 都道府県単位とは言え, 住民票ベースの外国人の年齢別移動数に関するデータが得られるようになったことにより, 外国人人口の地域分布および国内移動に関する人口学分析にとって非常に有用なリソースが加わったと言える。

　国勢調査も含めて, 公的統計による外国人の移動に関する現在の把握状況（公表ベース）は, **表3-2**のとおりである。日本における外国人人口に関する統計は, 基本的には拡充される方向で整備がすすんでおり, 外国人の地理的分布および国内移動に関する分析に際して利用機会が拡大することが期待される。一

方で，こうした外国人人口に関する公的統計の利用や分析に際しては，その基盤となる制度や集計対象について十分に把握したうえで，それぞれの特徴や問題点を考慮することが，ますます重要となっている．

第 2 節　外国人人口の地域分布

（1）外国人人口の都道府県別分布の特徴

　本節では，まず，日本国内における外国人の地域分布の特徴について概観する．図3-1は，1980年と2015年の国勢調査による外国人人口の分布を，各都道府県のシェアによって示したものである．国勢調査による外国籍人口は，1980年の約66万9,000人から2010年の約175万2,000人へと35年間で約2.6倍に増加したが，都道府県別でみると外国人人口は特定の地域に偏在していることが確認できる．とくに三大都市圏といわれる首都圏・中京圏・大阪圏に集中しており，2015年国勢調査ではこれらの地域で外国人人口全体の約70％を占めている．この外国人人口の三大都市圏への集中は，日本人のそれよりも顕著であり，[7]諸外国とりわけ先進国において観察されてきた海外からの移民あるいは外国人労働者の大都市部への集中傾向（McHugh 1989, Newbold 1996, Castles and Davidson 2000, OECD 2004）が，日本においても確認される．

　ただし，1980年と2015年の国勢調査による都道府県別シェアを比較すると，これら三大都市圏のあいだでも異なる傾向がみられる．1980年の国勢調査において外国人の都道府県別分布におけるシェアが最も高かったのは大阪府であり，日本国内の外国人人口の25％以上を占めていた．大阪府と隣接する兵庫県と京都府のシェアもそれぞれ11％と7％であり，日本国内における外国人居住者の40％以上がこれら2府1県に居住していたことになる．しかしながら，外国人人口の地域分布における大阪圏のシェアはその後低下を続け，2015年の国勢調査では16％になっている．とくに，その中心である大阪府の相対的な地位の低下が目立ち，2010年国勢調査におけるシェアは10％未満にまで低下している．

なお，1980年の国勢調査と比較して2015年の国勢調査による外国人人口の減少がみられたのは，大阪府（-10.4％），京都府（-0.03％）のほかは山口県（-14.5％）のみである。

対照的に，首都圏および中京圏では外国人人口ならびに都道府県別分布におけるシェアが大幅に増加している。とくに首都圏における増加が著しく，1980年の約15万人であった外国人人口は2015年には70万人を超え，シェアも22％

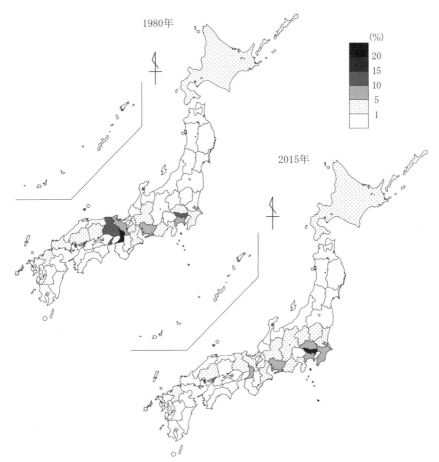

図3-1　外国人人口の分布における都道府県別シェア（％），1980年と2015年の比較
（資料）総務省統計局「国勢調査」より作成.

から41％へと拡大している。この35年間に外国人人口の首都圏への集中が急速に進んだことになり，とくに東京都のシェアは2000年に15％を超え，それまでトップであった大阪府を抜いて全国で最大の外国人人口をもつに至った（2015年国勢調査におけるシェアは22％）。東京都に隣接する埼玉県・千葉県・神奈川県においても，1990年以降に外国人人口の都道府県別分布におけるシェアが拡大している。また，愛知県・岐阜県・三重県によって構成される中京圏では，1990年から2000年代にかけて外国人人口が急増し，そのシェアも10％を超えるようになった。

こうした外国人人口の地域分布の推移は，とくに1980年代後半以降，日本国内における外国人人口の構成が大きく変化したことと関連している。1980年代半ばまでは，外国人人口の大半が，いわゆる「オールドカマー」と呼ばれる韓国・朝鮮籍の人口であった。たとえば，1980年の国勢調査では，日本国内に居住する外国籍人口の80％以上が韓国・朝鮮籍であり，そのうち47％が大阪・京都・兵庫の2府1県に集中していた。図3-1に示された1980年の外国人人口の地域分布における大阪圏のシェアの高さは，こうした韓国・朝鮮籍人口が歴史的にとくに多い京阪神の大都市部の特性を反映したものであったと言える。

1980年代後半以降は，中国およびその他のアジア国籍の人口が，規模においても割合においても増加を続けるとともに，1989年の入管法の改正（施行は1990年）によって日系人の入国と滞在に関する規定が大幅に緩和されて以降は，ブラジルやペルーといった南米国籍の人口が急速に増加した。こうした「ニューカマー」外国人においては，従来の「オールドカマー」とは異なる地域分布の傾向がみられたことが，外国人人口の地域分布の変化の背景にある。

図3-2は，2015年国勢調査における主要国籍別にみた外国人人口の分布を，都道府県を単位とするローレンツ曲線で示したものである。[8] 韓国・朝鮮籍については，分布の偏り度を示すジニ係数が0.7以上と高く，その居住が特定の地域に集中していることがうかがえる。[9] 韓国・朝鮮籍人口の都道府県別分布をみると，これまで大阪府が最大のシェアを占めていたが，2015年の国勢調査では大阪府と東京都が19.5％で並んだ。1980年国勢調査における東京都のシェアは

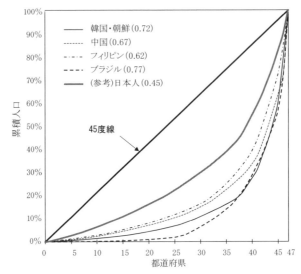

図 3-2 ローレンツ曲線で示した国籍別人口の都道府県別分布，2015 年
(資料) 中川 (2018)，図 2 を引用 (元データは総務省統計局「平成 27 年国勢調査」).
(注) カッコ内はジニ係数.

10％であったが，韓国・朝鮮籍人口については，外国人全体におけるシェアの低下に加えて，その地域分布が過去 30 年間で大きく変化したことがうかがえる．

一方で，2000 年代にその規模がほぼ倍増し，2010 年の国勢調査では国籍別でみた最大のグループとなった中国籍人口は，都道府県別分布の偏りが比較的緩やかで，ジニ係数も低い値を示している．ただし，中国籍人口が最も多い東京都のシェアは 25％を超えており，中国籍人口の地域分布については，東京都への集中と，非大都市圏を含むその他の地域への分散傾向が同時にみられるのが特徴といえる．1990 年代以降に増加したブラジル国籍人口については，都道府県を単位とするジニ係数でみると，韓国・朝鮮籍を上回る分布の偏りが示される．都道府県別シェアでは，愛知県：28％，静岡県：15％，群馬県：7％，岐阜県：6％，三重県：6％となっており，東海地方および北関東を中心とする製造業分野に集中した雇用構造を反映した分布となっている．

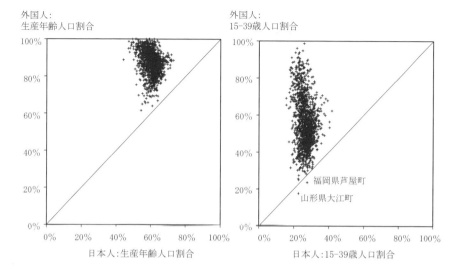

図 3-3　市区町村別の日本人と外国人の人口構造の比較，2015 年
(資料)　中川ほか (2016)，図 3 を引用 (元データは総務省自治行政局「住民基本台帳に基づく人口，人口動態及び世帯数調査」).

(2) 外国人の人口構造の地域的特徴

　ここでは，市区町村単位での年齢 (5 歳) 階級別の外国人人口に関するデータが得られる「住民基本台帳に基づく人口，人口動態及び世帯数調査」(以下，「住基〈動態〉調査」と略) を用いて，都道府県よりも小さい地理スケールである市区町村単位でみた外国人の分布状況と人口構造を分析し，その地域的な傾向について検討する。

　図 3-3 は，「住基〈動態〉調査」による 2015 年 1 月 1 日時点の外国人の年齢 (5 歳) 階級別人口のデータが公表されている 1,361 市区町村について，日本人と外国人の生産年齢 (15-64 歳) 人口割合および 15-39 歳人口割合を比較したものである。日本人と比較して外国人の人口構造に関する市区町村間の分散が比較的大きいことが確認できるが，生産年齢人口割合についてはすべての市区町村で外国人の値のほうが高くなっている。さらに対象を 15-39 歳人口割合に限定すると，外国人の値に関する市区町村間の分散は拡大するものの，山形県

表3-3 地域類型別にみた市区町村別外国人人口割合の分布, 2015年

全年齢人口

	全国 (n=1,361)	三大都市圏 (n=512)		非三大都市圏 (n=849)
		中心部 (n=134)	非中心部 (n=378)	
総数	100.0%	100.0%	100.0%	100.0%	100.0%
0.5%未満	21.3%	3.5%	0.0%	4.8%	32.0%
0.5%以上～1%未満	33.4%	23.4%	7.5%	29.1%	39.3%
1%以上～2%未満	28.1%	42.2%	33.6%	45.2%	19.7%
2%以上～5%未満	15.4%	26.4%	47.0%	19.0%	8.7%
5%以上	1.8%	4.5%	11.9%	1.9%	0.2%

生産年齢（15～64歳）人口

	全国 (n=1,361)	三大都市圏 (n=512)		非三大都市圏 (n=849)
		中心部 (n=134)	非中心部 (n=378)	
総数	100.0%	100.0%	100.0%	100.0%	100.0%
0.5%未満	8.3%	0.4%	0.0%	0.5%	13.1%
0.5%以上～1%未満	26.8%	13.3%	0.7%	17.7%	35.0%
1%以上～2%未満	36.3%	37.9%	24.6%	42.6%	35.3%
2%以上～5%未満	24.5%	40.6%	56.0%	35.2%	14.7%
5%以上	4.1%	7.8%	18.7%	4.0%	1.9%

（資料）総務省自治行政局「住民基本台帳に基づく人口，人口動態及び世帯数調査」より作成．
（注）分析の対象は，全国の1,902市区町村（2015年1月1日時点）のうち外国人の年齢（5歳）階級別人口のデータが公表されている1,361市区町村．

大江町と福岡県芦屋町を除くすべての市区町村において，日本人よりも外国人に関する割合が高くなっている（中川ほか 2016）。日本における外国人の人口構造については，日本人と比較した場合，総じて若い人口構造をもつことが石川（2011）等により指摘されてきたが，ここで示した市区町村を単位とする地域別データからもその傾向が確認できる。

こうした外国人人口の構造に関する地域的な傾向を詳細に検討するために，**表3-3**では，全国の市区町村を「三大都市圏」と「非三大都市圏」に分類し，さらに「三大都市圏」については「中心部」と「非中心部」に分類したうえで，全年齢人口と生産年齢人口それぞれに占める外国人の割合を集計した。各市区町村の分類については，総務省統計局が「平成22年国勢調査」に基づいて設定

した 11 の大都市圏のうち関東大都市圏・中京大都市圏・近畿大都市圏を「三大都市圏」とし，それぞれに含まれる政令指定都市の区を中心部とした。

表3-3 より，各市区町村における外国人人口は，全年齢人口よりも生産年齢人口に占める割合が相対的に高くなる傾向が確認できる。たとえば，外国人が全人口の5%以上となる市区町村の割合は，全年齢人口では1.8%であるが，生産年齢人口に関しては該当する市区町村の割合が4%を超えている。外国人人口の比率が高い地域は，とくに三大都市圏の中心区部に多いが，その傾向は生産年齢人口についてみた場合に顕著である。具体的には，三大都市圏中心部（区部）では，全体の75%の区において15歳～64歳人口に占める外国人の割合が2%を超えており，全体の19%の区ではその割合が5%を超えている。

一方，非大都市圏では，15～64歳人口に占める外国人の割合が2%未満の市町村が大半を占める。非三大都市圏においても，約2%の市町村で生産年齢人口に占める外国人の割合が5%を上回っており，その人口構造に外国人が少なからず影響を与えている地域が非大都市部においても例外的に存在する。ただし，基本的には外国人人口の大都市集中傾向は若年人口においてより顕著にみられ，その地域人口構造への影響——とくに若年人口への影響——も，大都市圏の中心部に集中する傾向にあることが示唆される。

第3節　外国人の移動

(1) 国籍別にみた移動の特徴

外国人人口の地域分布は，おもに国外からの外国人移動者の地域分布に加えて，国内における外国人の地域間移動の影響を受ける。本節では，外国人に関する国籍別の移動を把握することのできる唯一の公的統計である国勢調査の結果を用いて，外国人の移動を国外からの移動と国内移動に分けたうえで，それぞれの特徴を概観する。

図3-4 は，直近の 2015 年国勢調査の人口移動集計結果にもとづいて，5 年前

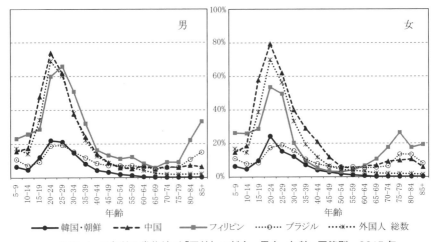

図3-4 5年前の常住地が「国外」の割合，男女・年齢・国籍別，2015年
(資料) 総務省統計局「平成27年国勢調査」より作成．
(注) 5年前の常住地「不詳」を除く割合．

の常住地が外国であった人の割合（以下，国外からの移動者割合とする）を，韓国・朝鮮，中国，フィリピン，ブラジルといった主要国籍別に示したものである。前回（2010年）の国勢調査において初めて韓国・朝鮮籍人口を上回り，国籍別では外国籍人口における最大のグループとなった中国籍人口については，男女ともに10代後半から30代前半にかけて過去5年間における外国からの移動者割合が顕著に高くなっている。とくに女性の20〜24歳では，その割合が80％に達しており，近年の若年層における外国人の流入の大部分が中国籍人口の流入によるものであることがうかがえる。

　歴史的に特別永住者を含む永住者の割合が多い韓国・朝鮮籍人口については，5年前の常住地が外国であった割合が全体的に低くなっている。ただし，男女ともに20歳代においては外国からの移動者の割合が比較的高くなっており，これはおもに韓国からの留学生の流入によるものであると考えられる。日本国内における韓国・朝鮮籍人口については，いわゆるオールドカマーの代表的グループとされ，定住外国人として分類される傾向が強いが，とくに若年層については，若年の留学生を中心とするニューカマー・グループと従来のオールドカ

マー・グループが混在している点に留意する必要がある。

　フィリピン国籍については，中国籍と同様に20歳代における外国からの移動者割合が相対的に高くなっている一方で，高齢者層において特徴的な傾向がみられる。すなわち，男女ともに20歳代でピークを迎えた後は，外国からの移動者割合が40歳代にかけてほぼ直線的にその割合が低下し，その後も低い割合で推移するが，男性では80歳以降，女性では60歳以降で外国からの移動者割合が再び上昇に転じている。こうしたフィリピン国籍の高齢者層における外国からの移動者割合の高さは，近年，日本国内に定住したフィリピン人のあいだで，本国から親を呼び寄せるケースが増えているためであると考えられる。

　日本国内におけるブラジル国籍人口については，ニューカマーの代表的なグループとされてきたが，2015年国勢調査によると，「5年前の常住地＝外国」となっている割合は比較的低く，年齢別でみた外国からの移動者割合は，韓国・朝鮮籍と類似したパターンを示している。日本国内におけるブラジル人については，その最大の雇用吸収先であった製造業が，2008年末のいわゆる「リーマンショック」に端を発する景気後退期に外国人労働者を含む非正規労働者の雇用を大幅に削減した影響を受けて，多くの労働者およびその家族が帰国することになった。一方で，日本国内におけるブラジル人のなかでも，比較的安定した仕事をもち，定住志向が強い層が日本国内に留まった可能性が指摘されている（池上 2016）。図3-4で示される国外からの移動者割合を見ても，ブラジル国籍人口については，若年層も含めた新規流入の抑制が続く一方で，15歳未満の子ども世代を中心に，日本で生まれ育ったいわゆる「第二世代」が拡大していることが示唆される。

　図3-5は，上記の外国籍人口について，「5年前の常住地＝国内」であった人のうち「5年前の常住地＝県外」の人の割合，すなわち県間移動率を男女・年齢階級別に示したものである。年齢別の県間移動率について，日本人と類似したパターンを示しているのは韓国・朝鮮籍人口であり，男女とも30歳代から40歳代にかけては日本人の移動率をやや上回るが，中高年期以降は日本人とほぼ同じ水準で県間移動率が推移している。

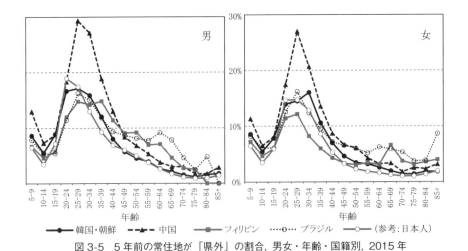

図 3-5 5 年前の常住地が「県外」の割合, 男女・年齢・国籍別, 2015 年
(資料) 総務省統計局「平成 27 年国勢調査」より作成.
(注) 5 年前の常住地「不詳」を除く割合.

　外国からの移動者割合と同様に, 若年期の県間移動率が顕著に高いのは中国籍人口である. 中国籍人口については, 男女ともに 25 歳～34 歳の 30％近くが過去 5 年間に県間移動を経験しているが, 40 歳代になるとその割合は急速に低下し, 中高年期では日本人や韓国・朝鮮籍と類似したパターンがみられる. 中国籍人口における国内移動者の地域的分布については後述するが, 国外からの移動者の分布に加えて, 日本国内における移動が, とくに若年層を中心とした中国籍人口の国内分布に大きな影響を与えると考えられる.
　一方, 中高年期以降に相対的に高い県間移動率がみられるのがブラジル国籍人口である. これは, 派遣会社や業務請負業者を通じた間接雇用 (非正規雇用) の割合が極めて高いという日本国内におけるブラジル国籍人口に特徴的にみられる就業構造と関連していると考えられる. すなわち, その雇用の不安定性が, ブラジル人の県間移動率の高さにも反映されていることが示唆される. なお, ブラジル国籍人口と同様に, ニューカマー外国人の代表的な集団とされてきたフィリピン国籍については, 20 歳代以降, 一貫して男性の県外移動率が女性のそれを上回っているのが特徴で, 男性の移動率は 40 歳代以降も比較的高い値で

推移している。

(2) 移動者の地域的分布

それでは、こうした外国人の移動はどのような地域で発生しているのであろうか。また、それぞれの地域は、外国人の移動に関してどのような特徴をもつのであろうか。これらの問いについて検討するために、**図3-6** では、5年前の常住地でみた国外からの移動者と県間移動者それぞれについて、現住地の分布状況を示した。国籍別に、地域ブロック（12区分）による分布に加えて、都道府県を単位とする分布の偏りをジニ係数で示した。たとえば、中国籍人口については、国外からの移動者の都道府県別分布のジニ係数0.49にたいし、県間移動者の分布のジニ係数は0.70となっており、これは移動者の目的地選択における地域的偏りが、国内の県間移動において相対的に強くなることを示している。

中国籍の移動者の地域分布をみると、国外からの移動・国内の県間移動のいずれにおいても、都道府県別でみた最大の受け入れ先が東京都であるが、東京都の占めるシェアは国内県間移動者の分布において拡大している（国外からの移動13％→県間移動20％）。東京都と隣接する埼玉県・千葉県・神奈川県も含めた1都3県が県間移動者の分布に占めるシェアは55％を超えており、国内の県間移動者の半数以上が首都圏で吸収されていることになる。[11] 国外からの移動者の分布と比較して、国内移動者の分布においては、とくに埼玉・千葉・神奈川といった東京近郊県のシェアが高くなっており、定住外国人の郊外化が示唆される。なお、国内移動者の分布において東京近郊県のシェアが相対的に高くなる傾向は、女性を中心に定住者割合が比較的高いとされるフィリピン国籍についてもみられる。

愛知・静岡・岐阜・三重といった中京・東海地域のほか、中国地域、九州・沖縄地域といった西日本の非大都市圏では、国外からの移動と比較して、中国籍人口の県間移動者の分布におけるシェアの低さが目立つ。前述のとおり、日本における外国人の中でも中国籍人口については、20歳代から30歳代の若年層における県間移動率が顕著に高いという特徴をもつが、国際移動による国外

からの移動者の分布に加えて，こうした若年層における非大都市圏からの国内移動（転出）によって，首都圏への集中傾向が拡大していることがうかがえる．

韓国・朝鮮籍人口については，国外からの移動者の25%以上を東京都が占めているが，そのシェアは国内の県間移動においては20%未満に低下している．

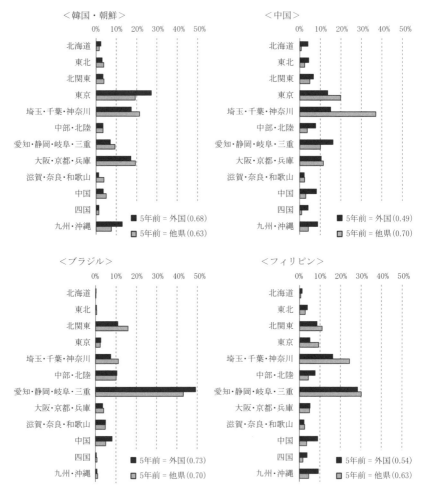

図3-6　外国人移動者の地域分布，国籍別，2015年

（資料）総務省統計局「平成27年国勢調査」より作成．
（注）カッコ内は都道府県を単位とするジニ係数．5年前の常住地「不詳」を除く割合．

一方で，東京都の近郊県や中京圏，大阪・京都・兵庫といったその他の大都市圏では，韓国・朝鮮籍の国内移動者のシェアが相対的に大きくなっており，国外からの移動者の分布と比較して，その分散傾向がみられる。実際，韓国・朝鮮籍の移動者の都道府県別分布のジニ係数をみると，国内移動では 0.63 と比較的低い値になっており，中国籍人口とは対照的に，東京都への集中が国内移動によって緩和されていることが示唆される。

ブラジル国籍人口については，その就業構造が移動者の地域的分布にも反映されている。すなわち，その大部分を占める日系ブラジル人の主要な就業先となっている製造業の中心地域である中京・東海地域ならびに北関東への偏在が顕著である。国外からの移動・国内移動いずれにおいても，移動者の 20% 以上が愛知県に集中するなど，ブラジル人の移動が特定の地域に限定して発生していることがうかがえる。[12]

おわりに

本章では，全国を対象とした外国人人口の分布と移動状況を把握する公的統計について，その概要と近年の制度変更および利用環境の整備状況をふまえたうえで，こうした公的統計を用いた外国人の地域分布と国内移動の特徴について概観した。新たな在留管理制度が導入された 2012 年以降の在留外国人統計では，短期滞在者（滞在期間 3ヶ月未満の外国人）が集計の対象外とされていることから，国勢調査の定義による「常住人口」との整合性は増したといえる。しかしながら，この在留管理制度に依拠した外国籍人口の集計対象の変更は，外国人人口の統計についての従来の主たる関心の対象であった登録外国人人口と国勢調査による外国人人口の乖離に加えて，時系列データの連続性に関する新たな問題を生じさせている。外国人人口の動向については，こうした統計の諸問題を十分に考慮し，適切な対応を検討したうえで分析することが必要となる。

外国籍住民が住民票の対象に加わったことにより，外国人の地域分布や移動については，国勢調査結果と住民票記載情報にもとづく二種類の統計が利用できるようになっている。このうち，国勢調査については，公表ベースでは都道府県単位とは言え国籍別の移動者の集計値が得られること，また個票データの二次利用により，他の人口学的・社会経済的属性との関連を考慮した分析が行えるという利点がある。本章でみた分析結果からも，外国人の移動については，国籍に加えて，国外からの移動と国内における移動のあいだで，そのパターンが大きく異なり，とくに国内移動に関しては，全体としては外国人の大都市部集中が強まる一方で，一部の定住化が進んでいるグループで郊外化を伴う移動が示唆されるなど，新しい傾向もみられた。2007年の統計法の改正以降，利用環境が大幅に整備された国勢調査の個票データを積極的に活用しながら，国籍に加えて，居住地の地域特性や個人の社会経済的属性の違いを考慮した移動パターンを詳細に検証することが期待される。

　一方で，国勢調査の人口移動集計については，不詳の割合が比較的高いこと，また，不詳の出現が，地域別・年齢（階級）別に一様ではなく，一定の系統性をもっていることが指摘されている（小池・山内 2014）。このため，とくに地域間の移動の把握に際しては，住民基本台帳移動報告にもとづいた移動数の集計値も，依然として有力なソースであることに変わりはない。外国人の国内移動および移動者の地理的分布については，このような複数のデータによる分析結果を併用することによって，地域人口に与える影響の検証も含めた分析を進展させることができると考えられる。

注

(1) ただし，二点目の「一時的滞在」の原則については，2012年の「高度人材に対するポイント制」の導入により在留歴に係る永住許可要件が緩和されたことから，いわゆる「永住を目的とした外国人労働者の入国」への道が開かれたといえる。また，2018年12月に成立した「改正入管法」（施行は2019年4月予定）では，

就労を目的とした新たな在留資格として「特定技能（1号・2号）」が設けられた。なかでも「特定技能2号」では，在留期間の更新に加えて，一定の条件を満たせば永住申請が可能とされるなど，外国人労働者の定住化・永住への新たなチャンネルとなることが想定される。

(2) また，石川（2005）は，2統計間の外国籍人口の比率（「外国籍人口」／「在留外国人統計」）が1980年代から95年にかけては82-86%で安定していたものの，2000年の国勢調査では77%と大幅に低下したことを指摘している。

(3) 国立社会保障・人口問題研究所が5年ごとに実施する全国標本調査である「人口移動調査」では，2006年の第6回調査ならびに2011年の第7回調査において，すべての世帯員の「出生国」（外国の場合は国名も含む）を尋ねており，外国生まれの調査回答者の移動パターンを把握することができる。また，2016年の第8回調査では，「国籍」に関する設問も加えられた。「人口移動調査」の詳細については，国立社会保障・人口問題研究所（2018）を参照。

(4) したがって，外国人人口の推移に関する分析に際しては，集計対象の変更による時系列データの不連続性に注意を払う必要が生じている。

(5) なお，「住民基本台帳人口移動報告」については，2014年以降の年次集計結果より，日本人移動者を対象に男女・年齢5歳階級別の移動数に関する表章地域単位が，市区町村単位に拡充された。すなわち，日本人については，市区町村単位の男女・年齢階級別移動率（転入率・転出率・純移動率）が，公表データのみを用いて算出できる。

(6) ただし，「住基〈動態〉調査」と「住基〈移動〉報告」それぞれによって把握されている移動者数の集計値には離齬が確認される。この点については，中川ほか（2016）が若干の検討を行ったうえで，分析上の対応方法を提示している。

(7) これら三大都市圏の10都府県（東京都・埼玉県・千葉県・神奈川県，愛知県・岐阜県・三重県，大阪府・京都府・兵庫県）が2015年の国勢調査の日本人人口の分布に占めるシェアは50.3%であった。

(8) 2015年国勢調査結果に基づく都道府県別外国人人口の分布に関する分析結果の概要は，中川（2018）に示している。

(9) ローレンツ曲線によって測られるジニ係数（Gini Coefficient）は，分布の偏りや不平等度を示す指標の一つであり，0〜1の範囲の値をとる（1の場合に不平等度が最大となる）。ジニ係数は，所得分配の不平等度に関する指標として一般的

に知られるが，地域人口学や人口地理学においても，人口の空間的・地域的な集中や分散を数値化する目的で用いられている（Carmichael 2016, p.305）。
(10)「住基〈動態〉調査」では外国人に関する国籍別の表章はされておらず，また，原則として外国人人口が 50 人未満の市区町村については，その男女・年齢階級別の人口に関するデータが公表されていない。
(11) ただし，これは首都圏内の県間移動者数を含む値である点には注意が必要である。
(12) なお，中川（2018）では，愛知県をはじめ岐阜県，群馬県，三重県といったブラジル人の多い中京圏や北関東の県において，外国人居住者の「県内」移動率が他の地域と比較して顕著に高いことを確認したうえで，県間移動（長距離移動）では測れないブラジル人の移動性向の特徴として，短距離移動率の高さを指摘している。

参考文献

石川義孝（2005）「外国人関係の 2 統計の比較」『人口学研究』37, 83-94 頁。
石川義孝編（2011）『地図でみる日本の外国人』ナカニシヤ出版.
石川義孝（2014）「日本の国際人口移動―人口減少問題の解決策となりうるか？―」『人口問題研究』70(3), 244-263 頁。
小池司朗・山内昌和（2014）「2010 年の国勢調査における『不詳』の発生状況：5 年前の居住地を中心に」『人口問題研究』70(3), 325-338 頁。
国立社会保障・人口問題研究所（2018）『第 8 回人口移動調査 報告書（2016 年社会保障・人口問題基本調査）』調査研究資料第 36 号.
是川夕（2011）「外国人の定住化が死亡動向に与える影響について：在留資格別人口の変動からの分析」『人口学研究』47, 1-23 頁。
清水昌人（2000）「外国人統計の利用とその限界」『統計』51(5), 7-12 頁。
清水昌人（2017）「市区町村における外国人の社会増加と日本人の社会減少」『E-journal GEO』12(1), 85-100 頁。
清水昌人・中川雅貴・小池司朗（2016）「市区町村における外国人の転入超過と人口流出」『E-journal GEO』11(2), 375-389 頁。
中川雅貴（2018）「外国人人口の地域分布と移動」『統計』69(5), 15-21 頁。
中川雅貴・小池司朗・清水昌人（2016）「外国人の市区町村間移動に関する人口学的

分析」『地学雑誌』125(4), 475-492 頁。
山内昌和（2010）「近年の日本における外国人女性の出生数と出生率」『人口問題研究』66(4), 41-59 頁。

Hanaoka, K. Ishikawa, Y. and Takeshita, S.（2017）"Have Destination Choices of Foreign Residents Contributed to Reducing Regional Population Disparity in Japan? Analysis Based on the 2010 Population Census Microdata," *Population, Space, and Place*, 23(1) (DOI: 10.1002/ psp.1975).

Carmichael, G. A.（2016）*Fundamentals of Demographic Analysis: Concepts, Measures, and Methods*. New York: Springer.

Castles, S. and Davidson, A.（2000）*Citizenship and Migration: Globalization and the Politics of Belonging*, Routledge.

McHugh, K. E.（1989）"Hispanic Migration and Population Redistribution in the United States," *The Professional Geographer*, 44(3), pp.429-439.

Newbold, K.（1996）"Internal Migration of the Foreign-born in Canada," *International Migration Review*, 30(3), pp.728-747.

OECD（2004）*Trends in International Migration: SOPEMI 2003 Edition*.

（中川雅貴）

第4章　移民・外国人政策の現在
——重層的な境界管理と選別的排除——

はじめに

　国民国家における移民・外国人は，法的地位，年齢や性別，出生国や家族構成等において，一様ではない。したがって，移民・外国人政策を研究対象とする際には，どのような移民・外国人に対する政策であるかを整理する必要がある。

　そこで，本章では，法的地位に着目した先行研究を参照し，日本における移民・外国人政策を検討するためのモデルを提示する（第1節）。そして，第2節以降では，当該モデルを用いて，2000年代以降の移民・外国人政策を分析し，その特徴を考察する。

第1節　法的地位と移民・外国人政策

(1) 先行研究の検討

　スウェーデンの社会学者であるT. ハンマーは，国民国家に居住する者の法的地位を3つの同心円モデルで示した。彼は，3つの円の境界を入り口（entrance gate）と呼び，一番外側の円（第1の入り口），次の円（第2の入り口），一番内側の円（第3の入り口）の内側に，それぞれ一時的滞在者やゲストワーカー，永住外国人（denizen），国民を配置し，従来の「国民－外国人」という二項対立では捉えられない，永住外国人の社会的存在を浮き彫りにした（Hammer

1990)。

　ハンマーの同心円モデルを日本に紹介した法学者の近藤は，各入り口の通過を，正規化（第1の入り口），永住権取得（第2の入り口），帰化（第3の入り口）という権利の承認過程と捉え直し，非正規滞在者の権利（第1の入り口の外側）から居住市民の権利，永住市民の権利，国民の権利へと権利が拡大していくことを示した（近藤 2001）。

　これに対して，国際社会学者の小井土は，第1の入り口の外側に物理的な国境という4つめの円を描くことで，非正規滞在者（非合法移民）の存在を全体構造に位置づけるとともに，ハンマーの「入り口」を，「より幅広い制度的で選択的な閉鎖・開放機能をもつ境界（boundary）」と読み替えることで，より重層的な境界過程として移民政策を捉えることを目指した（小井土 2003）[1]。

（2）日本型分析モデルの検討

　先行研究において示されたモデルをもとに，日本型モデルを検討したい。

　ハンマーのモデルでは，境界通過は，内側に向かって一方向に進むと仮定されているが，後述する在留管理の強化や「偽装」滞在者対策は，内部から外側への排除機能をもっている。さらに，同心円の通過は選別的で，すべての移民・外国人に平等に開放されているわけではないことから，本章では，小井土に倣って「入り口」ではなく「境界」という用語を用いる。

　また，アメリカ合衆国と比較すれば，日本の非正規滞在者の数は少ないものの，2000年代の入管政策の主要課題の1つは，非正規滞在者の縮減（排除）であったこと，2001年の9.11事件以降，国境管理の強化が目指されていることから，1番外側に物理的な国境をおく。さらに，ニューカマー[2]の在留資格は，活動に基づく在留資格と身分または地位に基づく在留資格に大別され，活動（就労）の制限や権利という点で両者は大きく異なること，技能実習生など，後者の在留資格への変更が認められていない外国人もいることから，両者の間にも境界をおく。

　すなわち，物理的な国境（第1の境界），合法的な入国・滞在許可（第2の境

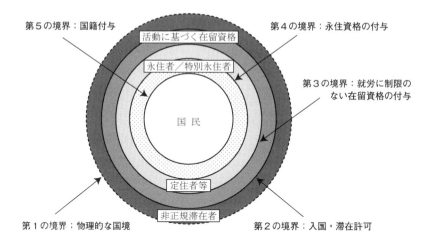

図 4-1 日本における移民・外国人政策の分析モデル
（資料）鈴木江理子「『開放性』の視点からみた日本の外国人政策の変遷」（第 77 回日本社会学会全国大会，2004 年 11 月）の報告資料を更新．

界），就労に制限のない在留資格の付与（第 3 の境界），永住資格の付与（第 4 の境界），国籍付与（第 5 の境界）の 5 つの同心円モデル（**図 4-1**）を用いて，以下，それぞれの境界通過に係る政策と境界通過後の権利の状況を考察する．

第 2 節　第 1 の境界に係る政策

(1) テロ対策としての国境管理の強化

　第 1 の境界は，出入国管理及び難民認定法（以下「入管難民法」）と日本国との平和条約に基づき日本の国籍を離脱した者等の出入国管理に関する特例法（以下「入管特例法」）によって管理されている．後者は，旧植民地出身者とその子孫（在留の資格「特別永住者」，オールドタイマー）を対象とした法律であり，ニューカマーは前者の法律によって規定される（**図4-2**）[3]．

　2001 年 9 月 11 日にアメリカで発生した同時多発テロを契機として，日本で

◆**活動に基づく在留資格**
　◇**各在留資格に定められた範囲で就労可能**

外交	（外国政府の大使，公使，総領事及びその家族）	
公用	（外国政府の大使館・領事館の職員及びその家族）	
教授	（大学教授等）	
芸術	（作曲家，画家，著述家等）	
宗教	（外国の宗教団体から派遣される宣教師）	
報道	（外国の報道関係の記者，カメラマン等）	
高度専門職	（高度な専門能力をもつ者）	専門的・技術的労働者
経営・管理	（外資系企業の経営者，管理者等）	
法律・会計業務	（弁護士，公認会計士等）	
医療	（医師，歯科医師等）	
研究	（政府関係機関や企業等の研究者）	
教育	（高等学校・中学校等の語学教師等）	
技術・人文知識・国際業務	（機械工学等の技術者，通訳，デザイナー，企業の語学教師等）	
企業内転勤	（外国の事業所からの転勤者で，技術・人文知識・国際業務を行う者）	
介護	（介護福祉士の資格を有する介護士等）	
興行	（俳優，歌手，ダンサー，プロスポーツ選手等）	
技能	（外国料理の調理師，動物調教師，スポーツ指導者等）	
技能実習	（技能実習生）	

　◇**原則就労不可**

文化活動	（日本文化の研究者等）
短期滞在	（観光客，会議参加者等）
留学	（大学・短期大学・専修学校の専門課程等の学生，高等学校・専修学校の一般課程等の生徒，日本語学校の学生，小学校・中学校等の児童生徒）
研修	（研修生）
家族滞在	（上記教授から文化活動まで，及び留学の在留資格を有する外国人が扶養する配偶者・実子・特別養子）

　◇**法務大臣が個々の外国人に与える許可により就労可能**

特定活動	（外交官や高度専門職等の家事使用人，ワーキングホリデー，医療滞在，国家戦略特区の家事労働者等）

◆**身分または地位に基づく在留資格**
　◇**活動制限なし**

永住者	（法務大臣から永住許可を受けた者）
日本人の配偶者等	（日本人の配偶者・実子・特別養子）
永住者の配偶者等	（特別永住者の配偶者，永住者の配偶者及び日本で出生し引き続き在留している実子）
定住者	（日系三世，インドシナ難民，条約難民等）

図 4-2　在留資格一覧（2019 年 1 月現在）

（資料）入管難民法等をもとに筆者作成．
（注）1）入管難民法上の地位ではないが，入管特例法に規定される「特別永住者」という在留の資格がある．
　　　2）2018 年 12 月に成立した改定入管難民法において，活動に基づく在留資格として「特定技能」が創設された（2019 年 4 月施行）．

も出入国管理がテロ対策の一環として位置づけられて以降，入管難民法の改定等により国境管理の強化が推し進められている。

そして，テロリスト関係の情報収集と入国を阻止するための水際対策として，警察官を航空機に警乗させるスカイ・マーシャル（2004 年 12 月），事前旅客情報システム（APIS）（2005 年 1 月），航空機・船舶等運送業者に対する乗客・乗務員の旅券確認の義務化（2005 年 12 月），さらには，入国時に指紋や顔写真などの個人情報を採取する US-VISIT 日本版⁽⁴⁾（2007 年 11 月）などが導入されている（鈴木 2008）。とりわけ，指紋押捺は，人権尊重を訴える 20 年にも及ぶ撤廃運動によって全廃されたにもかかわらず，「テロとの闘い」という御旗のもと復活することになった。

(2) 非正規滞在者の排除

第 1 の境界と第 2 の境界の間には，合法的な滞在資格をもたない非正規滞在者が存在している。

2000 年代以降の外国人をめぐる状況で，最も大きな変化の 1 つは非正規滞在者といっても過言ではない。1989 年改定入管難民法（1990 年 6 月施行）で「不法」就労助長罪が導入され，バブル崩壊とともに労働力需要が縮小したことによりその数は減少したとはいえ，2000 年末時点では，いまだ 25 万人以上の非正規滞在者が日本で暮らしていた。つまり，1990 年代から 2000 年代初めにかけての非正規滞在者に対する取締りは緩やかで，一定程度，その存在が放置・黙認されていたのである（鈴木 2009, 2010, 2016a；ベントゥーラ 1993, 2007）。

そのような対応に変化が生じるのが，「不法」滞在者を 5 年で半減するという数値目標を設定した半減計画（犯罪対策閣僚会議「犯罪に強い社会の実現のための行動計画」2003 年 12 月）以降である。非正規滞在者が治安悪化の元凶とシンボル化され，宗教施設や NPO 事務所，大使館周辺などでの職務質問，外国人登録に基づく摘発，入国管理局サイトにおける「不法」滞在者情報のメール受け付けなど，彼／彼女らを排除するための厳格な取締りが強行された。そして，当局による懸命な「努力」により，半減計画はほぼ目標を達成した。2004

年初めの「不法」残留者数は 219,418 人であったが，2009 年初めには 113,072 人，2018 年初めには 66,498 人へと減少した。

さらに，雇用対策法の改定にともなって，外国人雇用状況の届出が義務化され（2007 年 10 月），「不法」就労助長罪が過失犯化されたことによって，就労の場からの非正規滞在者の排除が強化された。2012 年 7 月には，新しい在留管理制度（後述）のもと，非正規滞在者は住民基本台帳から排除され，「見えない人間」として不可視化されることとなった。制度上，非正規滞在者の権利（行政サービス）は新制度導入後も変更がないという見解を当局は示しているものの，実態としては，公立学校への受け入れ拒否や母子手帳の不交付など，新たな排除が報告されている（鈴木 2013c）。

加えて，物理的な排除を強行するために，2013 年 7 月，チャーター機による集団国費送還が初めて実施されるとともに（その後も継続），IOM（国際移住機関）による帰国支援プログラムが導入された（2013 年度試験導入，2014 年度以降本格導入）。

第 3 節　第 2 の境界に係る政策

(1) 外国人労働者の受け入れ拡大

第 2 の境界は，入管難民法と入管特例法によって管理されており，国家が「好ましい外国人」と認めた者のみ，この境界を越えることができる。そして，第 2 の境界と第 3 の境界の間に存在しているのが，活動に基づく在留資格をもつ外国人であり，2000 年末の 412,479 人（外国人登録者の 24.5％）から 672,576 人（同 32.1％，2010 年末），1,127,530 人（在留外国人の 44.0％，2017 年末）へと増大している。

外国人労働者については，第六次雇用対策基本計画（1988 年 6 月）以降，専門的・技術的労働者といわゆる「単純労働者」の二分類が用いられ，前者の受け入れを基本方針としているが，2000 年代になると，日本の活力を維持するた

めの高度人材（専門的・技術的労働者のうち，より高度な専門能力をもつ外国人労働者）と，人口減少に伴う労働力不足を補うための外国人労働者が，新たな受け入れの論点として注目されるようになった（鈴木 2006）。

　前者については，その受け入れ促進に特段の異論はなく，2012 年 5 月，高度人材ポイント制度が導入され，2015 年 4 月には，在留資格「高度専門職」が創設されている。ただし，その受け入れは，当局の意図に反して進まず，政府は，2013 年 12 月に認定要件を緩和したものの，2014 年の新規入国高度人材（在留資格「特定活動」）は 176 人（2013 年は 33 人）であった[7]。

　一方，これまでフロントドアからの受け入れを認めてこなかった後者については，受け入れの必要性を認めながらも，日本人労働者の雇用環境への悪影響や景気後退期の失業，定住化にともなう社会的コストや治安悪化などに対する「懸念」から——筆者は，これらの「懸念」を支持しないが——慎重な意見も多く，結果的に，技能実習制度や国家戦略特区の活用など，制限的な受け入れ拡大が主流であり（鈴木 2014, 宮島・鈴木 2014），受け入れ数もそれほど多くはなかった。

　これに対して，2018 年 6 月，ついに日本政府は，深刻化する労働力不足に対応するために，「一定の専門性・技能を有する外国人材」——当局は「単純労働者」という言葉の使用を避けているが，これまで「単純労働者」に分類されていた労働者——のフロントドアからの受け入れを表明し，就労を目的とした在留資格を創設することを閣議決定した（経済財政諮問会議「経済財政運営と改革の基本方針 2018」，日本経済再生本部「未来投資戦略 2018」）。

　そして，同年 10 月に召集された第 197 回臨時国会で，在留資格「特定技能」の創設に係る改定入管難民法が成立するとともに，基本方針等が閣議決定された（2018 年 12 月）。改定法では，「特定技能 1 号」（相当程度の知識または経験を必要とする技能を要する業務に従事）は最長通算 5 年の単身者，「特定技能 2 号」（熟練した技能を要する業務に従事）は，従来の専門的・技術的労働者と同様に，在留期間の更新や変更，家族の帯同が認められ，かつ，技能実習 2 号修了者は「特定技能 1 号」への移行が可能となっている。「特定技能」外国人を受

け入れる産業分野（「特定産業分野」）は，介護，建設，農業など 14 分野であり，5 年間で最大 345,150 人と推計されている。その一定割合は技能実習 2 号からの移行者と見込まれているが，技能実習 2 号の移行対象職種に含まれていない外食産業での受け入れも予定されていることから，2019 年 4 月に改定入管難民法が施行されれば，外国人労働者の受け入れが拡大することは確かであろう。

(2) 合法滞在者の管理強化と排除の対象の拡大

第 2 の境界は単に開放されただけではない。

留学生に対する在籍管理（「留学生及び就学生の入国・在留審査に係る審査方針」1999 年 12 月），アルバイトも含めたニューカマー労働者に対する就労管理（外国人雇用状況の届出制度の導入，2007 年 10 月），中長期在留者（説明は後述）に対する在留管理（新しい在留管理制度の導入，2012 年 7 月）によって，第 2 の境界——第 3・第 4 の境界も同様——通過に係る一時点の選抜のみでなく，境界通過後も「好ましい外国人」であり続けているかどうかを継続的に監視し，「好ましくない外国人」の発見・排除を容易とする排除型の統治機構が構築されている（鈴木 2017）。

そして，「不法」滞在者半減計画の目標をほぼ達成した当局が，新たな排除のターゲットとしたのは「偽装」滞在者である。『平成 22 年版 出入国管理』では，「偽装」滞在者が「不法滞在者対策とともに出入国管理行政上重要な課題となっている」，その「増加が懸念されている」と記され，以降，「偽装」滞在者対策の強化が推し進められている（鈴木 2013a）。

これに先立って，2004 年 6 月の入管難民法改定で在留資格取消し制度が導入され（同年 12 月施行），排除の対象は，合法滞在者にも拡大された。新たな規定のもと，活動に基づく在留資格をもつ外国人は，在留資格が定める活動を 3 ヶ月以上行っていない場合に（正当な理由がある場合は除く），在留資格が取り消されることになった。例えば，留学生が，大学の講義を 3 ヶ月以上欠席した場合，在留資格が取り消され，第 2 あるいは第 1 の境界の外側に押し出されるのである。

その後も「偽装」滞在者対策は強化され，排除を可能とする法改定が重ねられ，在留資格取消し事由や退去強制事由が追加されることで，排除の対象は，活動に基づく在留資格のみでなく，より安定的な法的地位である身分または地位に基づく在留資格をもつ外国人にまで拡大されていく。新しい在留管理制度のもとでは，住居地の変更を90日以内に法務大臣に届けなかった場合（正当な理由がある場合は除く）や，「日本人の配偶者等」や「永住者の配偶者等」の在留資格をもつ外国人が，配偶者の身分を有する者としての活動を6ヶ月以上行っていない場合（正当な理由がある場合は除く）も取消しの対象に加えられた。
　さらに，2016年11月の入管難民法改定では（翌2017年1月施行），活動に基づく在留資格をもつ外国人が，在留資格が定める活動を行っておらず，かつ他の活動を行いまたは行おうとしたというだけで（正当な理由がある場合は除く）——3ヶ月という期間を経過しなくとも——在留資格が取り消されるという規定が加えられた。まさに，管理強化を活用した排除の拡大である。加えて，客観的な判断が困難な「行おうとした」という個人の意図までが，予防的措置として排除の根拠に利用されてしまうことは，「正当な理由がある場合は除く」という規定とともに，当局によって恣意的に運用され，場合によっては無制限な排除をもたらす危険すらある（鈴木 2016b, 2017）。

第4節　第3の境界に係る政策

(1) 人権レジームによる受け入れ

　第3の境界は入管難民法によって管理されており，第3と第4の境界の間には，身分または地位に基づく在留資格のうちの「日本人の配偶者等」，「永住者の配偶者等」，「定住者」が存在している。
　ところで，国家における移民・外国人受け入れには，ナショナルな国益レジームとトランスナショナルな人権レジームという2つの原理があるといわれている（Sassen 1996，野村 2000）。前者は，国家にとっての利益という判断基準か

ら，業績 (achievement) に基づいて移民・外国人の選抜が行われ，専門的・技術的労働者や留学生などが該当する。後者は，人権——国民か外国人かにかかわらず「人間としての権利」——尊重という観点から帰属 (ascription) が選抜基準として参照され，国民の配偶者や難民などが該当することから，第3の境界通過を人権レジームによる受け入れと捉えることもできるであろう。

いわゆる「単純労働者」を受け入れないとした一方で，優遇的に受け入れられることになった日系人は，「日本人との家族的つながり」を根拠とした人権レジームによる受け入れである。そして，帰属による選抜ゆえに，学歴や職歴，日本語能力等の業績が問われることなく，来日後の仕事の有無にかかわらず，第3の境界を越えることが認められている[8]。これは，日本人と結婚した外国人なども同様である。

なお，第3の境界を通過した者は，就労に制限がないため，どのような職種に就くことも可能であり，失業したり，働けなくなった場合，生活保護を申請することも認められている（ただし，権利ではなく準用扱い）。

(2) 統合政策の始動—包摂と排除

日本の移民・外国人政策は，国境通過（あるいは境界通過）における管理といった移動局面に重点が置かれ，国境（境界）通過後の移民・外国人をどのように社会に迎え入れていくかの居住局面の政策（統合政策／多文化共生政策）が不十分であると，しばしば批判されている。

このような課題は，1989年改定入管難民法の施行（1990年6月）を契機として特定地域に日系南米人が急増したことによって，より端的に表面化した。国による統合政策の不在が，生活ルールの周知や近隣住民とのコミュニケーション，保険加入や子どもの教育など「定住」にともなう多様な課題を地域社会に押し付けることとなった。そのようななか，2001年5月，日系南米人の急増に直面した自治体が協力して課題解決を目指すことを目的として外国人集住都市会議が設立された。そして，当該会議からの要望に応える形で，ようやく，国レベルの統合政策（多文化共生政策）が始動することとなった[9]。

とりわけ、リーマンショックに端を発した景気低迷により日系南米人の雇用や生活の脆弱性が露呈したことから、2009年1月、内閣府に定住外国人施策推進室が設置され、同年3月、日系定住外国人推進会議が定期的に開催されることになった。以降、当該会議を中心に、教育・雇用・住宅・情報提供などの取組みが検討され、いまだ十分とはいえないまでも、実施に移されている。

ただし、これらの動きは、必ずしも社会統合（包摂）を目指すものばかりではない。厳しい景気後退のもと仕事を失い再就職が困難な日系南米人に対して、「当面の間、同様の身分に基づく在留資格による再入国を認めない」という条件（排除）のもと、一定額の支援金を支給する帰国支援が、同時に行われた。[10]

(3) 難民の受け入れ

日本は、1981年10月に難民の地位に関する条約（以下「難民条約」）及び1982年1月に当該議定書に加入し（ともに翌1982年1月発効）、「難民受け入れ国」となったにもかかわらず、他の先進諸国と比較して、難民受け入れ数が極めて少ない。1990年代には、年間認定者数がたった1人という年もあった。2001年10月のアフガン難民申請者の一斉摘発・収容事件、翌2002年5月の瀋陽総領事館北朝鮮亡命者駆込み事件などをきっかけとして、難民をめぐる日本政府の姿勢に対する国内外からの批判が高まった結果、2004年6月の入管難民法改定により（翌2005年5月施行）、60日ルールの撤廃、仮滞在許可制度や難民審査参与人制度の導入など、難民申請者保護の観点からの制度の見直しが行われた。その後の認定者数は若干増えているとはいえ、2017年までの累積でたった708人という少なさである。つまり、迫害を逃れて庇護を求めてきた者に対する「排除」の傾向が依然として大きく、第3の境界通過が十分に認められていないのである。

そのため、日本の難民政策は「難民認定問題」に矮小化されがちであるが、認定後の支援にも課題が多く、2003年4月、難民条約発効後20年以上経てようやく、条約難民（難民条約に基づき難民と認定された者）に対する定住支援策が導入され、日本語教育、職業紹介や職業訓練、生活援助資金や定住手当等

の支給が行われることとなった。

　なお，2010年9月より，第三国定住によるミャンマー難民の受け入れが開始され，2018年10月までに44家族174人を受け入れている（在留資格「定住者」）。また，日本政府は，2017年より，5年間で150人のシリア難民留学生とその家族を受け入れるプログラムを開始した。これら2つの受け入れは，過去のインドシナ難民同様に，条約難民とは異なる経路での受け入れであるが，前者には，就労に制限のない在留資格「定住者」が付与されるのに対して，後者に対する在留資格は，第3の境界の手前にある「留学」（その家族に対しては「家族滞在」）である。

(4) 在留特別許可による非正規滞在者の合法化

　入管難民法第50条には，非正規滞在者などの退去強制事由に該当する者に対して，法務大臣が特別に在留を許可する在留特別許可が規定されている。

　かつては，朝鮮半島からの密航者や刑罰法令に違反したオールドタイマーなどが在留特別許可の主な対象者であったが，ニューカマーの非正規滞在者が増加する1990年代に入ると，日本人や永住者との結婚が合法化の判断基準として加わるようになった。2000年代になると，非正規滞在者の滞在長期化を反映して，日本人などと家族的つながりをもたない，子どものいる長期滞在家族などにも在留特別許可が与えられるようになった（鈴木 2009，2010）。第二次出入国管理基本計画（2000年3月）においても，「強力かつ効果的な不法滞在者対策の実施」を基本としながらも，「日本人，永住者又は特別永住者との身分関係を有するなど，我が国社会とのつながりが十分に密接と認められる不法滞在者に対しては，これまで行ってきたように人道的な観点を十分に考慮し，適切に対応していくこととする」と明記されている。

　在留特別許可数も，1990年代末あたりから急増し，2000年代半ばのピーク時には年1万人以上に上っており（1995年894人⇒2000年6,930人⇒2004年13,239人），そのほとんどに対して「日本人の配偶者等」や「定住者」など就労に制限のない安定的な在留資格が付与されている。

ただし、前述した通り、これと並行して半減計画による徹底的な排除も遂行されており、第2・第3の境界を越えて合法滞在が可能となった非正規滞在者がいる一方で、より多くの非正規滞在者が第1の境界の外側へと強力に押しやられている。

第5節　第4の境界に係る政策

(1) 特別永住者の減少と（一般）永住者の増大

　第4の境界は、入管難民法と入管特例法によって管理されており、第4と第5の境界の間には、永住を許可されたニューカマー（在留資格「永住者」）とオールドタイマー（在留の資格「特別永住者」）が存在している。

　かつて日本にいる外国人の圧倒的多数を占めたオールドタイマーであったが、一世の高齢化、日本国籍の取得や日本人との結婚により、その数は減少の一途を辿っている。1991年11月に「特別永住者」という在留の資格が創設された以降をみても、1992年末の590,193人（外国人登録者の46.0％）から、2000年末には512,269人（同30.4％）へと減少し、2007年末統計では（一般）永住者を下回り、2017年末には329,822人となり、在留外国人に占める割合も12.9％と縮小している。

　これに対して、（一般）永住者は、1998年2月に永住許可の居住要件が原則20年から10年に短縮されたこともあり、1999年以降は毎年3万人以上の外国人が永住を許可されている。すなわち、毎年3万人以上のニューカマーが第4の境界を通過しているのである。

　ストックの（一般）永住者数をみても、2000年末の145,336人（外国人登録者の8.6％）から、2017年末には749,191人と5倍以上に増え、在留外国人の29.2％を占めている。

(2) 永住許可における業績原理の重視

　入管難民法に定められた永住許可要件は，原則，①素行善良要件，②独立生計要件，③国益要件であり，日本人，永住者または特別永住者の配偶者または子の場合には③国益要件のみ，難民認定者の場合には，①素行善良要件と③国益要件となっている。

　国益要件として，長期間日本の構成員として居住しているという居住要件があり，一般外国人の場合には引き続き 10 年以上（うち就労資格または居住資格で 5 年以上）であるが，日本人，永住者または特別永住者の配偶者等の場合には引き続き 1 年以上（配偶者は 3 年以上の婚姻継続），在留資格「定住者」は「定住者」として引き続き 5 年以上，難民認定者は認定後 5 年以上と要件が緩和されている。これらの特例は，人権レジームに基づく帰属原理による優遇である。

　一方，2005 年 3 月，永住許可における「『我が国への貢献』に関するガイドライン」が公表され（2006 年 3 月，2017 年 4 月改定），貢献（国益）という評価基準を満たす者に対して，引き続き 5 年以上の在留という特例が示された。高度人材外国人等についても同様の対応がなされ，居住要件が次第に短縮され，現在では，一定の要件を満たす高度人材外国人では最短 1 年以上の扱いとなっている。永住許可という第 4 の境界通過において，従来，帰属原理が原則 10 年居住に関する特例の根拠であったのに対して，新自由主義的な風潮のもと成長戦略が追及されるなかで，業績原理が採用・重視される傾向にあるといえよう。

(3) 永住許可における開放と排除

　永住許可要件の緩和，永住者の増大は，第 4 の境界通過がより開放されていることを示している。ニューカマーの増加や滞在長期化が進めば，今後も，第 4 の境界を通過する外国人が一層増えることが予測される。

　しかしながら，他の境界と同様，永住許可という境界通過の一時点における審査（選抜）のみでなく，境界通過後も継続的に在留状況が管理され，「好ましくない外国人」と判断されれば排除される。前述した通り，新しい在留管理制度のもとでは，たとえ永住者であっても，住居地変更の遅延（90 日を超えた場

合，正当な理由がある場合を除く）や虚偽の住居地の届出によって在留資格が取り消される。7年ごとの在留カードの更新を忘れ懲役刑が科せられた場合には，退去強制となり，第2あるいは第1の境界の外に押し出される可能性すらある。

さらに，2009年7月の入管難民法改定で「不法」就労助長罪が退去強制事由に追加された（翌2010年7月施行）。日本人であれば，3年以下の懲役もしくは300万円以下の罰金（入管難民法第73条の2）であるのに対して，ニューカマー外国人の場合には，同様の行為によって，日本から排除されるのである。実際，「不法」就労助長罪によって，2017年までの累積で1,045人の外国人に対して退去強制手続きが行われており，そのなかには，永住資格を取得し，第4の境界を通過した外国人も含まれている。

第6節　第5の境界に係る政策

(1) 国民の拡大？

第5の境界は，国籍法によって規定されており，日本は，出生による国籍取得について，血統主義を基本としている。

女性差別撤廃条約への署名（1980年7月，1985年6月批准，同年7月発効）や父系血統主義を憲法違反とする訴訟などを背景として，1984年5月に国籍法が改定され（翌1985年1月施行），父母両系血統主義が導入された。現在では，両親のいずれかが日本人であれば，外国人親をもつ子どもであっても，出生によって日本国籍を取得することができる。ただし，婚姻関係（出生時）のない日本人男性と外国人女性から生まれた子どもの場合，従前は，男性が胎内認知を行うか，出生後に当該男女が婚姻しなければ日本国籍を取得することができなかった。

これに対して，婚姻関係のない日本人父とフィリピン人母から生まれた子ども10人が，国に対して日本国籍の確認を求めて訴訟を提起した結果，2008年

6月，最高裁は，国籍法の婚姻要件を違憲として，原告全員に日本国籍を認める判決を下した。最高裁判決をうけて，同年12月，国籍法が改定され（翌2009年1月施行），婚姻関係のない日本人父と外国人母の間に生まれた子どもであっても，出生後認知（20歳未満）によって日本国籍を取得できることとなった（国籍法第3条）。その結果，2017年までの累計で7,769人が新たに日本国籍を取得している。つまり，当該法改定によって，出生後認知の外国ルーツの子どもにも，第5の境界通過が認められるようになったのである。

(2)「平等」に扱われる国民

　第1から第4の境界が，時として外側へと押しやる排除の機能を備えているのに対して，第5の境界には，原則，排除の機能が存在しない。国によっては，出生による国籍取得者と比較して，帰化による国籍取得者の権利を制限しているところもあるが，日本では，第5の境界を通過した者は，出生時から内部にいる者と同様に，国民として「平等」に処遇される。

　一方で，「平等」であるという前提のもと，「日本人」として扱われ，民族的ルーツに対する特別な配慮はなく，民族的ルーツに基づく統計もない。

　その唯一ともいえる例外として，文部科学省が2年ごとに（1999年度までは隔年，その後2008年度までは毎年）実施している日本語能力に関する統計がある。日本語に課題を抱えるニューカマーの子どもが公立学校に増えた1991年度から，文科省は，受け入れ体制の整備を目的に，公立小中学校（のちに高等学校等も調査対象に追加）に対して日本語指導が必要な児童生徒の在籍状況を調査している。当初は外国籍の児童生徒のみを対象としていたが，1997年度からは，日本籍の児童生徒も参考値として対象に含まれるようになった。現在では，「日本語指導が必要な児童生徒」として調査が行われ，外国人児童生徒，日本人児童生徒のそれぞれの総数，母語別や都道府県別等の統計が公表されている。[12] ただし，あくまでも「不十分な日本語」に対応するための調査であり，日本人児童生徒全体を対象として民族的ルーツを把握しようとする意図ではない。

第7節　境界通過と権利の諸相

(1) 境界通過と権利の獲得

　ハンマーモデルを近藤が権利の承認過程と捉え直したように、各境界を通過することによって、当該個人に付与される権利は拡大する（図4-3）。

　しかしながら、2000年代以降に着目すると、境界通過に係る政策に様々な変化がみられ、統合政策への取組みも不十分ながら始まっているのにもかかわらず、境界通過後に付与される権利については、後述する新しい在留管理制度にともなうもの以外は、大きな変化がみられない。

　例えば、外国人地方参政権に関しては、1995年2月の最高裁判決の傍論をうけて、永住外国人に地方参政権を付与する法案が複数回にわたり国会に提出されているが、いずれも継続審議・廃案となっている。とりわけ、2009年9月、結党時から「定住外国人の地方参政権などを早期に実現する」ことを基本政策の1つとして掲げてきた民主党（当時）が政権をとったにもかかわらず、成立には至らなかった。すなわち、日本国籍を取得して第5の境界を通過しない限り、何世代にもわたり日本に暮らす者であっても、永住資格をもつ者であっても、今なお、外国人には参政権が認められていないのである。

　義務教育の適用に関しても同様である。日本が締結している社会権規約（1979年6月批准、同年9月発効）や子どもの権利条約（1994年4月批准、同年5月発効）、人種差別撤廃条約（1995年12月加入、翌1996年1月発効）には、「初等教育を義務的なものとし、す・べ・て・の・者・に・対・し・て・（to all）無償のものとする（傍点筆者加筆）」とあるにもかかわらず、条約発効後も、「日本国民を育成するための基礎教育である我が国の初等教育を外国人に強制的に受けさせることは適切ではない」という見解から、外国籍の子どもに対する教育は、希・望・者・に・対・して一条校（学校教育法第1条で規定されている学校）への入学を認めるという恩恵的措置にとどまっている。その結果、外国籍の子どもの教育を受ける権利は十全に保障されず、学齢期にあるにもかかわらず、一条校にも外国人学校

	非正規滞在者 第1の境界	合法滞在者 ニューカマー 活動に基づく在留資格 在留期間が3ヶ月以下の者 第2の境界	合法滞在者 ニューカマー 活動に基づく在留資格 在留期間が3ヶ月を超える者 第3の境界	合法滞在者 ニューカマー 身分または地位に基づく在留資格 非永住者	合法滞在者 ニューカマー 身分または地位に基づく在留資格 (一般)永住者 第4の境界	オールドタイマー 特別永住者 第5の境界	国民
裁判	訴訟権あり						
退去強制	常に退去強制の可能性あり	定められた活動を行っていれば、退去強制事由に該当しない限り、退去強制されない		退去強制事由に一定の人道的制限が追加されている(特別永住者については、内乱の罪など国家に対する重大な罪に関わった場合)		退去強制なし	
在留期間	なし	各在留資格にとって定められた在留期間			無期限		
学齢期の子どもの教育	希望者に対しては一条校への入学を許可(恩恵的措置)			自由			義務教育
職業選択	不許可	在留資格の範囲内で許可					
国民健康保険	加入資格なし		社保適用事業所で雇用されている者以外は国民健康保険加入資格あり				
生活保護	受給資格なし		受給資格あり(ただし権利ではなく準用)				権利として受給資格あり
住民基本台帳への記載	記載されず		「住民」として記載				
永住権取得	申請資格なし		原則、10年以上の居住実績(日本人の配偶者や子どもなどに対する要件の緩和あり)				
国籍取得	申請資格なし		原則、5年以上の居住実績(日本人の配偶者や子どもなどに対する要件の緩和あり)				
参政権	なし					あり	

図4-3 法的地位と権利の諸相

(資料)鈴木(2007)「多文化社会の到来」阿藤誠・津谷典子編『人口減少時代の日本社会』(原書房)を、その後の法改定などを反映して更新。
(注)仮滞在許可者と一時庇護許可者は非正規滞在者であるが、住民基本台帳に記載され、国民健康保険加入資格を有する。

にも就学していない不就学の子どもが生み出されている。

　さらに，生活保護に関しては，本来ならば，社会権規約と難民条約を締結したことによって，内外人平等の原則のもと法改定が行われ，準用ではなく権利として認められなければいけないにもかかわらず，近年では，むしろ受給を制限すべきだと発言する政治家もいる。

（2）外国人登録法の廃止と新しい在留管理制度の導入

　2012年7月，GHQ統治時代に制定され，戦後日本の外国人管理の象徴の1つでもあった外国人登録法が廃止され，改定入管難民法のもと新しい在留管理制度が導入された。これによって，従来の「点の管理」ではなく，「点（在留資格取得時や変更時，在留期間更新時）」と「点」を結ぶ「線」，つまり在留期間を通して継続的に外国人を管理する「線の管理」が構築され，法務大臣が一元的に外国人の在留情報を正確に管理することが可能となった。

　新しい在留管理制度の対象は，中長期在留者——「外交」と「公用」，及び「特別永住者」以外の，3ヶ月を超える在留期間をもつ外国人——であり，16歳以上の者には，外国人登録証明書（常時携帯義務と提示義務あり）の代わりに，在留カード（常時携帯義務と提示義務あり）が交付されることになった。一方，入管特例法に規定されている特別永住者に対しては，特別永住者証明書（提示義務あり）が交付される。

　加えて，住民基本台帳法（以下「住基法」）の改定により，中長期在留者と特別永住者，及び仮滞在許可者と一時庇護許可者は，日本人と同じ住民基本台帳に記載されることになった。「市町村の区域内に住所を有する者は，当該市町村及びこれを包括する都道府県の住民とする（傍点筆者加筆）」という地方自治法第10条の規定が，ようやく住基法にも反映されたのである。

　国際結婚等を背景に，日本人と外国人からなる混合世帯は増加傾向にあり，2015年国勢調査によれば420,161世帯，2人以上の一般世帯総数の1.20％を占めている。国籍にかかわらず同一世帯の住民が同じ制度に記載されるようになったことは，世帯単位を基本とする住民サービスの提供者である自治体にとって

も，サービス受給者である住民にとっても，好ましい制度改定であるといえよう。

新制度の導入とともに，これまで，原則1年以上の滞在（滞在予定を含む）であった外国人の国民健康保険の加入条件が，住民基本台帳の適用対象者（医療目的の「特定活動」を除く）へと変更になったことで，6ヶ月の在留期間をもつ合法滞在者，仮滞在許可者や一時庇護許可者も国民健康保険に加入できるようになった。

一方で，外国人の住民登録が，在留管理制度に従属するものと位置づけられているために，（在留期間の更新を怠るなどして）在留期間が満了した外国人や在留資格を取り消された外国人は，法務省から自治体に通知され（住基法第30条の50），自治体は職権によって当該外国人の住民票を「消除」するという取扱いになっている。同じ住民であるにもかかわらず，日本人住民の住民登録が行政サービスの提供など市民的包摂を基本としているのに対して，外国人住民のそれは包摂と同時に排除の機能を合わせもっているのである。

(3) 利便性向上とともに進行する分断管理

「線の管理」ともいうべき新しい在留管理制度導入にあたって，当局は，外国人にとっての利便性向上を強調した。具体的には，最長在留期間が3年から5年になることと（在留資格「興行」や「留学」等一部在留資格を除く），みなし再入国制度の導入である。

だが，果たしてこれは，真に利便性向上をもたらしているのであろうか。

在留期間5年付与の要件をみると，所属機関を前提とする在留資格の場合，所属機関がカテゴリー1「上場企業や国・地方公共団体許可の公益法人等」，またはカテゴリー2「源泉徴収額が1,500万円以上である機関」という厳しい条件が求められている。パブリック・コメントをうけて，カテゴリー3「当該在留資格で3年の在留期間が決定されている者で，かつ引き続き5年以上在留資格に該当する活動を行っている者」が追加され，零細企業や個人経営の事業所などで働く者にも5年の可能性が開かれた。しかし所属機関がカテゴリー1または

2 を満たさない場合は，在留期間 3 年を経ないと 5 年には進めない規定になっている。当該外国人の扶養家族（在留資格「家族滞在」）の在留期間も，扶養者に準じて扱われる。つまり，在留期間 5 年の新設は，すべての外国人に対して利便性を保障するものではなく，むしろ外国人を稼得者の所属機関によって分断・序列化するものなのである。

さらに，「定住者」のうち日系人（第 3～第 7 号）に対してのみ，未成年者を除き一定の日本語能力が在留期間 5 年付与の要件になっており，一条校で学んでいない日系人にとっては，高い基準が設定されている（鈴木 2013b, 2015）。

最長在留期間である在留期間 5 年を得るための厳しい要件は，今後，永住許可申請の高いハードルとなるだろう。なぜなら，永住許可申請の要件の 1 つである国益要件の規定に，現に有している在留資格の「最長の在留期間をもって在留していること」とあるからである。法務省は，「当面，在留期間『3 年』を有する場合，最長の在留期間をもって在留していることとして取り扱うこととする」としているが，「当面の例外措置」に過ぎず，将来的に，在留期間 5 年を得られないために，10 年以上の居住実績があるにもかかわらず，第 4 の境界を通過することができない外国人がでてくると推測される。

一方，みなし再入国制度とは，再入国許可手続きを行わなくても，ニューカマーの場合は 1 年以内，特別永住者の場合は 2 年以内ならば再入国できるという制度である。日本に暮らす外国人が旅行や出張等で海外に行く場合，事前に地方入国管理局に赴き，申請料金を支払って「再入国許可」をとらなければならなかったこれまでの手間と比較すると，当該制度の導入によって外国人の利便性は向上したといえよう[17]。

けれども，残念ながら，国籍・地域欄に「朝鮮」（記号）と表示されている特別永住者は「有効な旅券」を所持しているとみなされず，みなし再入国許可制度の対象外となった。つまり，同じ在留の資格であるにもかかわらず，「朝鮮」籍とそれ以外の特別永住者の権利に違いがもたらされたのである。

(4) 移民・外国人カテゴリー細分化による分断

　外国人登録法が廃止され，住基法が改定されたことによって，住民基本台帳の対象者と対象外者の間に権利の分断が生じている。すなわち，在留期間3ヶ月を超える外国人とそれ以外の合法滞在者との間の，仮滞在許可者・一時庇護許可者とそれ以外の非正規滞在者との間の分断であり，在留カードと特別永住者証明書，そして個人番号カードというIDシステムによる「社会的仕分け(social sorting)」(Lyon 2009)の構築である。

　また，前述した通り，在留期間5年の新設，みなし再入国制度の導入によって，同じ在留資格あるいは在留の資格であるにもかかわらず，所属機関の規模や日本語能力，国籍・地域欄の表記よって生み出された分断もある。

　加えて，2012年5月に高度人材ポイント制度が導入され，2015年4月に在留資格「高度専門職」が新設されたことによって，複合的な在留活動の許容，一律在留期間5年の付与，一定の条件のもと親や家事使用人の帯同など，他の活動に基づく在留資格の外国人に認められていない優遇措置が，高度人材外国人に対して与えられることになった。そして，前述の通り，永住許可の原則10年居住という要件に対しても特例扱いになっており，高度人材外国人は，他の専門的・技術的労働者よりも，より容易に第4の境界を越えることが可能である。

　その一方で，活動に基づく在留資格のなかには，第3以降の境界通過が制限されている外国人が増加している。その代表である技能実習生をみると，2000年に23,427人[18]であったのに対して，2017年末には274,233人[19]と10倍以上に拡大している。第二次安倍内閣発足以降，導入された新たな外国人労働者についても，従来の専門的・技術的労働者と異なり，家族の帯同が認められず，最長在留期間が定められた「還流型」が主流である（鈴木 2014, 宮島・鈴木 2014）。

おわりに

　以上，第1節で提示した日本型分析モデルを用いて，境界通過に係る政策と境界通過後の権利の諸相を考察した。

第1節で分析モデルを検討する際に指摘した通り，境界通過は選別的で，すべての移民・外国人に平等に開放されているわけではない。在留資格制度を基本としながらも，所属機関や在留期間，国籍・地域によって外国人カテゴリーが細分化され，階層化されるとともに，境界通過を制限した「還流型」外国人の受け入れが拡大している。

　さらに，グローバル化の進行にともなって，各境界は開放に向かっているものの，管理・監視が徹底されることで，排除の機能も強化されている。3つの同心円モデルを提示したハンマーが期待した永住外国人の政治的権利が実現しないまま，在留資格取消し事由や退去強制事由の追加によって，むしろ，永住者をふくむ「定住型」外国人――「還流型」に対して，在留期間の更新や在留資格の変更，家族の帯同が認められている外国人――の権利は脆弱になっているともいえよう。新たに導入された監視体制のもとでは，あらゆる法的地位の外国人であっても「選別・分離・排除 (selection, separation and exclusion)」（Bauman 1998）の対象であり，「処分可能な (disposable)」な存在として位置づけられている（鈴木 2017）。グローバル化への反動として台頭しているナショナリズム的な傾向を，移民・外国人政策に読み取ることもできるであろう。

　けれども，他国に類をみない急激な高齢化と人口減少に直面する日本にとって，これは賢明な選択といえるであろうか。定住型外国人までも disposable な存在とみなし，「移民」の明確な定義をしないまま，「外国人材の活用は，移民政策ではない（傍点筆者加筆）」（経済財政諮問会議「経済財政運営と改革の基本方針2014」2014年6月）と繰り返すことは，移民・外国人の日本社会での「活躍」を阻んでしまうのではないだろうか。還流型に対して，定住可能で家族を形成できる外国人を「移民」と捉えれば，在留外国人の8割強は「移民」であるし，42.1％は永住資格を有している（2017年末現在）。

　人口減少・労働力不足を背景として，今後，より多くの移民・外国人が各境界を通過することであろう。どのような移民・外国人を新たに受け入れていくかという国境を含めた境界管理のあり方を議論することも重要であるが，既に日本で生活し働く移民・外国人や今後新たに受け入れられる移民・外国人を「共

に生きる」社会の構成員として迎え入れるために，より安定的な法的地位と権利の付与を検討する必要があるだろう。

注

(1) 小井土は，2017年の論考で，EUやNAFTAなど地域連合による外部国境や領域外施設における境界管理を，5番めの円として新たに加えている（小井土 2017）。
(2) 1945年8月の敗戦前から引き続き日本に居住している旧植民地出身者とその子孫（「オールドタイマー」あるいは「オールドカマー」）に対して，戦後新たに来日した外国人を「ニューカマー」と呼ぶ。
(3) このほかの外国人として，日米地位協定第9条に規定される在日米軍関係者とその家族がいるが，本稿の考察対象には含めない。
(4) 特別永住者や16歳未満の者，在留資格「外交」と「公用」，国の行政機関の長が招聘する外国人は，入国時の指紋押捺の対象外である。
(5) 「不法」残留者数は，出入国記録に加えて，退去強制手続きに関する情報などを加味し，電算上のデータの中から在留期間を経過している者を抽出して算出する。そのため，日本で生まれた非正規滞在者や入国記録のない非正規滞在者（退去強制手続きにある者を除く）は含まれていないが，非正規滞在者（「不法」滞在者）の代替数値として，政策上，利用されている。
(6) 2018年7月，雇用対策法は，労働施策総合推進法に改定された。
(7) 2017年末の「高度専門職」は7,668人であるが，その多くは既に専門的・技術的労働者として就労している外国人からの在留資格変更である。
(8) 2018年7月から，政府は新たに日系4世の受け入れを開始した。けれども，日系2世や日系3世（と配偶者，及び未婚未成年の子）が「日本人との家族的つながり」を根拠に，業績を問われることなく無条件で受け入れられるのに対して，日系4世については，18〜30歳，家族の帯同不可，一定の日本語能力，最長通算5年という制限的な受け入れであり（在留資格「特定活動」），第3の境界を越えることができない。
(9) 2006年3月，総務省は「地域における多文化共生プラン」を策定した。また，2006年4月，外国人労働者問題省庁連絡会議は「生活者としての外国人」問題

への対応についての検討を開始し，同年12月，「『生活者としての外国人』に関する総合的対応策」をとりまとめた。

(10) 2010年3月末までに，当該支援によって21,675人（うちブラジル人20,053人，ペルー人903人）が帰国した。なお，雇用状況の改善等をうけて，2013年10月より，一定の条件のもと，帰国支援をうけた日系人の再入国が認められることとなった。

(11) このほか，日本で生まれ，父母がともに知れないとき，あるいはともに無国籍の場合には，出生によって日本国籍を取得する。

(12) 日本語指導が必要な日本人児童生徒のうち，海外から帰国した児童生徒数（総数のみ）が明記されていることから，外国ルーツの日本人数を把握することができる。

(13) 「憲法は法律をもって居住する区域の地方公共団体と特段に緊密な関係を持つに至った定住外国人に対し地方参政権を付与することを禁止していないが，それは国の立法政策にかかわる事柄であって，そのような立法を行わないからといって違憲の問題は生じない」というものである。

(14) 人種差別撤廃委員会への第1・2回日本政府報告書に対して人種差別撤廃委員会から出された追加質問への日本政府の回答。

(15) 仮滞在許可者とは，在留資格をもたずに難民申請し，一定の条件を満たした場合，仮に日本に滞在することを許可された外国人であり，一時庇護許可者とは，難民である可能性が高く，一時的に上陸を許可させるのが相当であると法務省入国管理局が認め，一時庇護のための上陸を許可された外国人であり，いずれも非正規滞在者である。

(16) 法務省入国管理局『入国・在留審査要領』（情報公開請求により2015年11月入手）。

(17) ただし，再入国許可制度に対しては，国連の自由権規約委員会から「自由権規約第12条第2項及び同条第4項に違反する」として，是正勧告を受けていることからすると，いまだ再入国許可制度が残っている日本の現状は，利便性の向上ではなく，権利侵害の放置であるともいえよう。

(18) 途上国への技能等の移転を目的とする技能実習生は「還流型」外国人の代表である。しかしながら，前述のとおり，2018年12月に成立した改定入管難民法においては，技能実習2号修了者が，労働力不足への対応を目的とする「特定技能

1号」に移行することが可能な制度設計になっている．
(19) 1999年と2000年の研修から技能実習への移行対象者数を合わせた数である．

参考文献

小井土彰宏（2003）「はじめに」駒井洋監，小井戸彰宏編著『移民政策の国際比較』明石書店，18-20頁．

小井土彰宏（2017）「選別的移民政策の時代」小井土彰宏編著『移民受入の国際社会学―選別メカニズムの比較分析』名古屋大学出版会，1-17頁．

近藤敦（2001）『外国人の人権と市民権』明石書店．

鈴木江理子（2006）「日本の外国人労働者受け入れ政策」吉田良生・河野稠果編著『国際人口移動の新時代』原書房，187-210頁．

鈴木江理子（2008）「進行する外国人『管理』」外国人差別ウォッチ・ネットワーク編『外国人包囲網 PART2―強化される管理システム』現代人文社，34-46頁．

鈴木江理子（2009）『日本で働く非正規滞在者―彼らは「好ましくない外国人労働者」なのか？』明石書店．

鈴木江理子（2010）「非正規滞在者と日本社会―翻弄される非正規滞在者」近藤敦・塩原良和・鈴木江理子編『非正規滞在者と在留特別許可―移住者たちの過去・現在・未来』日本評論社，55-92頁．

鈴木江理子（2013a）「排除される外国人―『不法』滞在者，『偽装』滞在者，そして…」外国人人権法連絡会『日本における外国人・民族的マイノリティ人権白書2013年』，5-6頁．

鈴木江理子（2013b）「新設された『在留期間5年』が意味するもの」外国人人権法連絡会『日本における外国人・民族的マイノリティ人権白書2013年』，10頁．

鈴木江理子（2013c）「『住民基本台帳法』改定に関する自治体アンケート調査結果報告」外国人人権法連絡会『日本における外国人・民族的マイノリティ人権白書2013年』，84-93頁．

鈴木江理子（2014）「加速する外国人受入れ政策―『成長戦略』の名のもとに」移住労働者と連帯する全国ネットワーク『Mネット』2014年10月号，3-5頁．

鈴木江理子（2015）「在留期間『5年』要件の再検討」外国人人権法連絡会『日本における外国人・民族的マイノリティ人権白書2015年』，27頁．

鈴木江理子（2016a）「非正規滞在者からみた日本の外国人政策―本音とタテマエ」有

田伸・山本かほり・西原和久編『国際移動と移民政策―日韓の事例と多文化主義再考』東信堂, 23-46 頁。

鈴木江理子（2016b）「『偽装』滞在者対策の名のもとで」外国人人権法連絡会『日本における外国人・民族的マイノリティ人権白書 2016 年』, 23 頁。

鈴木江理子（2017）「外国人選別政策の展開―進行する選別的排除」小井土彰宏編著『移民受入の国際社会学―選別メカニズムの比較分析』名古屋大学出版会, 310-336 頁。

野村佳世（2000）「移民政策のナショナルな基準をトランスナショナルな基準は乗り越えられるか―93 年以降のフランスにおける移民政策を中心に―」梶田孝道（代表）『人の国際移動と現代国家―移民環境の激変と各国の外国人政策の変化』（法務省出入国管理政策課委託研究）, 17-39 頁。

ベントゥーラ, レイ, 松本剛史訳（1993）『ぼくはいつも隠れていた―フィリピン人学生不法就労記』草思社（Ventura, R.（1992）*Underground in Japan*, Jonathan Cape）。

ベントゥーラ, レイ, 森本麻衣子訳（2007）『横浜コトブキ・フィリピーノ』現代書館（Ventura, R.（2007）*Into the Country of Standing Men*, Ateneo de Manila University）。

宮島喬・鈴木江理子（2014）『外国人労働者受け入れを問う』岩波書店。

Bauman, Z.（1998）*Globalization: The Human Consequences*, Polity Press.
Hammer, T.（1990）*Democracy and the Nation States: Aliens and Denizens, and Citizens in a World International Migration*, Avebury.
Lyon, D.（2009）*Identifying Citizens: ID cards as surveillance*, Polity Press.
Sassen, S.（1996）*Losing Control: Sovereignty in an Age of Globalization*, Columbia University Press.

（鈴木江理子）

第5章　訪日外国人の経済・社会的効果
——北海道倶知安町の事例研究——

はじめに

　国土交通省観光庁（2017）によれば，日本における2015年の旅行消費は総額25.5兆円に達し，その生産波及効果は52.1兆円，付加価値誘発効果は25.8兆円（2015年名目GDPの4.9％），雇用誘発効果は440万人（2015年全国就業者数の6.7％）にも上る。この旅行消費のうち日本人海外旅行（国内分）の1.3兆円を除く，24.2兆円が国内旅行による消費で，日本人国内宿泊旅行16.3兆円，日本人国内日帰り旅行4.6兆円に対し，訪日外国人旅行等は3.3兆円（旅行消費全体の約13％）となっており，2015年に1,974万人に達した訪日外国人旅行者のさらなる増加とその経済波及効果が期待されている。
　このため，人口減少社会を迎えた日本にとって訪日外国人を増やすインバウンド型（Inbound：外国人が日本を訪れる旅行）観光の育成が喫緊の課題となっており，地方創生政策においても多くの都道府県，市町村が重点施策に取り上げている。観光を通じ地域への「ヒト」の流れを作ることにより消費需要を拡大し，雇用誘発効果により地域における安定した雇用を創出することで，定住人口の維持・増加につなげることが目標とされている。しかし，経済波及効果といっても，国全体や都道府県内（域内経済）的レベルと，個々の自治体のいわゆる「地元経済」では大きく異なる可能性があり，地方創生の観点からはとりわけ後者について検討する必要があると考える。そこで，ここでは人口減少が続く北海道と，その中でも訪日外国人が急増する倶知安（くっちゃん）町を取り上げる。

本章では，まず北海道について，在住外国人の増加や外国人観光客数の推移，外国人観光客の消費金額，北海道の地方創生計画における観光産業の位置づけなどを紹介する。次に2015年の「人口動態統計」をもとに北海道の市町村の自然動態と社会動態，その人口増加率への影響，外国人人口割合や訪日外国人の影響を分析する。また事例研究として，北海道倶知安町(1)に焦点をあて，町の歴史や人口動向，観光客数の推移，その経済・社会効果，町の地方創生計画と観光開発事業について検討する。最後に，訪日・居住外国人の受け入れによる観光振興とその効果について地方創生政策との関係を踏まえ考察する。

第1節 北海道の訪日・在住外国人と観光

(1) 在住外国人の推移

北海道に居住する外国人は住民基本台帳人口に表章されるようになった2014年3月の21,144人から2016年1月の24,992人へと年々増加して来ているが，住民全体に占める割合は0.4%から0.5%程度に留まっている。しかし，留寿都村（21人から123人，1.1%から6.3%），占冠村（56人から114人，4.7%から9.2%），倶知安町（143人から1,046人，2.8%から6.5%），ニセコ町（112人から287人，2.3%から5.7%），赤川村（20人から41人，1.7%から3.6%），東川町（52人から188人，0.7%から2.7%），喜茂別町（28人から56人，1.2%から2.5%）と2倍から数倍と急増しており，人口規模が小さいこともあり，住民全体に占める割合も際立つようになってきた（図5-1）。これらの町村は，東川町(2)を除き，すべて国際的なスキーリゾートとして知られており，海外からの観光客や不動産投資・ホテル事業を集めている。

(2) 訪日外国人の増加

北海道経済部観光局が各市町村を対象に調査している訪日外国人来道者数によれば，その数は1997年の11万8,600人から2015年の208万人まで17.5倍に

第 5 章　訪日外国人の経済・社会的効果　111

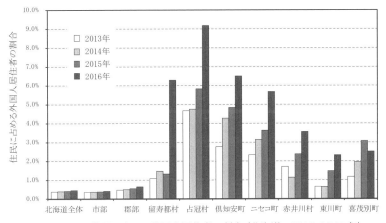

図 5-1　住民に占める外国人居住者の割合（北海道：2013-2016 年）

（資料）北海道総合政策部地域主権・行政局市町村課（2017）.
（注）直近 3 年間に外国人居住者割合が急増した上位 7 町村のみ掲示.

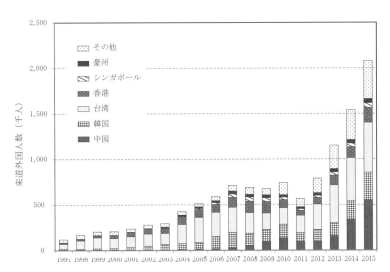

図 5-2　外国人来道者数の推移（北海道：1997-2015 年）
（資料）北海道経済部観光局（2016）「北海道観光入込客数の推移」.

増加しており，2011年の東日本大震災・福島原子力発電所事故による落ち込みの後，2013年あたりから急増している。国籍別では中国が対1997年の252倍と群を抜いて増加，ついでシンガポールが35.6倍，韓国19.1倍，香港16.5倍，豪州14.1倍，台湾10.4倍の順となっているが，その他地域も12.3倍と多様化しつつある（**図5-2**）。

(3) 日本人観光客と外国人観光客

同調査によれば，北海道全体の観光入込客数（**図5-3**）も1997年の4,850万人から2015年の5,477万人まで1.13倍に増加，やはり2013年頃から急増しているが，外国人観光客が観光入込客数全体に占める割合は2015年現在3.8%に留まっており，依然として，北海道観光の主流は国内客であることがわかる。観光入込客数とは，国土交通省観光庁の基準に沿い都道府県内の観光地点及び行祭事・イベントに訪れた人数を観光地点の管理者，行祭事・イベントの実施者等が四半期ごとにまとめたものである。北海道全体の観光入込客数の約8割は地元（道内）客である。道外からの観光入込客数は1997年の596万人から

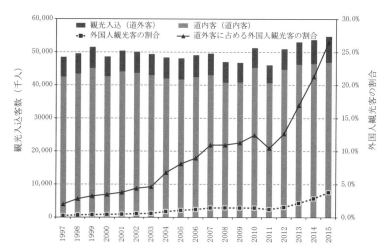

図5-3　北海道の観光入込客数（実人数）の推移（北海道：1997-2015年）
（資料）北海道経済部観光局（2016）「北海道観光入込客数の推移」．

2015年の785万人で推移しており，この道外客に占める外国人の割合は2.0%から26.5%まで急増している。つまり，道外からの観光入込客の4人に1人以上が外国人観光客となっている。

(4) 外国人観光客の消費金額

やや古いが第5回北海道観光産業経済効果調査（北海道観光産業経済効果調査委員会 2011）によれば，道内観光消費額にみる訪日外国人来道者1人あたりの平均消費金額は12万2,128円と，日本人来道者の6万9,670円の倍近くあり，道民の平均消費額の1万3,271円の約12倍に上る。また消費額の構成比をみると訪日外国人来道者では交通費が32%と，国内来道者27%，道民25%に比べやや高く，ついで土産・買い物代が30%で，道民の33%より低いが国内来道者の26%より高い。もっとも，外国人の場合，消費額は交通費3万9,307円，宿泊代2万2,344円，いわゆる「爆買い」に相当する土産・買い物代3万6,536円と，道民や国内来道者の消費額を大きく引き離している。国・地域別の比較でもっとも金額が高いのはオーストラリア人の22万3,365円（ついで香港17万4,481円，ロシア16万6,551円）で，オーストラリア人の場合「道内における平均泊数が多い（スキー客の連泊等）ことによる」（同報告書8頁）という。

一方，国土交通省観光庁による2015年の訪日外国人消費動向調査（国内主要空港での聞き取り調査で，トランジット，乗員，1年以上の滞在者等を除く，日本を出国する訪日外国人客が対象）によれば，訪問地別の1人1回あたりの旅行消費単価（国内移動交通費・宿泊費を含む滞在中の支出。ただしツアー料金に含まれるものは除く）では，北海道は7万1,300円と，1位の東京都8万1,850円には及ばないものの，3位の沖縄県の5万5,024円を大きく引き離しており，東京からのアクセスが良く，日本の他の地域からも離れているという点で，北海道は訪日外国人の消費額が高くなる立地条件に恵まれている。ただし，訪問地別平均宿泊数では，第1位は東北の12.2日であり，第2位の四国9.5日，第3位が関東の8.3日で，北海道の5.3日は他地域と比較しても多いとはいえない（逆に宿泊数に比べ消費額が多いといえる）。

(5) 地方創生における位置づけ

　2015年10月に策定された「北海道人口ビジョン・北海道創生総合戦略」では，「人口減少に伴う域内需要の減少に対応するため，グローバル化の潮流を捉え，アジアの成長力を着実に取り込むとともに，日ロ国境地域の振興などを通じて，国際競争力の高い北海道を創造する」（北海道 2015）とされている。

　この重点戦略プロジェクトの「4. 輝く『アジアのHOKKAIDO』創造プロジェクト」では，具体的施策として，観光受け入れ体制の飛躍的拡充（航空ネットワークの拡充などによるインバウンドの大幅拡大，「新幹線時代」の交通網整備と誘客促進・国内外からの投資の促進による観光客の受け皿づくり）が謳われている。また基本戦略の「3. 食や観光をはじめとする力強い産業と雇用の場をつくる」の③では，観光産業の先進地・北海道の実現を目標に「宿泊客延べ数3,215万人泊（2013年）→ 4,000万人泊（2020年）」（外国人については，2020年時点での観光客数300万人を前提），「観光消費額：外国人1人当たり122,128円（2010年）→ 155,000円以上（2019年）」などのKPI（key performance indicator：主要業績評価指標）が設定されている。

第2節　市町村の人口動態と訪日・在住外国人

(1) 市町村の人口動態

　「人口動態統計（北海道 2016）」によれば，2016年1月1日現在の北海道の人口は540万1,210人（うち日本人は537万6,211人，外国人は2万4,999人）である。人口総数は減少傾向にあるが，2015年（1年間）の変化を見ると，日本人3万2,545人の減少に対し外国人は2,097人の増加となっている。

　各市町村（**図**5-4）では，自然動態と社会動態がともにマイナスが146市町村（全自治体179の81.7％）にも上るが，ともにプラスは3市町村（占冠村，倶知安町，千歳市），自然動態のみプラスが2町（別海町，更別町），社会動態のみ

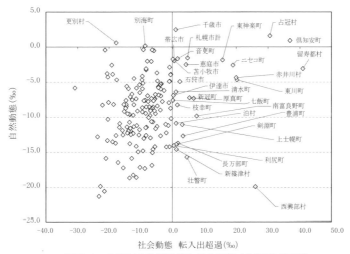

図5-4 市町村の自然動態と社会動態（北海道 2015）
（資料）北海道総合政策部地域主権・行政局市町村課（2017）「振興局市区町村別人口，人口動態及び世帯数」．

プラスが26市町村（留寿都村，西興部村，東川町，赤井川村，東神楽町，南富良野町，新冠町，厚真町，札幌市，壮瞥町，恵庭市，豊浦町，上士幌町，石狩市，長万部町，音更町，枝幸町，新篠津村，剣淵町，泊村，清水町，帯広市，利尻町，伊達市，苫小牧市，七飯町）となっている。

(2) 人口増加率への影響

　各市町村の自然動態（‰）と人口増加率（%）との間には正の相関が見られる（$y = 0.0016 x - 0.0015$, $R^2 = 0.39702$）。普通出生率（‰）と人口増加率（%）との間の正の相関（$y = 0.0037 x - 0.0368$, $R^2 = 0.25199$）より，普通死亡率（‰）と人口増加率（%）との間の負の相関（$y = -0.002 x + 0.0136$, $R^2 = 0.35319$）の方が強く，高齢化の進行もあり，出生率より死亡率の方が人口減少に対する影響が大きい。

　一方，社会動態（‰）と人口増加率（%）との間には（**図5-5**），自然増加率（‰）との相関よりはるかに強い正の相関が見られる（$y = 0.0011 x - 0.0078$, $R^2 = 0.863$）

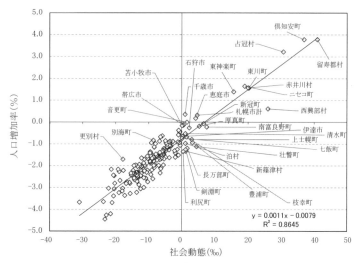

図 5-5 市町村の人口増加率と社会動態（北海道 2015）

（資料）北海道総合政策部地域主権・行政局市町村課（2017）「振興局市区町村別人口，人口動態及び世帯数」．

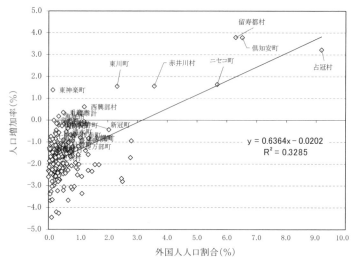

図 5-6 市町村の人口増加率と外国人人口割合（北海道 2015）

（資料）北海道総合政策部地域主権・行政局市町村課（2017）「振興局市区町村別人口，人口動態及び世帯数」．

が，普通転出率（‰）との正の相関は非常に弱く（y = 0.0002 x −0.0236, R^2 = 0.04416），普通転入率（‰）との正の相関（y = 0.0004 x −0.0317, R^2 = 0.38376）の方がはるかに強い。つまり転出が人口減少を起こしている訳ではなく，人口の増減に対しては転入の影響の方が大きい。

(3) 外国人人口割合の影響

外国人が居住者に占める割合（％）と人口増加率（％）との間（**図5-6**）にも正の相関が見られる（y = 0.6361 x −0.0201, R^2 = 0.3335）。一部の地域を除き，占冠村，倶知安町，留寿都村，赤井川村など，明らかにスキーリゾートでこの傾向が強いことがわかる。

(4) 訪日外国人の影響

2014年の外国人宿泊者延べ人数と2015年の外国人居住者数を常用対数に変換して散布図（**図5-7**）を描くと，正の相関（y = 0.272 x +0.8812, R^2 = 0.3239）

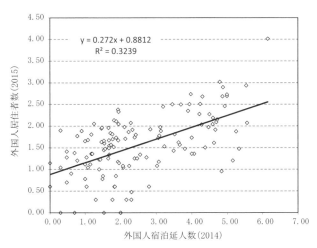

図5-7　市町村の外国人宿泊延べ人数（2014）と外国人居住者（北海道 2015）
（資料）北海道経済部観光局（2016）「北海道観光入込客数の推移」，北海道総合政策部地域主権・行政局市町村課（2017）「振興局市区町村別人口，人口動態及び世帯数」．
（注）図は常用対数（0=0，1=10人，2=100人，3=千人，4=1万人，5=10万人）．

となり，訪日外国人が多い自治体ほど，外国人居住者も多いことが確認できる。しかし，外国人居住者割合や外国宿泊者延べ人数の伸び率などとは殆ど相関はなく，外国人観光者の増加が直接，居住者の増加につながっているとはいえない。[3]

第3節　事例研究：北海道倶知安町

(1) 町の概要・歴史

倶知安町（図5-8）は，北海道虻田郡（あぶたぐん）の後志管内（しりべしかんない）の総合振興局所在地であり，同じ虻田郡の京極町，ニセコ町，余市郡の仁木町，赤井川村，岩内郡の共和町，磯谷郡の蘭越町に隣接する。南に羊蹄山，西にニセコ連峰が連なる盆地にある（倶知安町 2017a）。

農業は馬鈴薯（じゃがいも）を基幹とする畑作だが，豊かな自然環境を活かした観光業が盛んである。近年は海外からの観光客も増加し，外国資本のコンドミニアムなどの建設ラッシュが続き，2006年から倶知安町字山田が3年連続で住宅地の地価上昇率全国1位になり，2016年にも倶知安町旭が同全国1位となっている。

歴史は古く，北海道の中でも比較的早い時期から開拓が進んだ地域である。

日本で初めて本格的なスキー指導をおこなったオーストリア人のレルヒ中佐（Theodor Edler von Lerch）が1912年にスキー練習を公開，戦後，日本でもスキーが欧米並みの「冬のレジャー」になった1965年頃から，北海道のニセコ

図5-8　倶知安町の位置
（資料）後志総合振興局（北海道2017）．

連峰が注目され，倶知安町もスイスのサンモリッツ市と姉妹都市提携を結び1972年には「スキーの町」を宣言している（倶知安町 2017a）。

この頃から倶知安町とニセコ町を中心に広がる「ニセコアンヌプリスキー場」の開発が本格化し，当初，北海道中央バスグループがバス路線の集客増加を狙いにスキー場経営に進出したが，自らは宿泊施設を建設せず，土地を賃貸・分譲し宿泊施設を誘致した。また1970年代後半からは，北海道で新たなスキーリゾート開発を狙う西武鉄道グループのコクドがニセコ町に進出，ニセコ東山スキー場を開設，その一方，1985年には，倒産した海運会社ジャパンライン・グループのニセコ高原観光が東急不動産に資産を売却し，倶知安町のニセコひらふスキー場高原エリアがニセコ東急リゾートに事業継承された。なお近年のコンドミニアムを中心としたリゾート開発は，海外からの資本投資が主で当初はオーストラリアが中心であったが，その後，香港，中国本土からの投資が増加している。

(2) 人口動向

倶知安町の人口（**図5-9**）は1920年の第1回国勢調査の15,822人から1940年の12,473人まで減少，しかし戦後1974年からは増加に転じ，スキーブームが始まる1965年の19,738人まで増加，しかし，その後は減少に転じ，2015年現在の15,018人まで減少し続けている。

1980年以降の年齢構造の変化は，年少人口，生産年齢人口が減少する一方，老年人口が増加し，2015年では年少人口割合14.2％（全国12.6％，北海道11.4％），生産年齢人口割合60.6％（同60.7％，同59.5％），老年人口割合25.08％（同26.6％，29.08％）と少子高齢化が進んでいるが，年少人口割合は全国や北海道より高く，逆に老年人口割合は低く，その傾向は緩やかなものになっている。

また1995年以降の人口動態をみると，長らくマイナスであった社会動態が2002年以降プラスに転じる一方，2014年には自然動態が初めてマイナスに転じた。しかし2015年には社会動態が＋220人（外国人のみでは280人），自然

動態も+15人（すべて日本人）となっている。

「外国人住民」（同町の資料により各年1月現在）の世帯数の推移（**図**5-10）をみると、2003年の49世帯から2016年の1,036世帯まで、わずか13年ほどの間に21倍に増加しており、総世帯数に占める外国人世帯の割合も0.7％から13.5％に上昇、すでに1割を超えている（＊2016年からは外国人のみで構成される世帯数を計上）。

図5-9　総人口の推移（倶知安町 1920-2015年）
（資料）倶知安町（2017b）．

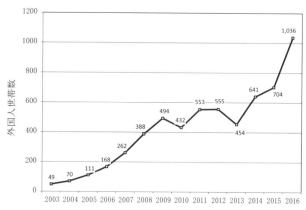

図5-10　外国人世帯数の推移（倶知安町 2003-2016年）
（資料）倶知安町（2016a）．

(3) 観光客数の推移

倶知安町の観光入込客数（図5-11：棒グラフ）は，1988年の151.8万人から1990年には171.2万人まで増加．これをピークに，バブル経済の崩壊後1995年の130.9万人まで減少するが，1998年頃には145万人台を回復し，さらに2005年からは150万人台を維持する．その後，2011年の東日本大震災の影響で一時的に142.2万人まで落ち込むが，2013年には150万人を越え，さらに直近の2015年には一気に160万人を突破している．ピーク時の170万人台にはまだ及ばないものの，過去27年間にわたり130万人を切ったことはなく，長年にわたり極めて有望な観光地であったことがわかる．

この変動を道外客比率（図5-11；破線▲）でみると，すでに1988年の時点で19.3％が北海道外からの観光客であり，バブル経済の崩壊後の不況期に一時比率が低下するものの，1997年ぐらいから回復し，徐々に比率を高め，2015年には36.3％まで上昇している．

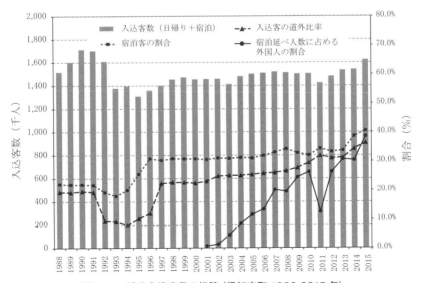

図5-11　観光入込客数の推移（倶知安町 1988-2015年）

（資料）倶知安町（2017b）．
（注）倶知安町の各種資料より筆者作図．

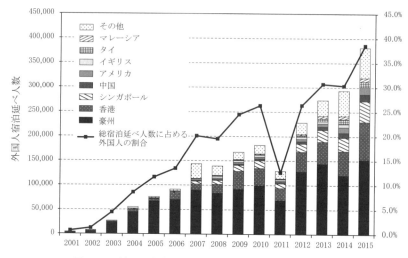

図 5-12　外国人宿泊延べ人数の推移（倶知安町 1988-2015 年）
（資料）倶知安町（2017）．
（注）倶知安町の各種資料より筆者作図．

　同じく日帰り客と宿泊客の割合をみると，1988-1991 年までは 20％台で推移した宿泊客割合（図 5-11：破線■）が不況期の 1993 年には 17.9％まで落ち込むが，道外客比率（図 5-11：破線▲）とともに回復し 1996 年には 30.8％と高まり，以降，直近の 2013 年まで 30％前半で安定的に推移して来たが，2014 年には 38.6％，2015 年には 40.5％と再び上昇する傾向を示している．

　興味深いのは外国人観光客の動きで，総宿泊延べ人数に占める外国人の割合（図 5-11：実線●，再掲図 5-12：実線■）は 2001 年では 0.7％に過ぎなかったが，そこから 2010 年の 26.3％まで急速に増加し，2011 年に震災の影響で 12.6％まで落ち込むが再び上昇に転じ，2015 年には 38.5％を占めるに至っている．

　この総宿泊延べ人数に占める外国人を国籍別（**図 5-12**：積重棒グラフ）に見ると，当初から一貫して多数を占めるのがオートラリア人（黒：豪州）である．夏と冬のハイシーズンが真逆で時差がなく，良質な雪質を満喫できる好条件から，バブル経済崩壊後，日本企業によるスキーリゾート経営が退潮し，代わりにオートラリアからの投資が急速に拡大した．結果的に倶知安町はバブル期の

日本でもついに実現し得なかった長期滞在型の本格リゾートとして脚光を浴びるようになった。この動きに 2006 年頃からは香港，中国，シンガポールなどのアジア系の投資も加わるようになり，2014 年にはこれらの諸国からの来訪者が 12 万 8,851 人とオーストラリアの 12 万 74 人を凌駕し，2015 年には前者が 17 万 3,472 人，後者が 15 万 2,227 人とその差はさらに開き始めている。また近年はアジアのみでなく，その他地域からの来訪者も増加傾向にあり，まさに国際リゾートとして発展し始めている。

(4) 経済波及効果

倶知安町の納税義務者一人あたりの課税対象所得金額の推移（図 5-13）をみると，1975 年の 145.0 万円から 1992 年の 321.5 万円まで一貫して増加した後，1998 年の 328.0 万円のピークまで緩やかに増加，その後は，一時的な増加はあるものの 2014 年の 265.3 万円まで減少し，直近の 2015 年に 271.7 万円に増加している。隣接する市町村に比べ，比較的安定的かつ相対的に高い所得を得ている（内閣府 2017）。

また，これを納税義務者一人あたりではなく全体の総額（図 5-14）でみると，倶知安町は，1975 年の 78 億 8 千万円からピークの 1994 年の 224 億 6 千万円まで増加した後，2013 年の 179 億 6 千万円まで減少し，直近の 2015 年には再び 200 億 5 千万円に増加している。このように総額でみると，倶知安町は，隣接する市町村に比べ，著しく安定的かつ相対的に非常に高い所得金額を得ているといえる。

しかし，倶知安町の 1988 年から 2015 年までの，入込客数（日帰りと宿泊）と町全体の課税対象所得金額の関係は $r = -0.448$ で負の相関となり，1 人あたりの課税対象所得金額との関係では $r = -0.468$ とさらに負の相関が強まる。また入込客数の代わりに宿泊延べ人数を取ると，町全体の課税対象所得金額との関係は $r = -0.596$，1 人あたりの課税対象所得金額とは $r = -0.685$ となり，さらに負の相関が強くなる。

これは 1995 年を底に，以降，入込客数（日帰りと宿泊）や宿泊延べ人数が回

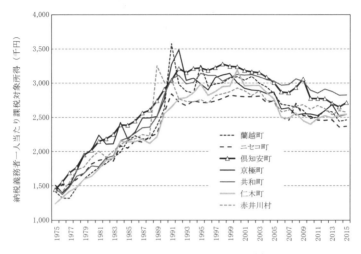

図 5-13 納税義務者一人当たり課税対象所得の推移

(資料) 内閣府 (2017a), 総務省『市町村税課税状況等の調』.
(注) 倶知安町と隣接市町村のみ作図.

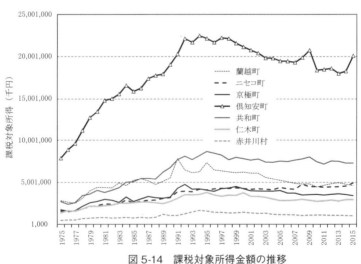

図 5-14 課税対象所得金額の推移

(資料) 内閣府 (2017a), 総務省『市町村税課税状況等の調』.
(注) 倶知安町と隣接市町村のみ作図.

復し増加傾向にあるのに対し，課税所得金額の方は直近の 2015 年あたりまで低落傾向が続いていることによる。

　また外国人観光客が著しく増加した 2001 年から 2015 年までの外国人宿泊延べ人数と 1 人あたりの課税対象所得金額の関係は，r = −0.857 と強い負の相関を示し，少なくとも，これらのデータから見る限り，外国人観光客の増加は，町全体の所得や 1 人あたりの平均所得の増加に，直接，寄与するものではないといえる。[4]

　事実，倶知安町の「商業統計調査」，「経済センサス」によれば（倶知安町 2017b），1985 年の事業所数は 296 事業所，従業員数 1,593 人，年間販売額 808 億 8,138 万円（卸売業 583 億 455 万円，小売業 225 億 7,683 万円）であり，2014 年では事業所数は 211 事業所，従業員数 1,497 人と，事業所数・従業員数ともほぼ一貫して減少傾向が続いており，売上規模も 2012 年現在 261 億 339 万円（卸売業 103 億 7,547 万円，小売業 157 億 2,792 万円）と半減している。

　製造業も同様であり，「工業統計調査」によれば（倶知安町 2017b），1999 年の 19 事業所，従業員数 337 人，年間製品出荷額 49 億 4,122 万円をピークに，2010 年の 15 事業所，従業員数 269 人，年間製品出荷額 43 億 9,238 万円まで減少，以降は出荷額は回復基調にあるが，2014 年現在，13 事業所，従業員数 239 人，年間製品出荷額 43 億 9,238 万円と事業所数や従業員数の減少は続いており，入込観光客増加による波及効果は全く見られない。

　農業についても（倶知安町 2017b），総農家数（販売農家）は 1985 年の 575 戸から 2015 年の 185 戸まで一貫して減少している。また農林水産省『生産農業所得統計（1975, 1980～2006 年）』によれば（内閣府 2017b），総出荷額でも[5] 1985 年の 45.32 億円から，最後の市町村統計がある 2006 年で 38.40 億円とやはり長期漸減傾向が続いており，現在の外国人観光客ブームが 2000 年初頭から始まっていることを考えると，農業生産への波及効果も殆どないといえる。

(5) 社会的効果

　2016 年 10 月 3 日の北海道新聞は，倶知安町やニセコ町を含む 14 町村を管轄

する岩内公共職業安定所で，有効求人倍率が 2.00 倍（羊蹄山ろくの 6 町村を担当する倶知安分室は 2.28 倍）となったと報じている。北海道内の 22 カ所の職安の中では，2013 年 6 月から 39 カ月連続で最高を記録，その背景として，「ニセコ地域の観光の活況と宿泊施設の急増に伴い，従業員確保の動きが起きていて人手不足を招いている」と解説している。もっともニセコ町のホテル担当者の話として「派遣会社と契約して何とか運営に必要な人員を集めている。本来は長く勤めてくれる人を雇い，長期的な視点で教育したい」とのことであり，雇用機会が増加し有効求人倍率は上昇しているが，派遣また非正規就業が多く，定住就業人口の増加には結びついていないことがわかる。

　一方，同紙の 12 月 14 日の紙面では，倶知安町の，「世界的スキーリゾート地であるひらふ地区の 3 町内会で，宿泊施設などの従業員が出す家庭系ごみの収集をやめた」と報じている。同町内では冬のスキーシーズンに分別されずに出されるごみの処理が問題となっており，「第 1 町内会の人口は，夏は 180 人ほどだが，冬は 600 人を超え，うち 8 割を外国人が占める」とのことで，外国人観光客や従業員の増加がゴミの分別収集を通じ，行政や一般住民との摩擦を生んでいることがわかる。

　もっとも，これに対し 2017 年 9 月 27 日の同紙は「リゾート地区の住民自らが清掃や行事開催などの地域振興を担う，エリアマネジメントの実務組織『一般社団法人ニセコひらふエリアマネジメント』の設立会見」を報じており，「リゾート地区で飲食店を営む渡辺淳子氏が代表理事を務め，ニセコグラン・ヒラフスキー場を所有する東急不動産（東京）グループと，倶知安観光協会の役員らで構成。リゾート地区の清掃や冬季のイルミネーション設置などを行うほか，将来的には町の認定法人を目指し，まちづくりの提言も行いたい」との事で，倶知安町が 2019 年の導入に向けて準備を進める宿泊税が「この組織の財源になる可能性は十分ある」との町長発言も掲載されている。

　また同町は毎年 9 月の基準地価公表の際に全国的な注目を集めており，地価の上昇が続いている。2017 年も「アジア圏などの外国人客向けリゾート開発が活発なニセコ地区も好調だ。従来の別荘やコンドミニアムの建設だけでなく，

リゾート地区で働く従業員のための住宅整備などで地価上昇の波が周辺地域にも」及んでおり,「後志管内倶知安町のJR駅前の商業地も2030年度の北海道新幹線駅開業への期待感から急騰している」と報じられている。

(6) 倶知安町の地方創生計画

このような状況の中で,倶知安町が打ち出した地方創生計画（倶知安町2016b）を見ると,まず人口ビジョンとしては,「国の長期ビジョンと北海道のまち・ひと・しごと創生総合戦略を踏まえた人口減少の緩和を目指す取り組みや,今後想定される外部要因の変化等」の状況を考慮し,日本人のみの人口が2040年時点で14,329人,2060年時点で12,992人と想定している。また日本人のみの人口に加え,外国籍住民数が1,000人程度になると想定し,倶知安町の人口総数は2040年時点で15,329人（外国籍住民割合6.5％程度),2060年時点で13,992人（同割合7.1％程度）が目標とされている。また年齢構造についても,最終的には,年少人口割合を現状の14.0％から15.9％,生産年齢人口割合も2050年の50.6％を底に2060年の54.8％まで増加するとともに,老年人口割合は29.3％と3割以内に抑える計画となっている。

このような人口ビジョンの実現に向けての基本目標として,

- 基本目標1：くっちゃんで,過ごす
 「世界に誇れる国際リゾート」「多くの外国人が訪れる多文化共生のまち」
- 基本目標2：くっちゃんで,暮らす
 「子どもたちの笑い声が響き,住む人,働く人の笑顔が輝くまち」「帰って来たくなるまち」「住みたくなるリゾート（まち）」

の2つを挙げており,北海道新幹線の開通や恵まれた自然環境の活用で多くの観光客が訪れる「世界に誇れる国際リゾート」としての発展を生かす一方,若い世代の仕事・雇用,子育て,教育を支援する社会環境の整備を通じ,日本人のみならず外国人も含めた転入者の増加,転出者の抑制といった定住促進が目指されている。

第4節　考察：地方創生と訪日・居住外国人の受け入れ

(1) 地方創生における観光と外国人の受け入れ

　内閣府に置かれた本部の名称にも謳われているように，地方創生戦略の要は「まち・ひと・しごと」であり，ここで取り上げた倶知安町の総合戦略にも，観光を通じて地域への「ヒト」の流れをつくるとともに，地域における安定した雇用「しごと」を創出し，若い世代の結婚・出産・子育ての切れ目のない支援を通じ，その希望をかなえ，次世代としての「ヒト」を育てることで時代に合った地域「まち」づくりを進めることが提唱されている。

　この点について，北海道人口の現状をみると，日本人人口については少子高齢化を通じ減少が続いているものの，外国人居住者については，実数，割合ともに明らかな増加傾向にあり，地域への「ヒト」の流れという点で大きな変化が生まれつつあるといえる。

　この外国人居住者の増加の背景には外国人観光客の増加があり，中国をはじめとする東アジア・オセアニア地域の経済発展や航空路線の拡張再編・低価格化など，いわゆる経済のグローバル化を通じ，北海道の地理的・自然的立地条件が日本の中でもとりわけ優位に作用し始めたと考えられる。すなわちオーストラリアとは時差がなく，北半球と南半球で四季が真逆で，スキーなどのハイシーズンがズレている，また東アジア・東南アジアでは経験することができない深く良質な降雪，日本の中でも極めて例外的な，原生林を中心とした豊かな森林資源，高緯度地域のため平地においても高山植物が普通に見られる植生，大雪山系や巨大な火山の噴火口や火口湖，日本海，太平洋，オホーツク海に面し，北方圏に向けても開かれている。このような優位性は，海外はもとより日本国内でもようやく認識され始めたところである。

　また北海道はグローバル化を通じ不安定化する世界の中で最も清潔，安全，快適な，おもてなしの国・日本にあって，現在までのところ大震災や大災害を免れている地域であり，「爆買い」などショッピングにおける利便性という点で

も東京などに引けを取らない（直行便を利用すれば入国・税関もスムーズである）などの優位性もある。従って，グローバル化の流れの中で，今後も日本や北海道の立ち位置に大きな変化がないと仮定すれば，北海道の観光，とりわけ海外からのインバウンド観光はさらに発展してゆくものと考えられる。

　一方，この訪日（来道）観光客の増加と居住外国人の増加の関係をみると，少なくとも直近の 2015 年の人口動態を見る限り，その効果は特定の市町村に限られており，占冠村，倶知安町，留寿都村，赤井川村など，スキーリゾート地域への転入超過が目立つ程度である。つまり，地域への「ヒト」の流れとしての外国人観光客の増加が居住外国人の増加を生み，定住人口の増加を促すというような効果は，現在までのところ，まだ一部の市町村でしか実現していない。

（2）訪日・居住外国人の社会・経済効果

　本章では転入超過が目立つスキーリゾート地域の例として，倶知安町に焦点を当て分析を行った。倶知安町は北海道のスキーリゾートのメッカのようなところであり，すでに明治時代からスキー場が整備され，戦後も 1960 年代にはサンモリッツ市（スイス）と姉妹都市提携を結ぶなど，ウインタースポーツとしてのスキーブームとともに観光地として発展してきた。しかし，1990 年代に入り，バブル経済の崩壊や少子高齢化の進行などとともに国内スキー人口が減少，入込観光客数も減少し停滞を余儀なくされた。その後，2000 年代に入りまさにグローバル経済の進展とともに，国内からの観光客に代わりオーストラリアなど海外からのリゾート客が急増し，これがコンドミニアムなどの海外からの不動産投資を呼ぶこととなった。さらに近年はオーストラリアに代わり，中国からの観光客や不動産投資が急増し，街並みも一変，ハイシーズンには観光客に限らず，日本人より外国人の方が多くなる状況が生まれている。このため外国人居住者も 2003 年の 49 世帯から 2016 年の 1,036 世帯へと急激に増加し，総世帯数に占める割合も 0.7％から 13.5％とすでに 1 割を超える状況となっている。

　つまり，倶知安町の場合には，地域への「ヒト」の流れとしての外国人観光客の増加が居住外国人の増加を生み，定住人口の増加を促すという効果が確か

に起きている。しかし，その背景には国内向けのスキーリゾートとしての長い歴史があり，これがバブル経済の崩壊後，斜陽化する一方，その遺産（バブル期のオーストラリアへの海外不動産投資）が思わぬ形で，海外からのリゾート客や不動産投資を呼び寄せたという事情があり，どこの「まち」でも同じような発展が期待できるものではない。もっとも過去の歴史を新しい状況下で，違う形で再生させるという点では，これも地方創生の一つの可能性といえるだろう。

一方，地域における安定した雇用「しごと」の創出という点に関していえば，その経済効果は現在までのところ殆んど確認できない。住民一人あたり課税所得金額や課税所得総額は，隣接市町村より相対的に好調で安定的に推移しているものの，外国人入込観光客数や外国人居住人口の増加などとの相関は見られず，むしろ前者については負の相関さえ観察される。また商店数・従業員数・販売額，製造業の事業所数・従業員数・年間製品出荷額，農家数・総出荷額など，まちの産業はいずれも低迷・縮減をつづけており，何らの波及効果も見られない。

おわりに

本稿でも示したように，外国からの観光客は国内や道内の観光客に比べ消費支出額がはるかに多く宿泊延べ日数も長く，倶知安町などは，かつてリゾート法が施行された頃に目指された長期滞在型リゾート観光がまさに実現している。しかし，外国からの観光客の消費支出がそのまま地元に落ちる訳ではない。海外からのインバウンド観光を取り仕切るのは海外の旅行代理店であり，その代金は海外の業者に振り込まれる。また航空運賃や宿泊費も，その多くは海外の航空会社やホテルチェーンに支払われる。また統計上，重要なウエート占めるお土産や「爆買い」などの支出も，その多くは札幌市や千歳空港などで支出されることを考えると，「地元」で消費される金額は同じ道内ではあっても非常に限定されたものとなる。

確かに居住外国人も増加し，その分，生産年齢人口も増加し，課税対象所得金額の総額も増加しているはずであるが，新たに加わる外国人就業者が，サービス労働を中心に不足する日本人労働力の代替要員に過ぎない場合，むしろ課税対象所得金額の総額や平均が低下する可能性もある。また新聞報道にもあるように，日本人も含め派遣や非正規就業，冬季のみのシーズン雇用であれば，必ずしも地域における安定した雇用「しごと」の創出には繋がらないことが危惧される。

倶知安町の場合，外国人世帯数も増加傾向にあり，いずれは未婚者のみでなく既婚者や家族での転入も増えてゆくことも考えられる。これにともない，外国人の子どもの保育，小中学校での教育など，外国人の若い世代の，結婚・出産・子育てに対する切れ目のない支援の必要性も増大してゆくと思われる。すでに海外や国内での研究事例にあるように，訪日・居住外国人の受け入れには，相応の社会的コストが必要となるものであり，地域住民との摩擦回避や速やかな適応を支援し，地域住民として安心して暮らせる体制づくりが求められてくる。

また地域における安定した雇用「しごと」の創出には，外国からの観光客という有効需要を，いかに地元での生産・消費に繋げるか，その工夫が必要であり，地産地消を原則とした，地域の商工業，農林水産業との連携強化あるいは，新産業の創出など，地元住民の積極的な取り組みが不可欠な条件となると思われる。

注

(1) 札幌国税局の発表によれば，2017年の北海道路線価（1月1日時点）における倶知安町の対前年地価上昇率は77.1％で最高路線価の前年変動率で3年連続の全国1位となっており，「綾ニセコ」などホテル型コンドミニアム新設が相次ぎ，分譲売買が活況を呈し，地価の相場を押し上げていると報じられている（日本経済新聞 2017年7月4日）。市町村レベルに焦点を合わせ，訪日外国人の経済的社会

的効果を考える上で象徴的な事例であるといえよう。
(2) 2009 年からアジアからの外国人を対象に町が「短期日本語・日本文化研修事業」を始め，2015 年に東川町立日本語学校を設立した。同町の外国人人口増加は，この動きを反映しており，研修後は日本各地の大学・企業に転出するため，定住人口の増加に直結するものではない（産経新聞 2015 年 6 月 22 日／東川町立東川日本語学校　2017）。
(3) 単に自治体の人口規模に比例して，外国人宿泊者延べ人数も外国人居住者も多いという関係を示していると捉える方が自然である。
(4) 札幌市も加え 1975〜2015 年の間の 1 人あたり課税所得金額の推移を，各自治体の期間平均値と標準偏差で標準化し作図したところ図 5-13 に酷似したものとなった。すなわち札幌市も倶知安町もほぼ同じ変動傾向を示しており，2000 年以降の倶知安町の 1 人あたりの課税対象所得金額の減少傾向は，札幌市や他の市町村と同様，北海道全体の景気動向に沿ったものであり，同町での外国人人口や入込観光客数の増加とは直接的な関係はないといえる。
(5) 農業産出額とは，市区町村別の品目毎の年間生産数量に，品目ごとの農家庭先販売価格を乗じたものであり，市区町村別の統計は 2006 年が最後となっている。

参考文献

倶知安町（2016a）「外国人住民数」(http://www.town.kutchan.hokkaido.jp/profile/toukei/，最終閲覧日 2016 年 10 月 17 日）。

倶知安町（2016b）「倶知安町人口ビジョン」(http://www.town.kutchan.hokkaido.jp/file/contents/2091/18999/jinkou-vision.pdf，最終閲覧日 2016 年 10 月 17 日）。

倶知安町（2017a）「町の概要」(http://www.town.kutchan.hokkaido.jp/profile/gaiyou/，最終閲覧日 2016 年 10 月 17 日）。

倶知安町（2017b）「倶知安町の統計 2016」(http://www.town.kutchan.hokkaido.jp/profile/toukei/，最終閲覧日 2016 年 10 月 17 日）。

国土交通省観光庁（2016）「訪日外国人消費動向調査〈平成 27 年の年間値の推計（暦年)〉」集計結果」(http://www.mlit.go.jp/kankocho/siryou/toukei/syouhityousa.html，最終閲覧日 2016 年 10 月 5 日）。

国土交通省観光庁（2017）「経済波及効果」『統計情報・白書』(http://www.mlit.go.jp/kankocho/siryou/toukei/kouka.html，最終閲覧日 2016 年 9 月 20 日）。

第 5 章　訪日外国人の経済・社会的効果　133

国立社会保障・人口問題研究所（2013）「日本の地域別将来推計人口（平成 25 年 3 月推計）」(http://www.ipss.go.jp/pp-shicyoson/j/shicyoson13/t-page.asp，最終閲覧日 2016 年 9 月 20 日)．

産経新聞（2015）「人口 8 千人の町，日本語研修事業で活路 "攻めの行政" 台湾，タイに拠点（6 月 22 日）」(http://www.sankei.com/politics/news/150622/plt1506220010-n1.html，最終閲覧日 2016 年 9 月 20 日)．

内閣府（2017a）「市区町村別　人口・経済関係データ，課税対象所得：総務省『市町村税課税状況等の調』」(www5.cao.go.jp/keizaishimon/kaigi/special/future/keizai.../file11.xls，最終閲覧日 2017 年 10 月 18 日)．

内閣府（2017b）「市区町村別　人口・経済関係データ，農業産出額：農林水産省『生産農業所得統計』」(www5.cao.go.jp/keizaishimon/kaigi/special/future/keizai,,,/file03.xls，最終閲覧日 2017 年 10 月 18 日)

日本経済新聞（2017）「路線価上昇率 0.9％　道内平均，全国上回る」（7 月 4 日）(https://www.nikkei.com/article/DGXLZO18418130T00C17A7L41000/，最終閲覧日 2016 年 10 月 18 日最終閲覧日 2017 年 10 月 18 日)．

東川町（2017）「東川町立東川日本語学校」(http://higashikawa-jls.com/index.html，最終閲覧日 2017 年 10 月 18 日)．

北海道（2015）「北海道人口ビジョン・北海道創生総合戦略」(http://www.pref.hokkaido.lg.jp/ss/csr/jinkou/senryaku/senryaku.htm，最終閲覧日 2016 年 9 月 20 日)．

北海道（2016）「住民基本台帳人口・世帯数及び人口動態（平成 27 年 1 月～平成 27 年 12 月）」(http://www.pref.hokkaido.lg.jp/ss/tuk/900brr/index2.htm，最終閲覧日 2016 年 9 月 20 日)．

北海道（2017）「後志総合振興局」(http://www.shiribeshi.pref.hokkaido.lg.jp/index.htm，最終閲覧日 2017 年 10 月 18 日)．

北海道観光産業経済効果調査委員会（2011）「消費と経済効果」『第 5 回北海道観光産業経済効果調査』(http://www.pref.hokkaido.lg.jp/kz/kkd/keizaikoukatyousa.htm，最終閲覧日 2016 年 10 月 5 日)．

北海道経済部観光局（2016）「訪日外国人来道者（実人数）の推移（平成 9 年度～平成 27 年度）」(http://www.pref.hokkaido.lg.jp/kz/kkd/irikominosuii.htm，最終閲覧日 2016 年 10 月 5 日)．

北海道新聞（2016）「押し寄せるヒト・カネ 1：富裕・中間層に照準　投資を誘う道内

高級旅行」(1月19日),最終閲覧日2017年10月18日。
北海道新聞 (2016)「押し寄せるヒト・カネ4:投資も移住も魅力的 割安感 不動産に熱い視線」(1月23日),最終閲覧日2017年10月18日。
北海道総合政策部地域主権・行政局市町村課 (2017)「振興局市区町村別人口,人口動態及び世帯数」(http://www.pref.hokkaido.lg.jp/ss/tuk/900brr/index2.htm,最終閲覧日2017年10月18日)。

(原　俊彦)

第6章　移民・外国人労働者と労働市場

はじめに

　本章では，外国人労働者の流入が，わが国の労働市場とりわけ賃金・雇用にどのような影響を与えるかを検討する。近年，先進諸国への移民の流入は，欧米で大きな政治的関心事となっている。2016年に国民投票が実施されたイギリスのEU離脱も移民問題が絡んでいると指摘されている。また，2017年にはアメリカのトランプ大統領が移民受け入れを一時停止する入国禁止令を発し，大きな政治問題を引き起こした。大量の移民の流入は様々な面で受入国に影響を及ぼすが，なかでも労働市場に及ぼす影響は最も重要である。英米の上述の反応も，多くの国民が移民受け入れにより自分自身の職を奪われるという不安，ないしは自分自身の賃金低下を余儀なくされる恐怖から生じている。

　翻って，わが国では，少子高齢化により生産年齢人口が減少し，潜在成長率が低下し，低い経済成長率でも労働力不足となる。こうした状況下で外国人労働者の受け入れ問題が浮上してきている。2012年末に第2次安倍政権が誕生して以来，労働力不足が顕在化してきて，これまでの外国人労働力問題に対する政策スタンスが微妙に変化し始めてきている。従来，政府は高度人材の受け入れに関して積極的姿勢を示し，いわゆる単純労働者の受け入れに関しては原則禁止してきたが，2018年12月に改正出入国管理法の成立により，労働力不足が深刻な分野で，実質的に外国人労働者受け入れの扉を開いた。

　本章の第1節では，わが国の外国人労働者の状況を考察し，第2節では外国人労働者受け入れによる賃金・雇用への影響に関する文献サーベイを行い，第

3節ではわが国に関する実証分析を行う。最後に,外国人労働者を受け入れた後の課題として,わが国の労働市場への統合政策について考察する。

第 1 節　わが国の外国人労働市場の現状

　厚生労働省「外国人雇用状況の届出状況（2018 年）」によれば,2017 年 10 月末現在のわが国の外国人労働者数は約 128 万人で前年比増加率は 18.0％（約 19 万人増）であった。バブル経済が崩壊しはじめた 1993 年当時は約 9.6 万人であったので,24 年間で外国人労働者は 10 倍以上増加したことになる。

　外国人労働者と日本人労働者では,就業行動に違いがあるのか？　図 6-1 は,わが国労働市場における日本人と外国人の労働力状態（2015 年）を比較したものである。図 6-1(a) に示したように,労働力率はわずかに日本人（56.3％）が外国人（54.5％）を上回っている。就業率も同様に,わずかに日本人が高い。失業率は外国人の方が日本人より 1.2％ポイント程度高い。非労働力率は日本人が外国人より 14％ポイント程度も高くなっている。図 6-1(b) は,2008 年のリーマ

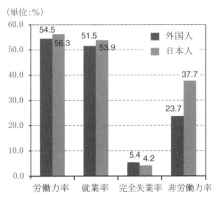

図 6-1(a)　日本人と外国人の労働力状態
（2015 年）

（資料）総務省統計局「国勢調査」.

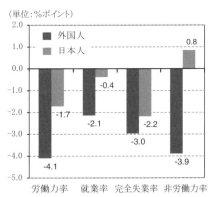

図 6-1(b)　日本人と外国人の労働力状態の変化
（2010 年と 2015 年比較）

（資料）総務省統計局「国勢調査」.

ンショックからの景気回復期の 2010 年と 2015 年の間の外国人と日本人の労働力状態の変化を見たものである。最も大きな変化として，景気回復期にもかかわらず，日本人の就業率と比較して外国人の就業率の大きな低下が注目される。その結果，外国人失業率の低下が低いかと言えば，景気回復を受けて失業率の低下幅は大きく，3％ポイントを記録している。日本人は，外国人と比較して，労働力率や就業率の低下幅が低くなっている。その要因の1つとして，非労働力率の上昇が挙げられる。外国人はここ5年間で，非労働力率が3.9％ポイント減少する一方，日本人は0.8％ポイントの増加となっている。

　より詳細に男女別に考察すると，外国人労働者の就業率の低下が大きいにもかかわらず，失業率の低下が大きい要因の一つとしては，外国人男性の大幅な労働力率の低下（－7.5％ポイント）が寄与している。また，外国人男性は，就業率4.8％ポイントの低下を外国人女性の非労働力率の低下で埋め合わせている形となっている。外国人女性の非労働力率の減少幅は，外国人男性の－1.5％ポイントとは対照的に－5.3％ポイントの大幅な低下を示している。外国人労働力率の大幅な低下要因は，外国人男性の労働力率の大きな低下が寄与している。一方，日本人で注目されるのは，非労働力率の増加である。主要な働き手であった団塊世代の男性が，65歳を超えて非労働力になる割合が大きく寄与していると考えられる。男性の動きと対照的に日本人女性の労働力率は5年前と変化がなくまた，女性就業率は0.8％ポイントの増加となっている。

　厚生労働省（2018）「『外国人雇用状況』の届出状況」によれば，2017年10月末現在，外国人労働者は，中国人が最も多く約34万人で外国人労働者の3割を占めている。次に多いのはベトナム人（約24万人）で約19％を占めている。ベトナム人は現在，急増していて前年比増加率が約40％と最も高い伸び率を示している。第3位はフィリピン人（約14万人）で11.5％を占めている。増加率も高く前年比で約15％となっている。第4位はブラジル人（約11万人）で約1割を占め，増加率は10％程度である。在留資格別では，身分に基づく在留資格が約46万人（前年同期比11.1％増），資格外活動（留学）が約26万人（同23.0％増），専門的・技術的分野が約24万人（同18.6％増）となっている。

外国人労働者の都道府県別分布をみると，東京に約 39 万人就労し，全体の 3 割を占めている。愛知（約 13 万人）は全体の 1 割程度で，この 2 つ地域で外国人労働者総数の 4 割を占める。次いで神奈川・大阪が各々約 7 万人，埼玉が約 5.5 万人となっている。前年同期比で，大阪の外国人労働者の伸び率が最も高く 22.4％増となっている。在留資格を都道府県別でみると，専門的・技術的分野で 2 割を超える地域は，東京（31.0％），神奈川，京都，大阪，沖縄となっている（3 割以上の県はカッコ内に数値を示した）。技能実習生が 5 割を超える地域は，青森（62.4％），岩手（60.8％），鳥取，徳島（65.4％），香川，愛媛（67.2％），高知，熊本，宮崎（67.1％），鹿児島（61.0％）である。身分に基づく在留資格が 5 割を超える地域は，栃木，群馬，山梨，長野，岐阜，静岡（63.3％），愛知，三重，滋賀（63.6％）となっている（6 割以上の県はカッコ内に数値を示した）。厳密な地域特性が見いだせないが，あえて言えば，京都・大阪より南の地域は比較的技能実習生の割合が高い。ただし一部の地域（山口，福岡，沖縄）を除いてのことである。除かれた 3 県は，資格外活動の割合が相対的に高い。身分に基づく在留資格は関東・中部地方でその割合が高い。この地域は外国人を雇用している事業所割合も高い。特定活動と資格外活動は，専門的・技術的分野の活動，技能実習，身分に基づく在留資格より，全国に分散している。

　外国人労働者の産業別シェアを見ると，製造業が外国人労働者の 30.2％（約 38 万人）を占めて最も大きい。次いでサービス業 14.8％（約 18 万人），卸売業・小売業 13.0％（約 16 万人），宿泊業・飲食サービス業 12.3％（約 16 万人）となっている。2010 年から 2015 年の外国人労働者の増加率の産業別寄与率を計算すると，相対的に寄与が大きな産業は，卸売業・小売業（7.7％），サービス業（6.1％），製造業（5.6％），宿泊業・飲食サービス業（5.4％）である。

　外国人労働者で製造業に従業している割合が，5 割以上を占めている都道府県は，青森，岩手（60.4％），山形，石川，長野，岐阜，三重，滋賀，鳥取，広島，香川，愛媛（69.8％）である（6 割以上の県はカッコ内に数値を示した）。全国的に製造業従事者はおよそ均等に分布している。東京，福岡，沖縄が，相

対的に製造業従事者割合が低い。卸売業・小売業は山口では2割を超えている。宿泊・飲食サービス業が2割を超えている都道府県は東京のみ（22.1％）である。教育・学習支援は京都が21.0％で最も高い。サービス業で20％以上を占めるのは，栃木（31.5％），群馬，富山，福井，山梨，静岡，三重，滋賀，島根である（30％以上の県はカッコ内に数値を示した）。サービス業は南関東，北関東・甲信，北陸，東海地域が比較的シェアが高い。また外国人労働者から見て，東京は，卸売業，小売業，宿泊業，飲食サービス業に従事する割合が高い。[1]

第2節　移民・外国人の受け入れの影響：実証のサーベイ

本節では，移民・外国人受け入れが賃金・雇用に与える影響の先行研究のサーベイを行う。海外では移民受け入れの影響に関する研究が多数蓄積されている。はじめに，最も我々の関心を引く事項は，移民・外国人を受け入れた場合，賃金率が大きく下落するのか。実証分析の結果，どうなっているのかと言うことである。結論から言えば，賃金の弾力性は小さいと言える。ただし，そのメカニズムの解明に関しては，コンセンサスが得られているとは言い難い。

(1) 自然実験

Card（1990）によれば，キューバ政府が1980年に12万5,000人の移出を認め，キューバからアメリカへの移民として移住した（マリエル難民）事例について，1980年と1985年を比較すると，この移住がマイアミ市の労働力を7％増加させたが，マイアミ市の未熟練労働者の賃金率，失業率に影響を与えていないとしている。この事例の分析の問題点は，生産物と生産要素が都市間を移動するので，移民の純粋な効果が測定できないことである（Borjas 2005）。もう一つ事例を挙げると，イスラエルは1989年以来100万人近くのロシア系移民が流入し，わずか2年間で人口が7％以上増加した。その結果1990年代前半と比べ人口が12％増加した。この自然実験を利用して，Friedberg（2001）は移民が

労働市場に及ぼす影響を分析している。その分析結果でも，一般的な最小二乗法推定では，移民を多く雇用した職業は，実質賃金の伸びを大幅に低下させ，雇用の伸びもわずかである。しかし，移民の以前の職業に関する情報を活用した操作変数法推定によれば，移民が受入国（イスラエル）に悪影響を及ぼすことはないことを示唆している。こうした，自然実験から得た結果が賃金・雇用に対して大きな影響を与えない理由が提示されている。それが次に見る地理的変動と呼ばれるものである（Card 1990, Friedberg 2001）。

(2) 地理的変動

Altonji and Card（1991）は，移民が受入国の未熟練労働者に対してどの程度影響を与えているか考察している。そのなかで，彼らは移民の多い都市で自国の未熟練労働者が労働集約型産業から流出していることを見出している。このことは，その産業の賃金の低下を緩和していることを示唆している。また，こうした産業における雇用の減少が，全国平均より遅いことも見出している。つまり，移民の労働を利用することにより，移民の多い都市において，一部技術の低い産業が生き残ることを可能にしていると考えられる。移民の流入によって賃金が大幅に下落しない理由として，移民の流入する地域の労働者が他の地域へ移動する結果として，その地域の労働供給があまり増加しないことも指摘されている（Altonji and Card 1991, LaLonede and Topel 1991, Filer 1992, Goldin 1994, Frey 1995, Pischke and Velling 1997）。わが国の中村他（2009）の研究でも，外国人労働者の受け入れは自国民労働者をクラウディングアウトさせるとしている(2)。加えて，移民流入による労働供給の増加にもかかわらず，賃金の下落が小さいかゼロないしプラスとして観察される理由として，移民と受入国の労働者間の不完全代替ないし補完関係が考えられる。

(3) 不完全代替ないし補完関係

Gang and Rivera-Batiz（1994）は，移民がアメリカ，ヨーロッパに住む様々な労働者の所得に与える影響を分析している。生産関数に教育・経験・未熟練

労働を組み込んで分析している。その結果，自国民に対する移民の効果の大きさは，非常に小さいことを見出している。もし教育と未熟練労働者が補完的なら，高い教育を受けた移民流入は未熟練労働者に利得をもたらす。もし代替的であれば，未熟練労働の削減が利益となる。1980 年の US Census of Population and Euro-Barometer Data を使用して，アメリカとヨーロッパに関して，教育が未熟練労働者と熟練労働者で補完関係にあることを見出している。ヨーロッパでは 1% の未熟練労働者の増加は，教育に 0.75%，経験に 2.5% の利益をもたらす。教育が 1% 増加すれば，未熟練労働者 0.62%，経験に 1.8% の利得が得られる。1% の熟練労働者の増加は，未熟練労働者の報酬を 0.31%，教育の報酬を 0.25% 増加させる。同様の大きさの効果がアメリカに関しても見出される。

　Ottaviano and Peri（2006）は，移民と自国の労働者が狭義で定義されるスキルグループ内では完全代替ではなく，補完関係にあることを示している。補完関係は重要な政策的含意を持つ。なぜなら移民が多くの自国生まれの労働者の賃金を上昇させるからである。移民の賃金引き下げの効果が大きい結果を提示した Borjas and Katz（2007）の研究は，労働市場を 4 つに分けたが，Ottaviano and Peri（2008, 2012）は労働市場を 2 つに分け（高卒同等と大卒同等），また移民労働者とアメリカ人労働者が同じ熟練レベルに属していても完全代替とみなすのではなく，不完全代替として分析すると，1990～2006 年の間にアメリカへの移民が高校中退以下のアメリカ人の賃金に及ぼす影響は，短期的には 0.7% 引き下げ，長期では 0.6～1.7% 上昇させると報告している。

　一方 Borjas, Grogger and Hanson（2008）は，Ottavino and Peri（2006）の不完全代替は，サンプルに依存しているとしている。データから高卒を取り除くと，熟練移民と自国労働者は完全代替である。また，Aydemir and Borjas（2006）も従業員の教育と経験による基準で分析すると，完全代替であるとしている。完全代替を主張する代表格は Borjas の一連の研究である。[3]このように実証研究において，推計方法や推計期間等により移民と受入国の労働者の関係に関しては，代替関係とするものと補完関係とするものと両方の実証結果が提示されている。

(4) 時系列分析

Borjas（2003）の分析では，アメリカ合衆国の 1960 年から 2001 年までの集計的相対賃金の時系列データが用いられている。移民によって特定の熟練水準の労働供給が増加した結果，同じグループのアメリカ人労働者がどのような影響を受けたかが推定された。特定の熟練グループの 10％増加は，同じグループの労働者の賃金を 3〜4％下落させる。また，Borjas and Katz（2007）の研究では，1980〜2000 年のメキシコ人移民がアメリカに流入した期間を分析している。賃金に及ぼす効果は，長期 0％，同時に高校中退者には短期的 8.2％，長期 4.2％の下落を示している。

(5) 推計の問題点

Borjas（2005）は，移民の賃金・雇用に与える影響を推計する際の問題点として，第 1 に移民が繁栄している地域に集まる場合，移民と賃金は見せかけの相関を持つ。見せかけの相関は移民が受入国の労働者への賃金に与える負の効果を緩和したり，逆転させたりする可能性がある。第 2 に，移民がその労働市場に参入した場合，自国民の賃金と資本に対する収益が地域間で等しくなるまで，資本と労働が他の地域に移ることになる。移民は経済効果を持たないのではなく，移民の効果が国レベルに拡散するため，地方の労働市場における移民の効果を 40〜60％緩和させるとしている。[4]

(6) 移民流入に対する賃金に関する実証分析の要約

神野（2013）は，移民に関するサーベイを行い，移民流入に対する賃金の弾力性は多くの研究で以下のように推計されていると言う。すなわち，対数の賃金率に移民の割合，個人の属性，地域に関する変数，時間に関する変数と誤差項などで推計が行われている。

$$\ln W_{irt} = \alpha m_{rt} + A x_{irt} + \phi_r + \eta_t + u_{irt} \quad \cdots\cdots (6\text{-}1)$$

ここで，i は分析対象とする個人，r は地域，t は時間を示す。また，W_{irt} は

賃金率，m_{rt} は移民の割合，x_{irt} は属性，ϕ は地域に関する変数，η_t は時間に関する変数，u_{irt} は誤差項である。

既存研究の結果を**表6-1**にまとめた。移民の受け入れが賃金率を低下させる影響は小さいか，全くないとする研究が多い。一部の研究結果では，むしろ賃金率にプラスの影響を与えている（**表6-1 参照**）。プラスになるメカニズムとしては，移民受け入れにより，受入国の人々のその地域からの移動があるためと考えられている。または受入国の労働者と移民が補完関係にある。Bauer and Zimmermann（1999）は，移民が自国民の賃金に与える影響に関する実証研究は，無視できるほどのマイナスの影響しか見いだせないとしている。場合によれば正の値を持つ。アメリカ関しては Card（1990），フランスに関しては Hunt（1992）の研究がある。外国人の流入に対して，自国民はそれほど大きな移動がない（流出がない）としている。彼らの推計によれば，東ヨーロッパからの 20 万人の労働者の増加は，EU 加盟国の労働者の賃金を 0.81％低下させるとしている。

(7) 雇用に関する実証分析

移民流入が受入国の雇用に与える影響に関して，リーソン＝ゴチェノアー（2016）は移民がアメリカ人の雇用に及ぼす効果はごく小さいとしている。過去 50 年間の代表的研究 6 件中 4 件が，移民がアメリカ人の雇用に与える効果の推定値はゼロかプラスであることに言及している。残り 2 件は，係数はマイナスだがその値はあまり大きくない。Borjas（2003）では，特定の熟練レベルの労働供給が 10％増加すると，就労週数が 2～3％減少する。Winkelman and Zimmerman（1993）の研究は，ドイツ移民が雇用・失業に及ぼす効果の研究の先駆けである（Bauer and Zimmermann 1999）。期間は 1974～1984 年で，個人の属性・産業・失業頻度を男性 1,830 人について調査した。この対象者のうち 586 人は外国人であった。1974 年の 34 の産業で外国人シェアがドイツの失業頻度に与える移民の効果は小さいとしている。移民の雇用効果の実証研究結果は，賃金についての研究より諸家の結論にくいちがいが多いが，多くの研究は

表 6-1 移民・外国人労働者流入と賃金の影響

研究	国名	期間	弾力性；コメント
【アメリカ以外の国】			
DeNew and Zimmermann (1994a)	西ドイツ	1984-89	Blue Collar Native(-0.161), Blue Collar Foreigner(-0.240)
DeNew and Zimmermann (1994b)	西ドイツ	1984-89	All Native(-0.35), Blue Collar Natives(-0.5), While Collar Natives(0)
Pischke and Velling (1994)	西ドイツ	1985-89	All Naties ±0：外国人労働者は補完的 好景気期間の推計
Hatzius (1994)	ドイツ	1984-91	-0.058 〜 ±0
Bauer (1997)	ドイツ	1994	All Natives(0.082)
Bauer (1998)	ドイツ	1994	Translog Production Function 労働者を教育で6区分（未熟練；熟練'-0.021 〜 +0.035)
Brüker and Jahn (2011)	ドイツ	1975-2004	-0.1
Hunt (1992)	フランス	1968	-0.08 〜 -0.14
Pope and Withers (1993)	オーストラリア	1881-1981	±0.0
Gang and Rivera-Batiz (1994)	オランダ イギリス フランス 西ドイツ	1986-89	-0.09 〜 +0.02 -0.08 〜 +0.02 -0.11 〜 -0.002 -0.05 〜 +0.11 移民と同じような人的資本を持つ受入国の人々の賃金はマイナス
Winter-Ebmer and Zweimüller (1996)	オーストリア	1988-91	regional 0.037 industry 0.01
Dolado et al (1996)	スペイン		-0.02 〜 0.04
Winter-Ebmer and Zimmermann (1998)	オーストリア ドイツ	1985-1994 1987-1994	-0.16 0.019(t値：1.41)
Friedberg (2001)	イスラエル	1994	-0.03 〜 -0.06
Zorlu and Hartog (2005)	オランダ イギリス ノルウェー	1998 1997-98 1996	-0.04 (低い熟練労働者の弾力性)〜+0.02 (高い熟練労働者の弾力性) -0.036 〜 +0.056 -0.094 〜 +0.132
中村他 (2009)	日本	1991-2001	正で有意
Wood (2016)	フィンランド	2004-2010	-0.07 (建設業)
【アメリカ】			
Grossman (1982)	アメリカ	1970	トランスログ生産関数；長期賃金弾力性-0.1
Card (1990)	アメリカ	1980	第1世の移民に関して、短期-0.23、長期-0.22 効果認められず
Goldin (1994)	アメリカ	1890-1923	-1.5 〜 -1.0%
LaLonde and Topel (1991)	アメリカ	1970; 1980	同時性の問題の軽減；国勢調査個票；-0.6 〜 -0.1 横断面分析；男性
Altonji and Card (1991)	アメリカ	1970 〜 80	-0.086 (自国の未熟練労働者の賃金-1.2%)
Borjas, Freman, and Katz (1992)	アメリカ	1967-1987	-1.2
Borjas and Ramey (1995)	アメリカ	1977-1991	大卒と比較比較して高校中退0.7%低下
Card (2001)	アメリカ	1985-1990	低技能アメリカ人 1 〜 3%下落
Borjas (2003)	アメリカ	1980-1990	-0.3 〜 -0.4%
Borjas (2006)	アメリカ	1960-2001	博士の供給が1%増加すると、博士の賃金を約0.3 〜 0.4%低下 賃金の低下は低いほど、地域・領域からの分散が原因
Ottaviano and Peri (2006)	アメリカ	1990-2004	+0.7% (短期)〜 +1.8 (長期)； 高卒未満：短期-2.2%、長期-1.1%、その他：0.7 〜 3.4%プラス
Borjas and Katz (2007)	アメリカ	1980-2000	高校中退 (短期) 8.2%、長期4.2%低下
Ottaviano and Peri (2008;2012)	アメリカ	1990-2006	典型的アメリカ人 (短期) 3.4%、長期0%の低下 高校中退 (短期) -0.7%、長期 0.6 〜 1.7%の上昇 平均賃金-0.4 (短期)〜 0.6% (長期)

（資料）Friedberg and Hunt (1995),Pekkala (2005), Bauer and Zimmermann (1999), 神野 (2013), パウエル (2016) 等より作成．
（注）労働力1%シェアの移民増加が賃金に与える弾力性．

ヨーロッパにおける移民の雇用効果は非常に小さいと指摘している。Hunt（1992）の研究によれば，EUの外国人労働者のシェアが1％増加すれば，ヨーロッパの失業率を0.2％ポイント増加させる。移民の否定的な影響はあるものの，その規模は小さい。Longhi, Nijkamp and Poot（2008）は，1982～2007年に公表された主な45（賃金・雇用・失業・労働参加率に関して）の研究を3分法（自国民に対して便益・害・影響なし）で分析している。その結果，第1に労働市場に関する移民の影響は，量的に非常に小さい。推計された係数も半分以上統計的に

表6-2 移民・外国人労働者流入と雇用・失業

研究	国名	期間	効果
【アメリカ】			
Grossman（1982）	アメリカ	1970	短期雇用弾力性 -0.08
Card（1990）	アメリカ	1980	効果は認められず
Altonji and Card（1991）	アメリカ	1980	失業率0.23％減少；就業率 -0.25％
LaLonde and Topel（1991）	アメリカ	19,701,980	効果は認められず
Card（2001）	アメリカ	1985-1990	低熟練サービス職業労働者1～3％減少
Borjas（2003）	アメリカ	1960-2001	特定の技能グループの労働供給10％の増加は，そのグループ就業週数を2～3％減少
【アメリカ以外の国】			
Hunt（1992）	フランス	1968	失業率 +0.2％
Winkelmann and Zimmermann（1993）	西ドイツ	1974-84	少しの減少：雇用効果
Mühleisen and Zimmermann（1994）	西ドイツ	1982-89	失業±0.0 賃金が伸縮的なため
Hatzius（1994）	ドイツ		0
Velling（1995）	ドイツ	1988-93	就業率+0.24％
Pischke and Velling（1997）	西ドイツ	1986-89	就業+2％ 失業±0
Winter-Ebmer and Zweimüller（1996）	オーストリア	1988-91	0
Winter-Ebmer and Zimmermann（1998）	オーストリア ドイツ	1985-1994 1987-1994	就業率 -0.13％ 僅かに負，就業効果 -0.036(t値：-1.53)
Winter-Ebmer and Zimmermann（1999）	オーストリア	1988-1991	失業リスク0.17％上昇（35歳以下の男性）
Friedberg（2001）	イスラエル	1994	就業率 -0.16％
Gross（2002）	フランス	1975-95	失業率 -0.16
Angrist and Kugler（2003）	欧州経済領域	1983-1999	就業 -0.07～-0.02％
Dustmann, Fabbri and Preston（2005）	イギリス	1983-2000	就業'-0.07（統計的に有意でない）
Brüker and Jahn（2011）	ドイツ	1975-2004	失業率 +0.1％

（資料）Pekkala（2005），神野（2013），パウエル（2016）等より作成。
（注）労働力あるいは人口に占める移民が1％増加した場合，受入国の雇用・失業の効果。

有意でない。第2に新しく到着した移民と初期の移民の間の代替の弾力性は比較的高い。第3に移民は賃金より労働参加率と雇用に対してより影響が大きい。第4に，国や地域へのインパクトは地方の労働市場へのインパクトより大きい。移民・外国人の受け入れに関する雇用・失業に関する実証分析の結果は**表6-2**にまとめられる。

第3節　わが国への移民・外国人流入と賃金・雇用への影響に関する実証分析[5]

わが国に関する実証分析としては，中村他（2009）があり，外国人労働者の受け入れが，未熟練労働者の賃金率を高める傾向を指摘している。細かくいえば，外国人労働者導入は男性賃金を引き上げる一方，女性については効果がないか，もしくは引き下げる効果を持つという。本節では，Borjas（2013）の理論的枠組みで使用されている生産関数の変数と，中村（2009）で使用している推計式を参考に推計する[6]。但し，使用する変数は集計されたセミミクロの都道府県パネルデータである。基本的には，「国勢調査」2000年，2005年，2010年の都道府県別データから外国人労働者比率[7]を求めて推計を行う。賃金率に関しては，中村他（2009）に従い「賃金構造基本統計調査」の都道府県データの5年ごと（2001年，2006年，2011年）を使用した。内生性を考慮して1年前の外国人労働者比率を説明変数として用いる。また，賃金率は総務省統計局「全国物価統計調査結果」の「消費者物価指数」（全国2010年＝100）を使用して実質化した。また，推計に当たっては不均一分散を考慮してWhite diagonal methodを使用し，固定効果で推計した。具体的には，次式で推計を行った。

実質賃金率(対数)＝F(県内総生産額(対数),　外国人労働者比率(対数),　資本ストック(対数),　2016年ダミー,　2011年ダミー,規模(千人以上)比率,勤続年数,勤続年数の二乗)　………………………(6-2)

使用された資料は以下のものである。生産額（Q），資本ストック（K）に関しては内閣府「県民経済計算」で2005年基準を使用する。賃金は男女計に関して厚生労働省「毎月勤労統計」を使用し，性別に関しては「賃金センサス」を使用した。外国人労働者比率は総務省統計局「国勢調査」，規模・勤続に関しては厚生労働省「賃金センサス」，物価に関して総務省統計局「全国物価統計調査結果」の「消費者物価指数」（全国2010年＝100）を使用した。

(1) 賃金関数の推計結果

はじめに，産業計・男女計（男女別）・一般労働者に関する外国人労働者が賃金に与える効果をみることにする（**表6-3** 参照）。規模・勤続年数を加えた推計結果の方が，修正済み決定係数が高い。それゆえ変数を追加した推計結果で考察する。産業計・男女計の推計結果をみると，賃金の弾力性が0.035とプラスで統計的に有意となっている。つまり，外国人労働者比率が10％増加すると，実質賃金が0.35％増加することを示唆している。男女別でみると，男性の係数は0.082で統計的に有意だが，女性に関しては，係数はプラスであるが統計的に有意でない。つまり，外国人労働者の流入は，男性労働者に補完的関係を示す一方で，女性労働にはそうした効果が認められないことを示唆している。先行研究の中村他（2009）の推計結果では，大卒の女性の賃金率に対する外国人労働者比率の増加の影響は負で有意となっている。

(2) 労働需要関数の推計結果

次に，労働需要に関する推計結果を考察する。外国人労働者比率の増加が日本人労働者を減少させるか検討する。賃金と同様，2000年，2005年，2010年の都道府県パネルデータを使用して固定効果で以下の関数を推計した。不均一分散を考慮して，White diagonal method で推計を行っている。但し，賃金の推計と異なり内生性を考慮せず，同時決定モデルで推計している。

日本人就業者数(対数)＝F（県内総生産額(対数)，外国人比率(対数)，資本ストック(対数)，実質賃金，2005年ダミー，2010年ダミー）‥‥‥‥(6-3)

第6-3 賃金関数の推計結果（産業計）2000年～2010年

従属変数	男女計		男性		女性	
	White diagonal method 実質賃金 (産業計・男女計・規模計・学歴計・一般労働者) 固定効果	White diagonal method 実質賃金 (産業計・男女計・規模計・学歴計・一般労働者)	固定効果 実質賃金 (産業計・男性・規模計・学歴計・一般労働者)	White diagonal method 実質賃金 (産業計・男性・規模計・学歴計・一般労働者)	固定効果 実質賃金 (産業計・女性・規模計・学歴計・一般労働者)	White diagonal method 実質賃金 (産業計・女性・規模計・学歴計・一般労働者)
定数	2.056 (16.34)	1.400 (2.34)	2.167 (15.50)	0.200 (0.37)	1.878 (12.20)	1.811 (3.29)
県内総生産額（対数）	0.074 (8.32)	0.042 (3.30)	0.067 (7.19)	0.030 (2.03)	0.074 (6.99)	0.041 (2.29)
外国人比率（対数）	**0.041 (2.28)**	**0.035 (1.95)**	**0.067 (3.97)**	**0.082 (5.99)**	**0.021 (0.90)**	**0.019 (0.84)**
資本ストック（対数）	-0.014 (-1.86)	-0.002 (-0.32)	-0.007 (-1.04)	0.001 (0.20)	-0.019 (-2.13)	-0.012 (-1.49)
2006年ダミー	-0.032 (-0.50)	-0.036 (-0.58)	-0.042 (-0.90)	-0.110 (-3.68)	-0.040 (-1.37)	-0.016 (-0.53)
2011年ダミー	0.030 (0.45)	-0.005 (-0.065)	0.071 (1.15)	-0.119 (-1.89)	-0.040 (-1.37)	0.09481.29)
規模（1000人以上）比率		0.006 (3.74)		0.006 (2.77)		0.005 (2.33)
勤続年数		0.168 (1.71)		0.350 (4.12)		0.10881.05)
勤続年数^2		-0.007 (-1.70)		-0.012 (-3.71)		-0.006 (-1.17)
R2	0.82	0.83	0.80	0.84	0.69	0.71
サンプル数	141	141	141	141	141	141

（資料）データの出所は，本文参照。

表6-4 日本人の労働需要・産業計

従属変数	男女計		男性		女性	
	固定効果 White diagonal method 日本人就業者 (産業計・規模計・学歴計・一般労働者)	White diagonal method 日本人就業者 (産業計・規模計・学歴計・一般労働者)	固定効果 日本人就業者 (産業計・規模計・学歴計・一般労働者)	White diagonal method 日本人就業者 (産業計・規模計・学歴計・一般労働者)	固定効果 日本人就業者 (産業計・規模計・学歴計・一般労働者)	White diagonal method 日本人就業者 (産業計・規模計・学歴計・一般労働者)
定数	0.827 (1.35)	0.981 (1.33)	0.826 (1.06)	0.797 (1.00)	0.324 (0.52)	0.304 (0.48)
県内総生産額（対数）	0.864 (17.67)	0.871 (16.92)	0.879 (16.66)	0.805 (16.34)	0.838 (18.16)	0.837 (17.86)
外国人比率（対数）	**-0.095 (-2.29)**	**-0.092 (-2.10)**	**-0.020 (-0.65)**	**-0.024 (-0.71)**	**-0.1248 (-3.04)**	**-0.124 (-2.99)**
資本ストック（対数）	0.032 (0.84)	0.033 (0.85)	0.039 (0.94)	0.039 (0.94)	0.024 (0.70)	0.023 (0.65)
実質賃金	-0.383 (-1.63)	-0.455 (-1.50)	-0.660 (-2.21)	-0.650 (-2.12)	-0.347 (-1.42)	-0.345 (-1.40)
2005年ダミー		-0.120 (-1.31)		-0.023 (-0.49)		0.071 (2.23)
2010年ダミー		-0.070 (-0.69)		-0.079 (-0.63)		0.099 (0.91)
R2	0.96	0.96	0.96	0.96	0.97	0.97
サンプル数	141	141	141	141	141	141

（資料）データの出所は，本文参照。

推計に使用されるデータは推計式 (6-2) で用いたものと同様である。はじめに，産業計・男女計の推計結果から考察すると，外国人労働者比率の増加は日本人就業者に対してマイナスの影響を及ぼしている。弾性値は -0.092 〜 -0.095 で，統計的に有意となっている。すなわち，外国人労働者比率が 10% 増加すると，約 1% の日本人就業者が削減される結果となっている。その意味では，人口減少時代で生産年齢人口が減少することによる労働力不足の問題を緩和する効果が期待される。性別では，男性に関する符号はマイナスで統計的に有意ではない。女性は，マイナスで統計的に有意となっている。弾性値は -0.124 である。含意されることは，外国人労働者流入で影響を受けるのは男性でなく，女性の就業者を減少させることである。外国人労働者と日本の女性労働者の間に代替関係が見いだせる。10% の外国人労働者流入の増加で，日本の女性就業者が約 1.2% 減少する（**表6-4** 参照）[8]。

第 4 節　移民・外国人労働者と労働市場統合

本節では，簡単に移民・外国人の労働市場への統合に関する資料を整理しておきたい。

Bratsberg, Hægeland and Raaum (2013) によれば，外国生まれの人々の労働市場のパフォーマンスは受入国により異なる。移民人口の違いや，どの程度労働市場や制度が移民の雇用を促進させているかにもよる。北アメリカとヨーロッパでは，熟練，能力，動機，文化的背景が異なる。受入国の労働市場制度や福祉政策は移民に対して異なる機会を提供する。北アメリカの伸縮的な労働市場は，未熟練移民の雇用保護に関して，低い賃金の仕事を受け入れる用意がある。一方，厳格な雇用保護と中央集中的賃金決定のヨーロッパでは，移民雇用の暗黙のバリアーがある。抑圧的な賃金構造のもとでは，未熟練労働者の賃金は相対的に高い（小さいサービス部門・低い熟練の仕事）。そのため，未熟練の移民は仕事を見出せないかもしれない。また福祉政策によって，働くインセンティ

ブを弱められ，上述のメカニズムを強化しているかもしれない[9]。

　ノルウェーでは，低いリテラシーは大きな雇用のペナルティとなる。北アメリカでは，雇用においてリテラシースキルのペナルティは小さい。ノルウェーの労働市場は，厳格な雇用保護と中央交渉によるより有効な最低賃金に特徴付けられる。この様な制度は，未熟練移民が雇用を得る事を難しくしている。その反面ノルウェーでは，移民のリテラシーに対して高いリターンがある。正式な学校教育の年数ではなく，リテラシースキルがノルウェーの労働市場で成功するために重要であると指摘されている（Bratsberg, Hægeland and Raaum 2013）。

　日本の場合，労働政策研究・研修機構（2011, 2012）は，企業の外国人労働者の採用要件として，「日本語」，「意欲，積極性」，「一般常識，ビジネスマナー」，「人柄」が重要であるとしている。企業では外国人労働者に対して高い日本語能力を求めており，日本語能力が低い外国人労働者の就業機会はかなり限定される。「日本語を話すこと・理解すること」とは，「日本語による仕事の指示を理解できる」水準であり，雇用実績のある事業所の半数近くが採用条件として挙げている。「日本語を読むこと」に関しては，「日本語の指示書を読むことができる」（4割），「日本語を書くこと」に関しては，「日本語で業務日報や介護記録を書くことができる」（3割）が条件に挙げられている。雇用形態・仕事内容により多少異なるが，日本国内で働く以上，一定以上の日本語能力が求められる。企業は，会話であれば日常会話を超えるレベルを求めている。それゆえ，就職支援としては日本語能力の向上に関する研修が重要と言える。

　是川（2015）は，経済的同化理論を援用し，上層ホワイトカラー就業と労働参加の確率を同時に推定するHeckprobit推計法を用いた分析により以下の結論を得ている。中国人男性の間では，日本人男性と比較して経済的達成の遅れがあまり見られず，一方，ブラジル人男性の間では，ほぼ全ての面で経済的達成が遅れている。また，中国人男性の間で見られる高い経済的達成は，高学歴者の間でのみ見られ，低学歴者との間で二極化する傾向がある。ブラジル人男性の経済的達成の程度は総じて低いものの，学歴が低い場合や日本人と結婚して

いる場合のみ，相対的にその低さが緩和される。今後，外国人労働者が増加した場合，日本の労働市場は二極化する可能性があるとしている。

ヴィグドー（2016）の指摘によれば，経済学者は多彩なデータを使用して，移民の英語の習得状況，異なる人種間の結婚，あるいは帰化パターンなどの研究を行っている。しかし，移民の長期データがほとんど存在しないため一般的な結論を導き出すことは難しい。しかし，次のことで一致していると言う。アメリカの第1世代の移民は文化的にも市民的にも主流派への同化をある程度実現し，彼らの子供が大人になった時には生粋のアメリカ人とほとんど見分けがつかない。Chiswick（1978）によれば，入国後15年を超えたところから，移民の賃金は受入国の労働者の賃金を上回る水準になると言う。また，Chiswick and Miller（1996, 2001）は，年齢が若ければ若いほど，所属する言語グループや頼りにする家族のネットワークが小さければ小さいほど，また母国によるニュースの入手が困難であればあるほど，移民の英語の習得は速くなる。第1世代の文化的同化を正しく評価する最も有力な決め手は，英語力である（ヴィグドー 2016）。統合政策において，その国の言語を習得することの重要性を示唆している。

おわりに

本章では，わが国の外国人労働者の状況を考察した。2017年現在，わが国で働く外国人労働者は130万人を超える規模となっている。この規模は石川県や秋田県といった県の人口規模を超える規模であり，決して無視できる規模ではない。産業別では，製造業，卸売・小売業，宿泊・飲食サービスといった産業で外国人就業者の割合が高い。在留資格では，医療，経営・管理，技術・人文知識・国際業務（IT技術者，外国語教師）等が近年増加している。国別では，中国，ベトナム，フィリピン人が多い。

こうした外国人労働者の流入がわが国労働市場にどのような影響を与えてき

たかを検討した。すなわち 2000 年・2005 年・2010 年の都道府県別データを用い，外国人労働者比率などを説明変数として，実質賃金，日本人就業者数を被説明変数とするパネルデータ分析により賃金・雇用への影響を分析した。分析結果は，賃金に関して，産業全体では外国人労働者 10％の増加は，日本人労働者と外国人労働者を合わせた全労働者の賃金を 0.35％増加させることを示した。性別では，女性に関してはあまり影響を与えないものの，男性に関しては外国人労働者 10％の増加は 0.82％の賃金増加をもたらすことが示唆された。わずかに賃金にプラスの影響を与えるという本分析の結果は，多くの海外の先行研究と同様である。一方，雇用に関しては，産業全体では，外国人労働者の流入は，マイナスに影響を与える。外国人労働者 10％の増加は，約 1％の日本人の就業者の削減を生み出している。性別では，男性より女性に負の影響を与えている。但し，その程度は大きくなはく，外国人労働者 10％の増加で就業者の 1.2％程度の削減にとどまる。最後に，流入した外国人労働者のわが国の労働市場への統合のあり方を考察した。そこでの最も重要な要素として，日本語の習得が非常に重要な役割を果たすことが示唆された。

注

(1) 都道府県別の外国人シェアに関する記述のデータは，厚生労働者 (2018)「外国人雇用状況の届出状況」の 2017 年値である。
(2) Card (2001) の研究は，移民流入地域から自国民の流出はそれほど大きくないとしている。
(3) Borjas に関する一連の研究結果は負の賃金弾力性や完全代替の研究結果に対して，Card の一連の研究は反対の結論を導きだしていて，現在も論争が続いている (Card and Peri 2016)。Borjas の最近の研究をまとめたものとしては Borjas (2014) の研究成果がある。
(4) Friedberg and Hunt (1995) は内生性の問題を指摘している。移民は賃金の高い地域に移動する。人口密度と高い賃金地域間で 0.37 の相関があるとしている。
(5) この節の推計結果と記述は小﨑 (2018) から引用している。

(6) 終戦前から日本に住む韓国・朝鮮籍の人々及びその子孫も外国人に含まれるが，諸統計で他の外国人と区別されないので，ここでは除外していない。在日韓国・朝鮮人は，外国人労働者のうち，少なからぬウェイトを占めている。大阪をはじめとして歴史的にコリアンの多い地域があり，分析結果の解釈にあたっては，（純粋に経済学的な原理とは別の）社会性や歴史性の影響を考慮に入れる必要があるが，ここでは考慮されていないので注意されたい。

(7) 外国人労働者比率＝（外国人労働者数／（外国人労働者数＋日本人労働者数））× 100 で求めている。

(8) 製造業に関する賃金関数と労働需要の推計結果は小﨑（2018）を参照。

(9) 社会保障と移民の理論的考察は小﨑（2015）を参照。

参考文献

小﨑敏男（2008）「人口減少と外国人労働政策」『東海大学紀要政治経済学部』第 40 号，99-130 頁。

小﨑敏男（2015）「移民受け入れの経済学的検討」『東海大学紀要政治経済学部』第 47 号，87-109 頁。

小﨑敏男（2018）「労働力不足と外国人労働」『労働力不足の経済学』日本評論社，105-131 頁。

是川夕（2015）「外国人労働者の流入による日本の労働市場の変容」『人口問題研究』71(2)，122-140 頁．

ジェイコブ・ヴィグドー（2016）「アメリカ移民の市民的・文化的同化政策」ベンジャミン・パウエル編『移民の経済学』東洋経済新報社，89-121 頁。

神野真敏（2013）「理論と実証（4）移民」山重慎二・加藤久和・小黒一正編『人口動態と政策』日本評論社，151-176 頁。

中村二朗・内藤久裕・神林龍・川口大司・町北朋洋（2009）『日本の外国人労働力』日本経済新聞社。

ベンジャミン・パウエル編（2016）『移民の経済学』東洋経済新報社。

リーソン＝ゴチェノアー（2016）「国際労働移動の経済効果」ベンジャミン・パウエル編『移民の経済学』東洋経済新報社，13-45 頁．

労働政策研究・研修機構（2011）『世界同時不況後の産業と人材の活用に関する調査』

JILPT 調査シリーズ No.83.
労働政策研究・研修機構（2012）『外国人労働者の失業の現状』JILPT 資料シリーズ No.112.

Altonji, J. and D. Card(1991) "The Effects of Immigration on the Labor Market Outcomes of Less-Skilled Native," J. Abowd and R. Freeman (eds.), *Immigration, Trade and the Labor Market*, University of Chicago Press.

Angrist, J. and A. Kugler（2003）"Protective or Counter-Productive? Labour Market Institutions and the Effect of Immigration on EU Natives," *Economic Journal*, 113, F302-F331.

Aydemir, A and G. J., Borjas（2006）"A Comparative Analysis of the Labor Market Impact of International Migration Canada, Mexico, and the United States," *NBER Working Paper* 12327.

Bauer, T.（1997）"Lohneffecte der Zuwanderung: Eine Empirische Untersuchung für Deutschland," *Mitteilungen aus der Arbeitsmarkt-und Berufsforschung*, 30(3), pp.652-656.

Bauer, T.（1998）*Arbeitsmarkteffekte der Migration und Einwanderungspolitik: Eine analyse für die Bundesrepublik Deutscland*, Springer.

Bauer, T. and K., F. Zimmerman（1999）"Assessment of Possible Migration Pressure and its Labour Market Impact Following EU Enlargement to Central and Eastern Europe," *IZA Research Report, No.3*.

Boeri, T and J. van Ours（2008, 2013）*The Economics of Imperfect Labor Markets*, Princeton University Press.

Borjas, G. J.（2003）"The Labor Demand Curve is Downward Sloping: Reexaming the Impact of Immigration on the Labor Market," *Quarterly Journal of Economics*, 118(4), pp.1335-1374.

Borjas, G. J.（2005）"Native Internal Migration and the Labor Market Impact of Immigration," *NBER Working Paper* 11610.

Borjas, G. J.（2006）"Immigration in High-Skill Labor Markets: The Impact of Foreign Student on the Earnings of Doctorates," *NBER Working Paper* 12085.

Borjas, G. J.（2013）*Labor Economics (Sixth Edition)*, McGraw-Hill.

Borjas, G. J. (2014) *Immigration Economics*, Harvard University Press.

Borjas, G. J., R. Freeman and L. Katz (1992) "On the Labor Market Impacts of Immigration and Trade," Borjas, G., R. Freeman and L. Katz (eds.), *Immigration and the Workforce: Economic Consequences for the United States and Source Areas*, Chicago: University of Chicago Press, pp.213-244.

Borjas, G. J. and L. Katz (2007) "The Evolution of the Mexican-Born Workforce in the United States," George J. Borjas (ed.), *Mexican Immigration to the United States*, Chicago: University of Chicago Press, pp.13-55..

Borjas, G. J., J. Grogger and G., H. Hanson (2008) "Imperfect Substitution Between Immigration and Natives: A Reappraisal," *NBER Working Paper*, 13887.

Borjas, G. J. and V., A. Ramey (1995) "Foreign Competition, Market Power, and Wage Inequality: Theory and Evidence," *Quarterly Journal of Economics*, 110, pp.1075-1110.

Bratsberg, B., T., Hægeland and O., Raaum (2013) "Immigrant Skill and Employment," *Statistics Norway Research Department Discussion Paper*, No.730.

Brücker H. and E. Jahn (2011) "Migration and Wage-Setting: Reassessing the Labor Market Effects of Migration," *Scandinavian Journal of Economics*, 113(2), pp.286-317.

Card, D. (1990) "The Impact of the Mariel Boatlift on the Miami Labor Market," *Industrial and Labor Relation Review*, 43(2), pp.245-257.

Card, D. (2001) "Immigration Inflows, Native Outflow, and the Local Labor Market Impacts of Higher Immigration," *Journal of Labor Economics*, 19(1), pp.22-64.

Card, D. and G. Peri (2016) "Immigration Economics: A Review," (http://davidcard.berkeley.edu/papers/card-peri-jel-april-6-2016.pdf#search=%27Card%2CD.+and+G.%282016%29%E2%80%9DImmigration+Economics%3AA+Review%27).

Chiswick, B. (1978) "The effect of Americanization on the Earnings of Foreign-Born Men," *Journal of Plitical Economy*, 86(5), pp.897-921.

Chiswick, B. and P. Miller (1996) "Ethnic Networks and Language Proficiency among Immigrants," *Journal of Population Economics*, 9, pp.19-35.

Chiswick, B. and P. Miller (2001) "A Model of Destination-Language Acquisition: Application to Male Immigrants in Canada," *Demography*, 38, pp.391-409.

DeNew, J. and K. Zimmermann (1994a) "Blue Collar Labor Vulnerability: Wage Impacts of Migration," G. Steinmann and R.Urich (eds.), *Economic Consequences of Immigration to Germany*, Heidelberg: Physica-Verlag.

DeNew, J. and K. Zimmermann (1994b) "Native Wage Impacts of Foreign Labor: A Random Effect Panel Analysis," *Journal of Population Economics*, 7(2), pp.177-192.

Dolado,J., R. Duce and J. Jimeno (1996) "The Effects of Migration on the Relative Demand of Skilled versus Unskilled Labour: Evidence from Spain," *CEPR Discussion Paper*, 1476.

Dustman,C., F. Fabbri and I. Preston (2005) "The Impact of Immigration on the British Labour Market," *Economic Journal*, 115, F324-F341.

Filer, R. K. (1992) "The Effect of Immigrant Arrivals on Migratory Patterns of Native Workers," Borjas, G. J. and R. B. Freeman (eds.), *Immigration and the Workforce: Economic Consequences for the United States and Source Areas*, University of Chicago Press.

Friedberg, R. (2001) "The Impact of Mass Migration on the Israeli Labor Market," *Quarterly Journal of Economics*, 116(4), pp.1373-1408.

Friedberg, R and J. Hunt (1995) "The Impact of Immigrants on Host Country Wages, Employment and Growth,"*Journal of Economic Perspectives*, 9(2), pp.23-44.

Frey, W. H. (1995) "Immigration and Internal Migration 'Flight' : A California Case Study," *Journal of Interdisciplinary Studies*, 16(4), pp.353-375.

LaLonde, R. and R.Topel (1991) "Immigrants in the American Labor Market: Quality, Assimilation, and Distributional Effects," *American Economic Review*, 81(2), pp.297-302.

Longhi. S, P. Nijkamp, J. Poot (2008) "Meta-Analysis of Empirical Evidence on the Labour Market Impacts of Immigration," *Région et Développement*, No.27, pp.161-191.

Gang,I. and F. Rivera-Batiz (1994) "Labor Market Effects of Immigration in the United States and Europe: Substitution vs. Complementarity," *Journal of Population Economics*, 7(2), pp.157-175.

Goldin, C. (1994) "The Political Economy of Immigration Restriction in the United States,1890-1921," C. Goldin and G. Libeca(eds.), *The Regulated Economy: A*

Historical Approach to Political Economy, University of Chicago Press.

Grossman, J.B（1982）"The Substitutability of Native and Immigrants in Production," *Review of Economic Statistics*, 64(4), pp.596-603.

Gross, D.（2002）"Three Million Foreigners, Three Million Unemployed? Immigration Flows and the Labor Market in France," *Applied Economics*, 34, pp.1969-1983.

Hatzius, J.（1994）"The Unemployment and Earnings Effect of German Immigration," *Oxford Applied Economic Discussion Paper Series*, 165.

Hunt, J.（1992）"The Impact of the 1962 Repatriates from Algeria on the French Labor Market," *Industrial and Labor Relation Review*, Vol.45, No.3, pp.556-318.

Ottavino,G., I. P. and G. Peri（2006）"Rethinking the Effects of Immigration on Wages," *NBER Working papcr*, No.12497.

Ottavino,G., I. P. and G. Peri（2008）"Immigration and National Wages: Clarifying the Theory and the Empirics," *NBER Working Paper*, No.14188.

Ottavino,G., I. P. and G. Peri（2012）"Rethinking the Effects of Immigration on Wages," *Journal of the European Economic Association*, 10(1), pp.27-54.

Pekkals, S（2005）"Economic Impacts of Immigration: A Survey," *Vatt Discussion Papers*, 362.

Pischke, J. and J. Velling（1994）"Wage and Employment Effects of Immigration to Germany: An Analysis Based on Local Labor Markets," *CEPR Discussion Papers*, No.94-03.

Pischke, J. and J. Velling（1997）"Employment Effects of Immigration to Germany: An Analysis Based on Local Labor Markets," *Review of Economics and Statistics*, 79(4), pp.594-604.

Pope, D. and G. Withers（1993）"Do Migrants Rob Job? Lesson from Australian History, 1861-1991,"*Journal of Economic History*, 53(4), pp.719-742.

Velling, J.（1995）*Immigration und Arbeitsmarkt: Eine Empirische Analyse für die Bundesrepublik Deutschland*. Baden-Baden:Nomos.

Winkelmann, R. and K. F. Zimmermann(1993) "Ageing, Migration and Labour Mobility," P. Johson and K. F. Zimmermann(eds.), *Labour Markets in an Ageing Europe*, Cambrige: Cambridge University Press, pp.255-283.

Winter-Ebmer, R. and K. Zweimüller（1996）"Immigration and the Earnings of Young

Native Workers," *Oxford Economic Papers*, 48(3), pp.473-491.

Winter-Ebmer, R. and K. Zimmermann (1998) "East-West Trade and Migration: The Austro-German Case," *IZA Discussion Paper*, 2.

Winter-Ebmer, R. and K. Zimmermann (1999) "Do Immigrants Displace Young Native Workers: The Austrian Experience," *Journal of Population Economics*, 12, pp.327-340.

Wood, M. (2016) *The Effect of Immigrant Labour on Wages and Price Level in the Construction Industry in Finland*, Department of Economics, Hanken School of Economics. (https://helda.helsinki.fi/dhanken/bitstream/handle/10138/166499/wood.pdf?sequence=3&isAllowed=y, 2017 年 2 月 6 日確認).

Zorlu, A. and J. Hartog (2005) "The Effect of Immigration on Wages in Three European Countries," *Journal of Population Economics*, 18(1), pp.113-151.

(小﨑敏男)

第7章　外国人技能実習制度の活用状況と今後の展開

はじめに

　厚生労働省の「外国人雇用状況報告（2017年10月末現在）」によると，約26万人の技能実習生がアジア諸国から来日し，日本の製造業等の生産現場で業務に従事している。技能実習生は，日本の外国人労働者約128万人の約2割を占め，永住権を持つ者を除くと，最も多いカテゴリーの外国人労働者となっている。日本の外国人労働者政策の中で，技能実習生の存在感が大きくなる中，政府は「外国人材」の活用を拡大する方針を打ち出し，その看板政策として，技能実習制度の抜本的見直しを掲げた。そして，2016年11月28日に「外国人の技能実習の適正な実施及び技能実習生の保護に関する法律」（以下，技能実習法）を公布し，2017年11月1日から，技能実習法に基づく，新しい技能実習制度がスタートした。

　そこで，本章では，第1節で，技能実習制度の発展のプロセスとその特徴を確認する。第2節では，技能実習制度の活用状況について，特に若年労働者の労働力需給の観点から分析する。そして，第3節では，技能実習法の施行により新たな展開を迎えることとなった制度の今後の課題を整理することとする。

第1節　技能実習制度の創設と制度発展のプロセス

(1) 制度の基本的枠組みとその特徴

　技能実習制度は，1980年代後半の官民双方におけるアジアでの人材育成ニー

ズの高まりと日本の労働力不足への対応を背景に創設された。具体的には，1989年の出入国管理及び難民認定法（以下，入管法）の一部改正によって新設された在留資格「研修」とその関連の法務省令・法務省告示によって制度化された団体監理型による外国人研修制度を拡充する形で，1993年にスタートした。その後，2009年の入管法改正時の制度改正を経て，現在に至っている[1]。

その内容と特徴は，以下の様に集約することができる。

第1に，技能等の移転を通じた開発途上地域の人材育成を目的としていることである。出稼ぎ目的の単純労働者の流入を防ぐため，技能実習生には，来日前に，原則として，日本で受けようとする業務に従事した経験を有すること，入国後は，技能実習生を受け入れる企業等に配置されている技能実習指導員の指導の下で，技能実習計画に基づき技能等を修得することが義務付けられている。特に2年目以降も技能実習生として在留する場合には，国の技能検定制度又はこれに準ずる技能評価制度による実技試験・筆記試験の受検を通じて，一定の技能水準に到達することが必要となる。そして，日本での技能実習修了後は，確実に帰国し，当該地域の発展に寄与することを制度の基本としている[2]。

第2に，民間ベースによる受け入れの仕組みとなっていることである。技能実習生の受け入れは，以下の2つのタイプがある。

① 企業単独型

　日本本社等が，海外の子会社等の従業員を受け入れる場合。

② 団体監理型

　海外の送出機関と監理団体（商工会議所，商工会，中小企業団体，農業協同組合，漁業協同組合，公益法人等）が契約を結び，技能実習生を受け入れ，当該監理団体の傘下企業等（主に中小企業・農家）で技能実習を行う場合。

第3に，受け入れ人数制限を伴うローテーション方式が導入されていることである。技能実習生の滞在期間は，最長3年間（技能実習法施行後は最長5年間に延長）に限定されており，再度の技能実習は原則として認められていない。ローテーション方式が導入されているため，技能実習終了後，技能実習生は，確実に帰国しなければならない。これを担保するために，技能実習生は送出国

政府等の推薦を受けた者に限定され，家族帯同は認められない。そして，日本の監理団体又は企業等には，技能実習生の帰国旅費を全額負担することが義務付けられている。さらに，無制限に受け入れ数が増加することを防止し，適正な技能実習の実施を確保するために，受け入れ企業等の常勤職員数に応じた技能実習生の受け入れ人数枠が設けられている。

第4に，技能実習生の保護である。技能実習生は，雇用契約に基づく労働者として，労働関係法令の法的保護の下で，技能実習の活動を行うこととなる。そのため，技能実習生には労働基準法や最低賃金法が適用される。同時に，雇用保険制度による失業給付，労災保険による被災労働者や遺族補償の対象となるほか，健康保険や厚生年金などの社会保険への加入も義務付けられている[3]。国際研修協力機構が2015年度に6,020社を対象に調査した結果によれば，社会保険，労働保険への加入率は，健康保険90.7％，厚生年金91.0％，雇用保険99.0％，労災保険99.1％であった。2001年度の同じ調査と比較すると，厚生年金は18.5％ポイント，雇用保険は25.3％ポイント加入率が上昇している[4]。

その他，労働関係法令以外にも，監理団体・企業等には，受け入れ側のコスト負担により，技能実習生に対する日本語教育，法的保護講習（労働法・入管法等の教育），住居確保，生活指導など，技能実習生の地域社会での生活適用を支援し，技能実習生を保護する義務が生じる。外国人労働者の受け入れに当たって，社会的コストの増大が懸念されるが，技能実習生の場合，受け入れに係る社会的コストは，技能実習制度が民間ベースによる国際貢献を目的としたものであるため，受け入れ企業の負担によって内部化されている点も特徴の一つである。

(2) 制度発展のプロセス

技能実習制度は，制度変更と景気変動の影響を受け，受け入れ数の増減を繰り返しながら，日本独自の制度として発展し，日本社会に定着してきた[5]。

そこで，団体監理型が創設された1990年から2015年までの制度発展のプロセスについて，制度の内容と受け入れ数の2つの変化を加味して，この期間を

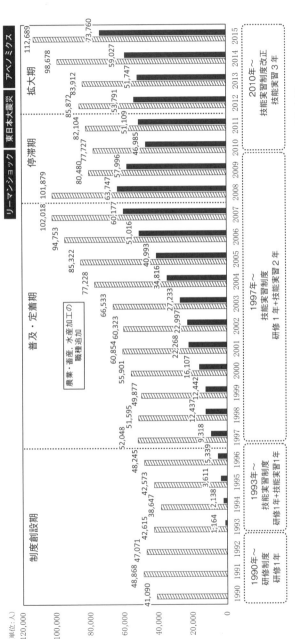

図 7-1 研修生・技能実習生数の推移

4つの時期に分類すると，以下のとおり整理することができる（**図7-1** 参照）。
① **制度創設期**（1990年～1996年）
　・団体監理型の研修生受け入れの制度化（1990年）
　　　在留資格「研修」（最長1年）
　・国際研修協力機構の設立による受け入れ支援体制の整備（1991年）
　・技能実習制度の創設（1993年）
　　　在留資格「研修」（1年）＋「特定活動（技能実習）」（1年）（最長2年）
② **普及・定着期**（1997年～2007年）
　・技能実習期間の延長（1997年）
　　　在留資格「研修」（1年）＋「特定活動（技能実習）」（2年）（最長3年）
　・技能実習移行対象職種に農業・畜産，水産加工が追加（2000年）
③ **停滞期**（2008年～2011年）
　・世界金融危機（リーマンショック）による受け入れ減少（2008年）
　・制度適正化・技能実習生保護を目的とした改正入管法施行（2010年）
　　　在留資格「技能実習1号」＋「技能実習2号」（最長3年）
　・東日本大震災（特に東北地方における大量帰国と受け入れ減少）（2011年）
④ **拡大期**（2012年～現在）
　・アベノミクスによる景気拡大に伴う受け入れ増加（2012年～現在）

(3) 受け入れの状況

　ここで，技能実習制度が創設された1993年から2015年までの国籍別，受け入れ分野別，受け入れタイプ別の技能実習生の推移を見ることにより，受け入れの状況とその特徴を整理してみよう。
　第1に，技能実習生の国籍別の状況についてである。技能実習生は，中国人の割合が高いが，その全体に占める割合は，2005年度の83％から2015年度には41％に低下している。その一方で，アセアン諸国からの受け入れが増加する傾向が顕著になっており，2015年度にはベトナムの割合が34％に達している（**図7-2** 参照）。

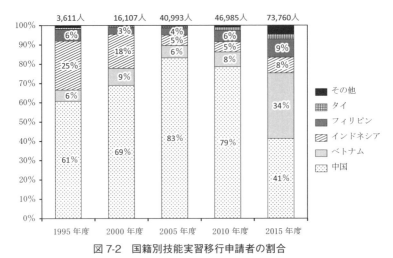

図 7-2 国籍別技能実習移行申請者の割合

(資料) 国際研修協力機構編『外国人技能実習・研修事業実施状況報告 (JITCO白書)』各年版より作成．
(注) 2010 年 7 月の改正入管法施行後は，技能実習 2 号移行申請者である．

　技能実習生の国籍が中国からアセアン諸国にシフトしている背景には，中国の経済発展に伴う所得水準・生活水準の向上といった経済的要因があげられるが，政策的要因も無視できない。つまり，1992 年から 2016 年までに，国際研修協力機構が，中国・アセアン諸国を含む 15 の送出国の政府機関等と討議議事録 (RD: Record of Discussions) に署名し，技能実習制度の諸外国への普及を図り，送り出し体制の整備・支援を行ってきたのである。送出国政府は，国際研修協力機構との RD 署名に伴い，送出機関を認定することとなった。その数は，2000 年の 203 機関から 2016 年には 1,098 機関に増加した。その結果，日本の監理団体は，中国のみならず，多くのアジア諸国の送出機関の中から技能実習生を受け入れることが可能となったのである。

　第 2 に，受け入れ分野別の状況である。「機械・金属関係」「建設関係」「繊維・衣服関係」が 2015 年度における受け入れ数が多い分野トップ 3 となっている。これを時系列でみると，繊維・衣服関係の数は 2005 年の 14,289 人をピークに減少傾向を示している。建設については，2010 年度から 2015 年度にかけて 3.6 倍増加するなど，近年，著しい増加傾向を示している。また，農業につ

表 7-1　分野別技能実習移行申請者数

(単位：人)

	1993年度	1995年度	2000年度	2005年度	2010年度	2015年度
農業	0	0	247	2,758	6,092	8,856
漁業	0	110	309	280	387	913
建設	379	956	1,667	2,659	3,543	12,767
食品加工	18	85	1,300	4,844	7,208	9,773
繊維・衣服	384	1,497	7,703	14,289	11,181	10,061
機械・金属	207	499	3,500	8,903	8,992	14,632
その他	176	464	1,381	7,260	9,582	16,758
合計	1,164	3,611	16,107	40,993	46,985	73,760

(資料)　国際研修協力機構編『外国人技能実習・研修事業実施状況報告（JITCO白書)』各年版より作成．
(注)　2010年7月の改正入管法施行後は，技能実習2号移行申請者である．

いては，2000年の技能実習移行対象職種追加以降，増加し続け，2015年度には8,856人に達している（**表7-1**参照)。

　技能実習生の職種について，地域（都道府県）との関係でみると，例えば，北海道・岩手県・宮城県・千葉県・鹿児島県は，水産加工業を中心とした食品加工関係，茨城県・熊本県は農業，岐阜県・岡山県は縫製業を含む繊維・衣服関係，静岡県・愛知県・三重県・広島県は自動車関連，電機・電子機器関連を含む機械・金属関係など，地域で興隆している地場産業で技能実習生が受け入れられている。

　第3に，受け入れタイプ別の状況である。法務省入国管理局によると，企業単独型の新規入国者数（在留資格「技能実習1号イ」)が，2012年の5,876人から2015年には6,680人に増加している。企業活動のグローバル化に伴い，海外子会社や取引先企業の従業員の人材育成の手段として，日本企業が技能実習制度の活用を拡大させている（万城目　2014)。

　他方，団体監理型（在留資格「技能実習1号ロ」)の受け入れは，2012年の62,039人から2015年には99,453人に約1.6倍に増加している。団体監理型は，企業単独型よりも受け入れ数が多く，増加率も高い。団体監理型の場合，海外との資本又は取引関係のない日本企業でも監理団体の監理・責任の下であれば，技能実習生の受け入れが可能となっているため，中小企業・農家の受け入れが

多くを占めている。つまり，団体監理型を通じた中小企業による受け入れ拡大が，制度全体の発展をけん引してきた点も技能実習制度の特徴の一つである。

第 2 節　技能実習制度の活用状況

(1) 技能実習生受け入れと労働市場

　技能実習制度は，開発途上地域の人材育成を通じた国際協力を目的としているが，民間ベースで受け入れられているため，経済情勢の変化に受け入れ数が左右される。技能実習生受け入れを決定する要因については，以下のような先行研究がある。

　上林（2015）は，1982 年から 2007 年の研修生・技能実習生の入国者数の対前年比増減率と日本銀行全国企業短期経済観測調査の業績判断指数の動きをグラフ化し，両者の動きが同じ方向にあることを明らかにしている（上林 2015）。また，井口（2011）は，高校の新卒労働市場に着目し，①研修生受け入れ数の対高校新卒就職者比率が 2009 年に 25％を超えていることを指摘し，②都道府県別では，茨城県・岐阜県・広島県で，県内で就職する高校の新卒者数に迫るほどの規模の研修生が受け入れられていることを明らかにしている（井口 2011）。そして，志甫（2012）は，研修生・技能実習生受け入れの決定要因を，都道府県データにより，地域の経済・人口・雇用情勢・産業構造を考慮して検証し，①景気低迷期（1998〜2001 年）には，高校新卒就職者の少なさが地域の研修生・技能実習生受け入れに繋がる傾向がある，②景気回復局面（2002〜2008 年）では，高校新卒者の地域労働市場への流入が相対的に大きなところで，技能実習生の活用が進んだことを明らかにしている（志甫 2012）。

　そこで本節では，上記の先行研究に依拠しつつ，研究が行われた時期の関係から，分析の対象となっていない 2008 年のリーマンショック以後の傾向を加味し，技能実習生を受け入れる需要サイドの要因について，高卒の新卒労働市場に着目して整理する。

第1に,技能実習生受け入れと経済成長の関係である。上林(2015)の研究成果を参考として,団体監理型の受け入れがスタートした1990年から2015年までの間の研修生・技能実習生の入国者数対前年増減率とGDP成長率の関係をグラフ化すると,両者の動きは,同じ方向を示している(**図7-3 参照**)。

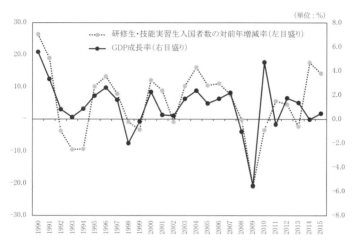

図 7-3　研修生・技能実習生入国者数の対前年増減比率と経済成長率の推移
(資料)法務省入国管理局「出入国管理統計」,IMF "World Economic Outlook April, 2017" より作成.

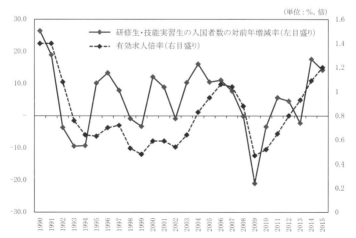

図 7-4　研修生・技能実習生入国者数の対前年増減率と有効求人倍率の推移
(資料)法務省入国管理局「出入国管理統計」,厚生労働省「職業安定業務統計」より作成.

第2に，技能実習生に対する労働力需給の関係である。上記と同様に，1990年から2015年までの間の研修生・技能実習生の入国者数対前年増減率と有効求人倍率の関係をグラフ化すると，この両者の動きも，同じ方向を示している（図7-4参照）。

これら2つの分析結果が示すとおり，技能実習生の入国者数の増減は，景気変動と労働力需給の変化に左右される関係がみられる。このことは，企業規模に応じた人数制限を伴うローテーション方式による研修生・技能実習生の受け入れが，団体監理型の創設により中小企業等に本格的に解禁された1990年から2015年までの間において，労働市場における労働力需給調整の手段として，ある程度，上手く機能してきたことを示している。

第3に，高卒の新卒労働市場と技能実習生との関係である。技能実習生には学歴要件は課されていないが，18歳以上であることが法令上の要件となっている。実際の技能実習生の年齢構成について，2015年度の技能実習2号移行申請者数から確認すると，18-20歳3.1%，20-24歳38.0%，25-29歳32.6%となっている。[6]つまり，技能実習生は，作業現場での実習を通じた労務提供を行うため，高校新卒就職者と同様，若年労働市場への供給要因となる。実際に，後述の企業へのヒアリング調査結果のとおり，企業関係者は，高校新卒就職者の補完あるいは代替要員としての要素を期待し，技能実習生の受け入れを決定している。そこで，井口（2011）に依拠して，2000年から2015年までの間について，高校新卒就職者と技能実習移行申請者の関係を分析してみよう。

2000年から2015年にかけて，高校卒業者数は約2割（264,526人）減少し，2015年には1,064,376人となった。このうち，高校卒業時に就職した者（高校新卒就職者）は，2000年の241,703人から2015年には188,905人に減少している。その一方で，技能実習移行申請者数（データの制約により，技能実習2年目への移行申請者である。）は，16,107人から73,760人に大幅に増加している。つまり，この15年間に，高校新卒就職者数は，52,798人減少しているが，技能実習生は，57,653人増加し，数字の上では，高校新卒就職者数の減少を補う形で，技能実習生が増加している様子がうかがえる。その結果，技能実習生の対

高校新卒就職者比率は 2000 年の 6.7％ から 2015 年には 39.0％ に上昇している（図7-5 参照）。

2015 年の技能実習生の対高校新卒就職者比率を都道府県別でみると，広島県が 112.7％ となっている。つまり，広島県では，高校新卒就職者の数を上回る技能実習生が受け入れられている。同様に，香川県は 93.0％，岐阜県は 89.0％，茨城県は 71.3％ となっているため，これらの県では，高校新卒就職者数と技能実習生の受け入れ数がほぼ同数に達しつつある状況にある。このように，高校新卒就職者が減少する一方で，技能実習生の受け入れが増加しており，若年労働市場の中で，技能実習生の存在感が高まっている。

他方，技能実習生の受け入れが，高校新卒就職者との対比で論じられる背景には，高校新卒就職者数の減少のみならず，高校新卒就職者の入職後の高い離職率も影響している。文部科学省の「学校基本調査」によると，2013 年の高校新卒就職者の 3 年以内離職率は 40.9％ であった。これを事業所規模別にみると，従業員 5 人未満 64.4％，5-29 人 57.2％，30-99 人 47.7％ となり，事業所規模が

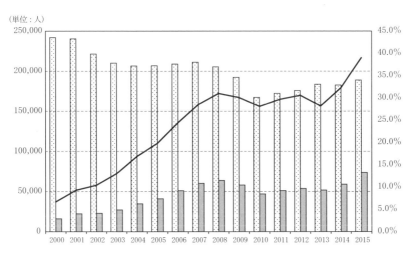

図 7-5　高校新卒就職者と技能実習生

（資料）文部科学省「学校基本調査」，国際研修協力機構編『外国人技能実習・研修事業実施状況報告（JITCO白書）』各年版より作成.

表 7-2　業種別高卒就職者の離職状況と技能実習生（2013 年）　　（単位：人）

	高卒就職者数	高卒後3年間の離職状況		高卒3年後の就業者数	技能実習移行申請者数
		離職者数	離職率		
建設業	14,102	6,812	48.30%	7,290	5,347
食料品製造業	10,111	4,183	41.40%	5,928	7,148
繊維工業	2,389	1,044	43.70%	1,345	10,385
木材・木製品・家具・装備品製造業	1,491	566	38.00%	925	302
窯業・土石製品製造業	1,581	457	28.90%	1,124	15
鉄鋼業	2,931	555	18.90%	2,376	928
非鉄金属製造業	1,031	258	25.00%	773	316
金属製品製造業	6,687	2,052	30.70%	5,922	8,385
機械関係	25,858	5,725	22.10%	20,133	6,120

（資料）文部科学省「学校基本調査」，国際研修協力機構編『2014 年版外国人技能実習・研修事業実施状況報告（JITCO 白書）』より作成.
（注）業種別の技能実習生数は，技能実習移行対象職種・作業別の技能実習移行申請者数から推計した.

小さいほど離職率が高くなっている。団体監理型により技能実習生を受け入れる事業所（農家を含む）の規模別構成比（2015 年度の技能実習移行申請者数）は，従業員 10 人未満 50.1％，10-19 人 16.0％，20-49 人 15.6％であるから，高校新卒就職者を採用できた場合でも，入職後の離職率が高いのであれば，高校新卒就職者を安定した労働力として期待できないことになる。

　この点について，業種別の高校新卒就職者の離職状況と技能実習生の関係を分析すると，例えば，食料品製造業では，2013 年の高校新卒就職者数は 10,111 人であったが，高卒後 3 年間のうちに，その 41.4％が離職した。そのため，高卒 3 年後に就業している者は，5,948 人に減少することとなる。その一方で，2013 年に 7,148 人の技能実習生が受け入れられ，そのほとんどが，3 年間在籍すると仮定した場合，時間の経過とともに，技能実習生の在籍数が，高卒の就業者数を上回ることとなる。この結果，高校新卒就職者が集まりにくい，あるいは，採用しても短期間で離職してしまうという困難に直面している事業主にとっては，3 年間，当該事業所に在籍し，技能実習を通じた労務提供が，ほぼ確実に期待できる技能実習生は，貴重な若年労働力となる。これが技能実習生の受け入れを決定する要因の一つになっていると考えられる（**表7-2 参照**）。

(2) 制度活用事例

　技能実習生を受け入れている企業に対して 2017 年 3 月に筆者が実施したヒアリング調査に基づき，制度活用事例を紹介する。

　第 1 に，鳥取県に所在する A 社 B 工場である。当該工場は，技能実習生を受け入れてから 21 年目を迎える。日本人従業員数 42 人，ベトナム人技能実習生 5 人の合計 47 人の従業員規模の縫製工場である。

　工場長にヒアリングしたところ，技能実習生受け入れには正と負の効果があることを指摘した。正の効果は，優秀な人材を受け入れることができる点である。技能実習生は，送出国で縫製経験がある候補者の中から，実技試験・適正検査，面接審査を通じて選抜した者を受け入れている。しかしながら，高校新卒就職者は，当然，縫製業の実務経験はなく，極めて少ない就職希望者の中から選抜しなければならない。つまり，技能実習生は，高校新卒就職者の募集・選考の場合と比較すると，セレクション・プライオリティがあるという。実際，同工場では，コンピュータにより，ミシンごとの生産枚数の管理を行い，その結果を集計しているが，日本人の一般的な労働者と比較すると，技能実習生の生産性は，平均的に 2 割程度高いという。このように高い生産力を有する技能実習生が，日本人のベテラン工員による技術指導を受けながら，さらに技能が向上する好循環を生み出し，それが工場全体の生産力を向上させてきた。もちろん，技能実習生を受け入れると，技能実習生の週 1 回の買い物のため，日本人従業員が時間外勤務（残業）を行い，17 時から 21 時まで付き添い，車での送迎を行っているほか，技能実習生の宿舎の確保，宿舎で使用する家電製品（エアコンやコンロ等）の定期的な入れ替え，インフルエンザの予防接種，日本語教育，管理費，航空券代等，様々なコストを要するが，それを補うほど，技能実習生は生産力が高く，職場の活性化にも貢献しているという。

　ここで，問題となるのが，負の効果である。ヒアリング調査を行った工場長は，短期的には，技能実習生受け入れは生産力の高さの面で正の効果があるが，長期的な生産性の向上においては，負の効果も及ぼすと指摘した。つまり，縫製業界を取り巻く現状を踏まえると，輸入浸透率が 97％となっている今日では，

大量生産の時代ではなく，小ロット，短サイクル，短納期での生産が求められる。さらに，受注は，日本ブランドに代表される高級品であるか，または，関税や輸送費の関係から海外に発注することができない低価格品に二極化する傾向があるという。

そのような時代においては，生産量から生産性（質）重視の工場運営に転換することが不可欠であり，それを実現する手段としては，技能実習生への依存を高めるのではなく，高校新卒就職者の採用増加を目指していくことが重要であると指摘した。つまり，余暇を大切にする若い世代の特徴にあった魅力的な職場づくりを進めるため，従業員教育の充実，完全週休2日制度の導入，生産管理・合理化の徹底を通じた成果給の導入など，工場全体の働き方を見直す必要性を指摘したのである。

なお，同工場では，ここ数年，高校新卒就職者の採用に成功しており，入職後の定着率も向上しているという。その効果もあり，同工場では，従業員全体に占める10代・20代の割合が約3割を占めている。技能実習生の生産力の高さに依存すると，生産性向上の努力を怠り，日本人従業員に対する取組が疎かになってしまう恐れがあるので，今後は，高校新卒就職者と技能実習生のバランスを重視し，生産性を重視した質の高い工場運営を目指していくことが必要と考えているという。

第2に，長崎県の法人農家C社である。C社は，2006年に個人事業主として農業に参入後，2009年に法人化し，現在では，レタス，馬鈴薯，スイートコーン等を栽培している。同社には，経営者2人，正規雇用5人，パート2人に加え，技能実習生が在籍している。技能実習生は，2008年から受け入れを開始し，これまで，中国，ネパールを経て，現在は，カンボジアへと送出国を変更させてきた。

同社社長へのヒアリングの結果，技能実習生を受け入れたことにより，日本人社員の採用が増加したという。同社の5人の正規雇用の従業員は，入社5年目が1人，4年目が2人，1年目が2人から構成されるが，このうち，1年目の従業員2人は，農業高校と農業大学校出身の新卒就職者であり，今後も日本人

従業員の新規採用を行っていきたいと考えているという。つまり，技能実習生を受け入れたことにより，農地の拡大，収穫量が増加したため，これをマネジメントする農業の専門知識を持った日本人管理職を育成する必要が生じているのである。

そのため，同社では，新卒採用のインセンティブとなるように，例えば，余暇を重視する若者志向に対応し，定時出勤・定時退社（8：00～17：00）を原則とするなど，農業であっても，サラリーマン的就労環境に転換させている。そのほか，風雨，寒暖差などの厳しい農場での労働環境を緩和させるため，ビニールハウスの建設を行い，その改善を進めているという。

また，労働環境の改善に当たっては，コンプライアンス（法令順守）を重視した経営も重要であるという。同社では，大手外食フード・チェーンにレタスを出荷している。その外食フード・チェーンでは，人権・環境に配慮したグローバルなサプライチェーン・マネジメントが行われている。そのため，レタスの出荷契約に当たっては，サプライヤー行動規範に基づき，品質，環境・衛生，労働環境（労働関係法令順守，児童労働禁止，適正な外国人就労，健康管理，安全衛生措置等）などの基準を守ることが条件となっている。さらに，契約条件が満たされているかは，外部の監査機関による定期監査も行われているという。

つまり，技能実習制度の適正化と技能実習生の保護を図るためには，生産現場の企業や農家のみならず，発注元を含めたサプライチェーン・マネジメント全体の中で，人権保護と適切な労働環境が確保できるように措置することが重要となる。

第3節　技能実習制度の新展開

(1) 制度の問題点

技能実習制度による人材育成を通じて，日本の中小企業が培ってきた汎用性の高い技能や品質管理のノウハウの国際的な移転が可能となる。他方，技能実

習生を受け入れた企業からは，職場の活性化，企業経営・従業員の国際化あるいは地域社会との国際交流の効果がもたらされていることが報告されている。つまり，技能実習制度は，開発途上地域と日本の双方に有益な制度として一定の成果を上げている。

その一方で，技能実習生を長時間労働やサービス残業に従事させ，実質的な低賃金労働者として扱うほか，日本人経営者・従業員等による技能実習生に対するハラスメント行為が発生するなど，労働関係法令・出入国管理法令の違反や人権侵害行為が行われているという報告も寄せられている。さらに，送出国においては，技能実習生から保証金・違約金等の名目で高額な金銭を徴収する送出機関やブローカーが存在することも報告され，国際社会からの批判と相まって，技能実習制度の適正化と技能実習生の保護をいかに確保するかが課題となっている。

ここで，具体的な法令違反や政策課題をあげると次のとおり整理することができる。

第1に，出入国管理法令の違反である。2015年に法務省入国管理局が認定した不正行為の件数は，273機関（監理団体32機関，実習実施機関（団体監理型238機関・企業単独型3機関））であった。認定された不正行為の内訳は，労働関係法令の違反が173件（全体の46.8％）と最も多く，次いで，不正行為を隠蔽する目的で偽変造文書等を行使又は提出が62件，講習・技能実習との齟齬が39件，名義貸し（技能実習計画に記載した実習実施場所以外の企業等で活動）33件であった。[7]

第2に，労働関係法令の違反である。2015年度に厚生労働省の労働基準監督署等が実施した監督指導結果によれば，労働基準関係法令違反が認められた実習実施機関は，監督指導を実施した5,173事業場のうち3,695事業場（71.4％）であった。主な違反内容は，違法な時間外労働など労働時間関係（22.6％），安全措置が講じられていない機械を使用させていたなどの安全基準関係（20.8％），賃金不払残業など割増賃金の支払関係（15.0％）の順に多かった。そして，悪質な労働基準関係法令違反により46件が送検されている。[8]

ただし，労働関係法令違反の状況について，技能実習生の受け入れ事業場の結果のみに着目すると，制度に対する評価を見誤ってしまう恐れもある。そのため，技能実習生受け入れ事業場以外を対象とした労働基準監督署等の定期監督の結果を確認すると，例えば，2012 年に労働基準監督署等が 134,295 事業場に対して定期監督等を実施した結果では，違反率 68.4％（91,796 事業場），違反の内訳は，労働条件の明示（14,415 事業場），労働時間（28,726 事業場），割増賃金（20,156 事業場）に関することであったことが報告されている。[9]

　この結果をみると，技能実習生が在籍しているか否かにかかわらず，監督指導の対象となった事業場における労働関係法令の違反率は約 7 割となっている。つまり，技能実習生を受け入れている事業場の労働関係法令の違反率のみが著しく高いとはいえない。もちろん，技能実習生の労働環境改善は重要課題であり，深刻な労働法令違反・人権侵害行為が発生しているため，厳しい指導と措置が必要であることはいうまでもない。しかしながら，長時間労働，割増賃金不払い，サービス残業の是正といった日本の労働市場が抱える課題は，日本人労働者，技能実習生に共通したものであり，日本社会が取り組むべき，働き方改革の一環として，是正が必要な課題といえるであろう。

　第 3 に，技能実習生の不法残留の問題である。技能実習生の入国・在留者数が増加する中，制度の課題として指摘される技能実習生の不法残留者も近年増加する傾向にある。法務省入国管理局によると，2016 年末には，技能実習生の不法残留者は 5,904 人に達している。技能実習生の在留者の総数は 228,588 人であるから，不法残留者率は 2.58％ となる。不法残留者率が，3％ 未満に抑えられてきたことを過小評価すべきではないが，不法残留者を減少させる取り組みが求められる。

　このように，技能実習制度を巡って，法令違反や政策課題が指摘される中，日本弁護士連合会は，2013 年 6 月 26 日に「外国人技能実習制度の廃止に向けての意見書」を公表している。その一方で，産業界・経済界からは，制度の拡充を求める意見が提出され，例えば，日本経済団体連合会は「2012 年度経団連規制改革要望」において，高度な技能実習や多能工を養成する場合に限って技

能実習期間を更に2年延長すべきであると要望している。

こうした議論が積み重ねられる中、2012年12月に発足した安倍政権の下で、技能実習制度は、政府の経済政策の一環として抜本的な見直しが行われることとなった。

(2) 2014年の「成長戦略」に基づく技能実習法の制定

2014年6月に、政府は、マクロ経済政策の基本方針である「経済財政運営と改革の基本方針2014」（骨太の方針）を閣議決定し、50年後に1億人の人口を維持することを盛り込んだ。そして、骨太の方針とともに成長戦略を明文化した「日本再興戦略改訂2014」を閣議決定し、ミクロ政策の視点から、生産性向上、女性・高齢者の労働市場の参加に加え、外国人材の活用を拡大する方針を示した。この方針に基づき、技能実習制度は、外国人材活用策の看板政策の一つとして、抜本的な見直しが図られ、2017年11月1日から、新たに制定された技能実習法に基づく、新しい制度としてスタートすることとなった。

技能実習法では、基本理念として、技能実習が技能等の適正な修得、習熟又は熟達のために整備され、かつ、技能実習生が技能実習に専念できるように、その保護を図る体制が確立された環境で行わなければならないこと、労働力の需給調整の手段として行われてはならないことが定められた。特に、団体監理型技能実習について、政府による監督が強化され、監理団体・実習実施者（技能実習生を受け入れる企業等）に対して、法令に基づく指導・取締の強化が図られることとなった。具体的には、監理団体の許可制、実習実施者の届出制、個々の技能実習生の技能実習計画の認定制が導入された。そして、技能実習計画で目標とした技能等の修得等が確実に行われたかを確認するために、入国後1年目（学科試験および実技試験）に加え、3年目（実技試験）、5年目（実技試験）にも技能検定又は技能実習評価試験の受検が義務付けられた。また、技能実習生に対する人権侵害行為等の禁止行為が定められ、これに違反した場合の罰則規定が整備された。例えば、暴行、脅迫、監禁その他精神又は身体の自由を不当に拘束する手段によって技能実習を強制する行為を禁じ、これに違反

した場合は，1年以上10年以下の懲役又は20万円以上300万円以下の罰金の対象となることが規定された。その他，技能実習生からの申告，相談・通報窓口の整備，実習先変更支援の充実も図られることとなった。

　このような制度適正化措置に加え，優良な監理団体・実習実施者・技能実習生については，期間延長（最長3年から5年，ただし3年終了時に一旦帰国），人数枠の拡大を認めるなど，制度拡充策も盛り込まれた。また，技能実習法の下で，介護職種が追加されるなど，対象職種の拡大も進められた。

　さらに，これらの業務を執行する公的機関として「外国人技能実習機構」（認可法人）が新設され，政府と外国人技能実習機構が一体となって，技能実習制度の適正化と技能実習生の保護を行うこととなった。技能実習法施行後は，検査権限を有する外国人技能実習機構による実地検査の実施，技能実習生からの相談・申告を通じて，法令違反につながる不正の芽を早期に摘みだすことが重要となる。

　その他，法令に定められた事項ではないが，日本政府と送出国政府が二国間取決め（協力覚書）を作成することとなった。これにより，団体監理型技能実習生の送り出しに当たっては，送出国政府が，技能実習法令に定められた送出機関の要件を確認した上で，自国の送出機関の適格性を審査し，送出機関を認定することとなる。日本政府による監理団体の許可制と送出国政府による送出機関の認定制に基づく二国間の公的な枠組により，制度の適正化と技能実習生の保護が図られることが期待される。

(3) 2018年の「骨太の方針」に基づく在留資格の新設と技能実習制度

　政府は，2018年6月15日に「経済財政政策と改革の基本方針2018」（骨太の方針）を閣議決定した。2018年の「骨太の方針」では，人手不足に対応するため，新たな在留資格を新設し，従来の専門的・技術的分野に限定せず，一定の専門性・技能を有し，即戦力となる外国人材を幅広く受け入れる方針を示した。新設する在留資格は，①在留期間を通算5年とし，②家族滞在は認めないこと，③業所管省庁が定める試験や日本語能力試験等により，一定の専門性・技能を

有し，即戦力となる人材であることを確認する方針が盛り込まれた。

技能実習制度との関係では，技能実習（3年）を修了した者は，必要な技能水準及び日本語能力水準を満たしているものとして，業所管省庁が定める試験や日本語能力試験等を免除する扱いとなる方針が明記された。つまり，技能実習制度は，「骨太の方針」に基づく新制度の土台となる制度としての新しい役割を担い，新たな外国人材受け入れのゲートウェイ・プログラムとして機能することが期待されることとなる。

なお，「骨太の方針」を具体化するため，政府は，2018年11月2日に，在留資格「特定技能」の新設を盛り込んだ入管法改正法案を閣議決定し，国会に提出した。同改正法は12月8日に国会で成立し，2019年4月に施行されることとなった。新設する「特定技能」の在留資格の対象となる分野は，省令で定める事項となっているが，建設，農業，介護など，技能実習制度の対象職種を中心に，14の分野が予定されている。

(4) 制度の新展開に向けて

最後に，制度の新展開に向けて，次のとおり3つの課題を提起することとしたい。

第1は，「制度の適正化」と「円滑な制度運用」の両立の確保である。技能実習法は，技能実習生を受け入れる監理団体・実習実施者にとっては，規制強化の色彩が濃く，当局に対する煩雑な申請書類の提出や実習状況の報告も義務付けられている。また，組織体制の整備・強化（監理団体における外部役員又は外部監査措置および実習監理者の選任，実習実施者における技能実習責任者の選任等）も求められている。体制の整備・強化に必要な経費に加え，技能実習計画の認定手数料，技能検定試験等の受検料などの新たな支出も発生することになり，制度運営に伴うコスト増も懸念される。

日本経済団体連合会は，「第5次出入国管理基本計画策定に向けた意見」（2014年11月18日）の中で，技能実習制度の抜本的な見直しにおける課題を提言している。具体的には，これまで適正に制度を運用してきた監理団体・企業等に

実質的な追加負担が発生しないようにし，企業による制度の利活用を萎縮させることがないように十分留意する必要があることを指摘した。その上で，①煩雑な手続きを伴う技能実習制度を適正に利用するためのきめ細かい支援体制，②トラブルの未然防止と制度拡充に寄与する支援（手続き支援，情報提供・相談等），③制度に対する理解の向上，制度に対する広報・啓発や各種助言等の取組みの維持・強化が不可欠であると提言している。

「制度適正化」のための規制強化に加え，例えば，国際研修協力機構の機能を活用するなどにより，「円滑な制度運用」に必要な支援を両立させることが，技能実習制度の健全な発展に不可欠であると考えられる。

第2は，サプライチェーン（商品・サービスの供給網）全体から見た人権リスクの管理である。2011年の国連人権理事会で「ビジネスと人権に関する指導原則（ラギー・フレームワーク）」が採択された。企業が人権尊重責任を負うことが確認され，英国では現代奴隷法（2015年），米国では連邦調達規則（2015年），フランスでは人権デューデリジェンス法（2017年）が採択されるなど，欧米を中心に，サプライチェーンにおける人権デューデリジェンスの情報開示と法規制の動きが活発になっている。(10)同様に，環太平洋パートナーシップ（TPP）協定などの国際貿易・投資のルールでも，労働ダンピングを防止するための労働基準や企業の社会的責任（CSR）に関する規定が盛り込まれるようになっている。

ビジネス上の人権リスクというと，児童労働，強制労働，人身取引がイメージされる。しかし，国連人権委員会，米国国務省は，技能実習生に対する低賃金労働，パスポートの取り上げ，ハラスメント行為が行われているという報告に基づき，技能実習制度が人身取引，強制労働の温床になっていると指摘している。

技能実習生を受け入れる多くの企業は，受託生産・受注生産を行う下請けの中小企業（サプライヤー）である。しかし，技能実習制度が人身取引，強制労働の温床になっていると批判されている現状を鑑みると，技能実習生の受け入れが，委託元・発注元を含めたサプライチェーン全体にとって，人権リスクに

なっているという認識が醸成されているとはいえない。技能実習制度の適正化や技能実習生の保護を図るためには，技能実習生を受け入れる下請けの企業や農家に対する規制・監督・取締の強化のみならず，発注元を含めたサプライチェーン全体の中で，人権保護と適切な労働環境が確保できるように措置することも重要となる。そのため，政府と産業界が一体となって，サプライチェーンをマネジメントする観点から，技能実習生が不適切な労働環境，強制労働などの人権リスクに晒されていないか，チェックする取組をすすめることが不可欠であると考えられる。

なお，日本経済団体連合会は，2015年に国連で採択された「持続可能な開発目標（SDGs）」の達成に向けて，2017年11月に「企業行動憲章」を改定した。改定した企業行動憲章では，「ビジネスと人権に関する指導原則」に基づき，自社のみならず，グループ企業，サプライチェーンにも行動変革を促すことを求めた。また，技能実習に関する法令違反が多く指摘されている繊維産業を所管する経済産業省は，業界団体から構成される繊維産業技能実習事業協議会を立ち上げ，2018年6月に「繊維産業における外国人技能実習の適正な実施等のための取組」をとりまとめた。その中で，発注企業はサプライチェーン全体における法令遵守等に社会的責任を果たす取組を進めることを明記した。このような政府や産業界による取組を通じて，技能実習生の人権保護が図られることが期待される。

第3は，制度の効果の検証を含めた技能実習関連のデータや事例の整備である。技能実習制度は，批判的に論じられることが多いが，不法残留者の発生などの大きなトラブルを抱えることなく技能実習生を受け入れてきた多くの監理団体・企業のノウハウや地域社会と技能実習生が共生してきた経験など，ベスト・プラクティスを共有する取組は遅れている。

技能実習制度がもたらす効果や課題について分析することは，高度人材以外の非熟練分野における外国人労働者政策を検討する上でも有益なものとなるが，そのためのデータや事例は必ずしも豊富とはいえない。また，制度の効果を検証するために必要な帰国した技能実習生の状況も十分には把握できていない点

も今後の課題となる。

おわりに

　2017年11月の技能実習法の施行により，技能実習制度は，新展開に向けて動き出した。さらに，2018年6月の「経済財政運営と改革の基本方針2018」（骨太の方針）で，技能実習修了者に，追加で最大5年間，国内での就労を認める制度を創設する方針が盛り込まれた。この方針を具体化するために，政府は，2018年11月に，在留資格「特定技能」を新設するための入管法改正法案を閣議決定し，国会に提出した。改正法は2018年12月に成立し，2019年4月に施行される。

　1980年代後半に基本的な制度が設計された技能実習制度は，バブル経済崩壊直後に本格的に運用が開始された。日本が「失われた20年」といわれる不況の時代の中で，制度発足当初は利用者が伸び悩む時期が続いた。そのため，期間延長，職種拡大，送出国の多国籍化など，技能実習制度の定着・普及に向けた量的拡大を求める政策努力が重ねられてきた。その結果，150万人以上のアジア諸国の若者が技能実習生として来日することができた。しかしながら，制度の適正化や技能実習生の保護，帰国した技能実習生のフォローアップなど，技能実習制度の質の面では成果が不明確であり，政策対応が不十分であったことは否めない。

　今後は，1980年代後半の時代背景が生み出した技能実習制度が，質の向上に向けた取組を進め，新時代のニーズに対応した制度として発展することができるかが問われることとなろう。

　最後に，2019年4月からスタートする新制度に向けて，労働問題の観点から留意事項を整理しておこう。第1にサービス残業や長時間労働などの労働関係法令違反である。この問題は新制度を活用する企業にも同様に発生しうることを前提に，政府や各業界による不正を排除する取組みの強化が求められる。第

2に人材育成である。外国人労働者が低技能・低賃金のまま長期間在留すると，労働市場が分断し，その底辺に外国人が固定化する懸念が生じる。人材育成を怠れば，不法残留者が増加し，貧困が次世代に連鎖しかねない。第3に転職の問題である。転職の自由は労働者の権利であることは言うまでもないが，大都市圏と地方の賃金格差は大きい。人材育成と実習計画の履行を義務付け，特別の事情がない限り，企業の変更を認めていない技能実習生とは異なり，転職を前提とした労働者の受け入れとなれば，特に地方に所在する受け入れ企業が，外国人労働者の生活支援，福利厚生，人材育成のための「投資」に二の足を踏む可能性も否定できない。技能実習生は単なる労働者ではなく，育成・支援すべき存在という認識が企業内に醸成され，日本人社員，技能実習生以外の外国人社員からの理解と協力の下で制度が活用されてきた側面があることも軽視してはならないだろう。その他，不法残留者対策として，5年間の「特定技能1号」終了後，在留期間に上限がない「特定技能2号」への資格変更を希望しない，または，技能レベルが向上しないため，これが叶わないという外国人労働者の帰国後の母国での再就職を支援する仕組みを用意しておくことも重要であろう。

　新制度により，専門的・技術的分野以外の外国人労働者の受け入れを制限してきた日本の政策が大きく転換する。新制度のスタートは，新たな課題への挑戦ともなる。技能実習制度を試金石として，その経験を生かす視点も重要ではないだろうか。

注

(1) 1989年の入管法改正時の政策形成過程については，明石（2010）参照。また，技能実習制度の沿革については，Manjome（2016）および筆者が執筆を担当した国際研修協力機構（2017）参照。

(2) 2年目以降の技能実習の対象職種は，制度発足当初の17職種から80職種142作業（2018年11月16日現在）に増加している。

(3) 年金に関して，技能実習生は，老齢年金の受給権を取得する前に帰国するため，脱退一時金として，保険料が一部差し戻される仕組みとなっている。
(4) 国際研修協力機構編『2001 年版 JITCO 白書』及び『2016 年版 JITCO 白書』参照。
(5) 上林（2015）は，技能実習制度の内容，目的，人数の要因を考慮し，1982 年から 2007 年の期間を 3 つの時期（①「第 1 期技術研修生モデル期」（1982 年〜1990 年）（1982 年の入管法改正時に創設された在留資格「技術研修」に基づく受け入れ時期），②「第 2 期技能実習生モデル期」（1990 年〜2000 年）第 1 期技術研修生モデル期を経て，技能実習生の受け入れが開始された時期，③「派遣実習生モデル期」（2000 年から 2008 年）研修生・技能実習生が派遣労働者として活用され，受け入れが拡大した時期）に分類し，定住化を防ぎつつ，外国人を短期的に受け入れる制度として，技能実習制度が日本に定着したと分析している。
(6) 国際研修協力機構編『2015 年版 JITCO 白書』参照。
(7) 法務省入国管理局（2016）参照。
(8) 厚生労働省労働基準局（2016）参照。
(9) 厚生労働省労働基準局（2013）参照。
(10) 高橋（2017）参照。

参考文献

明石純一（2010）『入国管理政策「1990 年体制」の成立と展開』ナカニシヤ出版。

井口泰（2011）「技能実習生への依存を高める地域経済—背景に拡大する労働需給ミスマッチ」『週刊エコノミスト』2011 年 8 月 9 日号，92-94 頁。

上林千恵子（2015）『外国人労働者受け入れと日本社会—技能実習制度の展開とジレンマ』東京大学出版会。

厚生労働省労働基準局（2013）「若者の『使い捨て』が疑われる企業等への取組を強化」（http://www.mhlw.go.jp/file/04-Houdouhappyou-11202000-Roudoukijunkyoku-Kantokuka/0000029138.pdf）。

厚生労働省労働基準局（2016）「外国人技能実習生の実習実施機関に対する監督指導，送検の状況（平成 27 年）」（http://www.mhlw.go.jp/file/04-Houdouhappyou-11202000-Roudoukijunkyoku-Kantokuka/0000133513.pdf）。

国際研修協力機構編『外国人技能実習・研修事業実施状況報告（JITCO 白書）』各年

版,国際研修協力機構。

国際研修協力機構編(2017)『入門解説新しい技能実習制度』国際研修協力機構。

高橋大祐(2017)「ビジネスと人権をめぐる各国法規制の動向と国別行動計画の役割—調達・開示に関するルール形成を中心に—」日本貿易振興機構アジア経済研究所『アジ研ワールド・トレンド』No.263,2017年9月,12-15頁。

志甫啓(2012)「外国人研修生・技能実習生の受入れが有する若年人口補充の役割及び景気感応性」『移民政策研究』第4号,41-60頁。

法務省入国管理局(2016)「平成27年の「不正行為」について」(http://www.moj.go.jp/content/001175746.pdf)。

万城目正雄(2015)「中小企業の海外展開における技能実習制度の活用と制度の見直し」『商工ジャーナル』通巻第483号第41巻第6号,42-45頁。

Manjome,M.(2016) "The Role of JITCO in Technical Intern Training Program of Japan," P. Ratnayake and De Silva, S. (eds), *Human Capital, Agriculture, Trade and Globalization-Pathways to Achieving Economic Development in Asia*, The Economic Association of Saga University, pp.31-52.

(万城目正雄)

第8章　移民・外国人と社会保障財政

はじめに

　移民・外国人の流入は，日本の社会保障財政に対しても大きな影響を与えることが予想される。移民・外国人の存在は，人口減少時代の日本にとって，労働力不足を補い，ひいては社会保障財政の逼迫を緩和する存在になり得るかもしれない。ただし，移民・外国人に対して十分な雇用が確保されず，低賃金労働者，失業者，ひいては非労働力人口に追いやってしまうのであれば，十分な労働力としては機能できないだけでなく，社会保障の給付が拠出を超過し，逆に社会保障財政をいっそう逼迫させる可能性もある。

　そこで本章では，移民・外国人人口の将来の動きを，国立社会保障・人口問題研究所（以下，社人研）の将来推計人口とは別の独自の仮定に基づき推計し，これを社人研の推計人口に足し合わせ，その動きが日本の社会保障に及ぼす影響について分析を行う。具体的には，社会保障制度における年金保険のうちのウェイトの大きい老齢厚生年金（以下，厚生年金と称する）[1]に焦点を当て，移民・外国人の流入が厚生年金の拠出と給付の両方に及ぼす影響を見る。

　第1節では，移民・外国人の過去の趨勢，および将来における移民・外国人の流入を考慮に入れた将来人口推計結果が示される。ここでは，将来における移民・外国人の流入人口の推計方法も示される。第2節では，移民・外国人の流入が年金保険も含む社会保障財政に及ぼす影響について論じる。第3節では，移民・外国人の流入が社会保障に及ぼす影響を推計（シミュレーション）する際の方法論について，先行研究に基づき論じる。第4節では，移民・外国人の

受け入れによる人口の増加が年金財政（老齢厚生年金）に及ぼす影響経路，およびこれを表現するためのマクロ経済モデルを示す。ここではまた，移民・外国人の流入が失業率に及ぼす影響についての推定結果についても提示する。第5節では，構築したマクロ経済モデルに基づく将来シミュレーションを2015～2065年について行い，移民受け入れに伴う人口増加が年金財政に及ぼす影響を明らかにする。

第1節　日本における移民・外国人人口の趨勢

(1) 過去，将来における趨勢

　まず，日本における移民の過去の趨勢を見てみる。ただし日本には移民（外国生まれの人）の人口に関する統計が存在しないので，外国人（外国国籍の人）の人口で代用する。2012年から2016年までにおける日本に住む外国人の人口の推移を，法務省「在留外国人統計」に基づき各年12月現在の在留外国人数[2]の対前年増加数として示すと[3]，2012年以降，在留外国人数は4年の間に約35万人増加し，2016年12月における対前年増加人数は15万人程度となっている。

　次に，将来における移民の人口の趨勢について考えてみたい。この点については，石井・是川・武藤（2013）が社会保障財政のシミュレーションを行う際に前提とした，受け入れる外国人の仮定が参考になる。同論文では，韓国における2004～2009年の年間移民受け入れ数の概ね4万人を参考にしている。現在，韓国において導入されている雇用許可制では，在外同胞が対象である特例雇用許可以外の一般雇用許可において短期間の外国人労働者の受け入れを行っており，毎年の受け入れのマクロ的水準を設定している。この2004～2009年の年間の平均は概ね4万人となっており，韓国の人口規模が日本の約4割程度であることを考慮すると，これは日本における約10万人に相当することとなる（石井・是川・武藤 2013）[4]。そこで本分析でも，この10万人を一つの仮定値として用いることにする。なおかつ，本分析では，日本に在留を始めた後は帰国

せず，日本に定住するものと仮定する。またここでは，流入してくる移民は男性と女性の両性を対象とし，いずれの人口も労働者となることを仮定する。

この毎年の入移民10万人という人数は，最近の在留外国人の年間増加数が15万人程度であることを考慮すると，現状よりやや少なめの人口流入が将来においても続くという仮定といえる。本分析では，毎年10万人という仮定に加えて，その2倍の水準である毎年20万人の入移民という仮定もシミュレーションにおいて用いることにする。本シミュレーション期間は，後述するように2015～2065年である。毎年10万人の入移民が継続する場合，2065年には累積500万人となり，毎年20万人の場合は2065年には累積1,000万人となる。社人研「日本の将来推計人口」（2017年4月推計）の出生中位・死亡中位推計では，2065年の総人口は8,800万人，生産年齢人口は4,500万人と予測されている。上記の外国人・移民の累積値500万人と1,000万人がこれら2065年の総人口と生産年齢人口に占める比は，累積値500万人の場合それぞれ約6％，約11％，累積値1,000万人の場合それぞれ約11％，約22％となる。毎年の移民10万人，20万人が50年間継続するという仮定は決して控え目とはいえない。

（2）将来における男女別・年齢別にみた趨勢

毎年10万人もしくは20万人の移民がその年の日本の総人口に加わるという仮定を将来シミュレーションに組み入れる場合，その追加的な移民人口を男女別・年齢階級別に振り分ける必要がある。そこで，男女別・年齢階級別に分ける方法を提示する。

まず年齢階級別に分ける方法であるが，ここでは社人研「日本の将来推計人口」（2017年4月推計）における男女別外国人入国超過の年齢分布を用いた。この年齢分布は図8 1に示す通りである。これを見ると明らかなように，20代前半をピークとする山形を描いている。すなわち，この年齢分布に基づき移民の流入を計算すると，10代後半から30代前半の流入が多くなることが分かる。

ただし，年齢別入国超過数は，35歳以降において負値が表れるので，35歳以降の年齢における移民の流入を推計に組み入れることができない。そこで本分

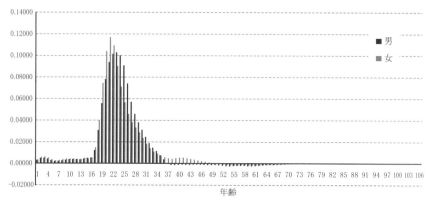

図 8-1　性別・年齢別の入国超過の年齢分布

析では，以下の方法によりすべての年齢において入国超過率を正値もしくはゼロに抑えることとした。具体的には，負値が出た場合，男女それぞれの年齢における最小値（負値）よりもさらに1単位小さい値（負値）を，各年齢の負値から差し引くことにより，負値が表れないように処置した。(5) また男女別への振り分け割については，社人研の将来推計で用いられた出生性比（女児100に対して男児105.2）を用いた。

将来シミュレーションでは，社人研「日本の将来推計人口」（2017年4月推計）で将来推計期間とした2015年から2065年までを対象とする。この将来期間において，移民は毎年10万人もしくは20万人増加することになるが，本分析ではt年に流入した移民はt+n年においても居住する，すなわち定住すると仮定する。この場合，社人研の将来推計における男女年齢別将来生命表の中位仮定のうち，生存数（lx）のt歳からt+1歳までの変化率，すなわち生存確率をt年の移民数に乗じ，これをt+1年に生残するように設定することにより，将来の移民人口を計算した。また，t年の移民のうち15～49歳の女性人口については，各歳別に社人研の将来推計におけるt年の中位仮定年齢別出生率を乗じることにより，移民から生じた出生数を計算し，そこに生存確率を乗じることにより，移民の出生数を将来人口に組み入れた。

ここでは，このようにして独自に計算した将来における移民の流入を，社人

研「日本の将来推計人口」（2017年4月推計，出生中位・死亡中位仮定）の将来推計人口に加えることにより，追加的な移民含めた日本の将来人口を算出した。この方法は以下の式によって表すことができる。

$$IMG_{t+1} = (IMG_t \times SUV_{t\sim t+1}) + IMGF_{t\sim t+1}$$
$$BP_t = BR_t \times IMGF1549_t$$
$$BP_{t+1} = BP_t \times SUV_{t\sim t+1}$$
$$FP_{t+1} = FPS_{t+1} + IMG_{t+1} + BP_{t+1}$$

IMG_{t+1} ：t+1年における移民人口

FP_{t+1} ：t+1年における移民を含めた将来推計人口

FPS_{t+1} ：t+1年における社人研将来推計人口

IMG_t ：t年における移民人口

$IMGF_{t\sim t+1}$ ：t～t+1年における移民流入人口

$SUV_{t\sim t+1}$ ：t～t+1年における生存確率

BP_t ：t年における移民から生じた出生数

BP_{t+1} ：t+1年における移民から生じた出生数

BR_t ：t年における出生率

$IMGF1549_t$ ：t年における15～49歳の移民女性人口

なお，推計の出発年である2015年だけは，t年のBPとIMGと2015年人口を足し合わせることにより，2015年の推計人口を計算した。この式を見ると分かる通り，流入した移民が妻子など家族を帯同あるいは呼び寄せることはないと仮定している。この点には留意する必要がある。

ここで，このようにして計算した移民の将来推計値について，性・年齢構造を示してみる。

この将来推計値とは，上記の式のIMG_{t+1}にBP_{t+1}を加えたものである。**図8-2**は，毎年移民が20万人増加する仮定について，移民の将来推計値の人口ピラ

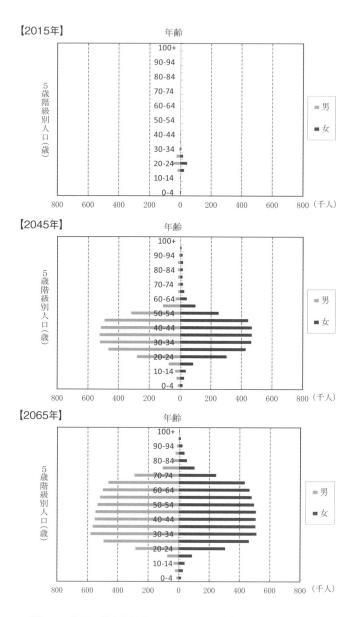

図 8-2 移民の将来推計値の人口ピラミッド（移民 20 万人ケース）

ミッドを 2015 年, 2045 年, 2065 年について示したものである。これを見ると分かる通り, 年々移民が増加するにつれて人口自体が増加していることが分かる。推計の出発年である 2015 年において 10 代から 30 代前半の人口が多いのは, 図 8-1 に示す通り, 入国超過の年齢分布がこの年齢層で高いことによる。図 8-2 の人口ピラミッドからは, 流入した移民が徐々に高齢化している状況も見て取れる。

移民の流入を反映させた将来人口推計の結果（すなわち上記の式の FP_{t+1}）は表 8-1 に示す通りである。ここには, 社人研の出生中位・死亡中位仮定による将来推計人口（基準ケース）, そこに毎年移民が 10 万人加わる人口推計結果（移民 10 万人ケース）, 毎年移民が 20 万人加わる人口推計結果（移民 20 万人ケース）の 3 つの結果, およびこれらの比較が示してある。これを見ると明らかなように, 2065 年の総人口について比較してみると, 基準ケースと比べて, 移民 10 万人ケースでは 550 万人ほど多く, 移民 20 万人ケースは 1,100 万人ほど多い。また, 10 万人ケースと 20 万人ケースを比較すると, 20 万人ケースの方が 550 万人ほど多くなっている。

表 8-1 移民の流入を反映させた将来人口推計

(単位：1,000 人)

	社人研将来推計人口 (中位推計) ①	社人研将来推計人口 (中位推計) ＋移民10万人②	社人研将来推計人口 (中位推計) ＋移民20万人③	②－①	③－①	③－②
2015	127,095	127,207	127,319	113	224	112
2020	125,325	125,997	126,664	672	1,339	667
2025	122,544	123,770	124,986	1,226	2,442	1,216
2030	119,125	120,898	122,657	1,773	3,532	1,759
2035	115,216	117,530	119,827	2,314	4,611	2,297
2040	110,919	113,768	116,598	2,849	5,679	2,830
2045	106,421	109,800	113,157	3,378	6,736	3,357
2050	101,923	105,824	109,701	3,901	7,778	3,877
2055	97,441	101,854	106,243	4,413	8,802	4,389
2060	92,840	97,865	102,864	5,026	10,025	4,999
2065	88,077	93,583	99,062	5,506	10,986	5,479

表 8-2 移民の流入を反映させた老年人口指数

(単位:%)

	社人研将来推計人口 (中位推計) ①	社人研将来推計人口 (中位推計) ＋移民10万人②	社人研将来推計人口 (中位推計) ＋移民20万人③	②－①	③－①	③－②
2015	43.8	43.8	43.7	-0.1	-0.1	-0.1
2020	48.9	48.5	48.2	-0.4	-0.7	-0.4
2025	51.3	50.6	49.9	-0.7	-1.4	-0.7
2030	54.0	52.9	51.7	-1.2	-2.3	-1.1
2035	58.2	56.5	54.8	-1.8	-3.4	-1.7
2040	65.6	62.9	60.4	-2.7	-5.2	-2.5
2045	70.2	66.6	63.3	-3.6	-6.9	-3.3
2050	72.8	68.3	64.3	-4.5	-8.5	-4.0
2055	73.7	68.6	64.2	-5.1	-9.5	-4.4
2060	73.9	68.6	64.1	-5.3	-9.8	-4.5
2065	74.6	69.8	65.7	-4.9	-9.0	-4.1

(注) 老年人口指数＝(65歳以上人口)÷(15〜64歳人口)×100

ここではまた，これらの推計結果を基に，生産年齢人口 (15-64歳人口) に対する老年人口 (65歳以上人口) の比である老年人口指数も計算している (**表8-2**)。これを見ると明らかなように，2065年について比較してみると，基準ケースと比べて，移民10万人ケースは4.9ポイントほど少なく，移民20万人ケースは9.0ポイントほど少ない。また，10万人ケースと20万人ケースを比較すると，20万人ケースの方が4ポイントほど少なくなっている。このことは，移民の流入が進み人口構造が若返ることにより，老年人口指数が低下することを示している。この老年人口指数はその構造上，現役世代の高齢者を扶養する際の社会保障負担の状況を表す指数とも言えるので，移民の流入は現役世代の社会保障負担を緩和すると捉えることができる。

現在，日本の2015年における60歳以上人口は4,192万人である。そのうち老齢厚生年金受給者は2,797万人であり，60歳以上人口の67％を占めている。一方，同年齢層における60歳以上の外国人の数は19万人であり，割合としては0.5％である。また，将来については，毎年移民が10万人，20万人増加するシナリオにおいて，60歳以上の移民人口は2065年にはそれぞれ142万人，281

万人に増加する。この数は，社人研の将来人口推計の出生中位・死亡中位仮定における60歳以上人口3,941万人のそれぞれ4％，7％程度に相当する。毎年の移民の流入が2065年まで蓄積すると，2015年と比べ60歳以上人口も大きな値となることが分かる。

第2節　移民・外国人が社会保障財政に及ぼす影響

　シミュレーションに入る前に，本節では，移民の流入が社会保障財政に及ぼす影響について理論面から論じる。移民が社会保障に及ぼす影響を見る場合，給付と拠出の両側面から捉える必要がある。給付とは，高齢者などが受け取る社会保障給付のことであり，拠出とは，高齢者などのために主に現役世代が社会保障支出や税負担などにより行う拠出（後者については国が税を財源に拠出する部分）のことである。この拠出のうち社会保障拠出に限定したものを内閣府「国民経済計算」が示しており，ここでは負担と表現されているが，これは厳密にいえば主に現役世代が拠出する総額であるため，負担ではなく負担する力という性質のものである。したがって，本分析における社会保障負担とは，この社会保障拠出そのものではなく，社会保障給拠出に対する社会保障給付の比として捉えることとする。この比率が低下すると，現役世代の負担力に対する給付の割合は低下するため，現役世代の負担は緩和されると捉えることができる。

　流入してきた移民が定住し，ネイティブ同様に公的年金保険に加入するとの前提のもと，流入が持続的に続いた場合，社会保障給付は，社会保障給付を受け取る移民の高齢者の増加により増える可能性がある。さらに，高齢者でなくとも，移民が不安定な就業状態にある場合，例えば生活保護の受給額を増大させるなどして，社会保障給付を増加させる可能性もある。

　他方，移民が賃金の高い熟練労働者であれば，移民の増加は高齢者を支える

現役世代を増やすことにより，社会保障拠出を増やし，現役世代の負担を緩和させる（すなわち社会保障給付を減らさなくても，社会保障拠出が増加することにより，この比率を減らすことができる）効果も持つ。しかし，逆に賃金の低い未熟練労働者である場合，社会保障財源に対して十分な拠出を行うことができず，社会保障拠出額を低める可能性もある。また，移民の子どもの教育レベルはネイティブ（受入国の国民）と比べて低い場合が多く，移民の子どもを受入国において熟練労働者にするためには，ネイティブ以上に教育投資を行う必要があるだろう（神野 2013）。この場合，投資の増加が社会保障財政に対して負の影響を及ぼすことも有り得る。

　また，移民の流入は，受入国におけるネイティブ人口の失業率を上昇させるのではないかとの指摘もある。この場合，失業率の上昇は賃金率を低下させ，社会保障給付額を減少させる可能性もある。この点の先行研究のサーベイに関しては，荻原・中島（2014）が詳しい。多くの先行研究は，移民の流入が受入国の失業率を押し上げる効果（置換効果）は作用しているが弱いことを示している（Gross 1999；Card 2001；Angrist and Kugler 2003；Brücker and Jahn 2011；大竹・大日 1993；Kerr and Kerr 2011；Borjas 2003, 2009）。ただし，置換効果が強いとする先行研究もあるが少数である（Borjas 2003, 2009）。先行研究の検討結果から，おおむね移民の流入が賃金や雇用・失業に与える影響は小さいといえる。

第3節　シミュレーションの方法

　ここでは，移民の流入が年金財政に及ぼす影響を推計（シミュレーション）する際の方法について論じる。この影響を推計する方法として，年金数理モデル，世代重複モデル，マクロ経済（計量）モデルなどがある。

　年金数理モデルとは，コーホートごとの社会経済特性やそこにおける社会経済状況を反映することのできるモデルである。この長所としては，精緻なモデ

ルに基づき，詳細な制度変更を反映させられることが挙げられる。短所としては，モデルの構築には比較的長い時間と多くの人員を必要とする場合が多く，簡便に年金数理モデルに基づくシミュレーションを行うことが難しいという点を挙げることができる。

年金数理モデルに基づき，移民・外国人の流入が年金財政に及ぼす影響についてシミュレーションを行った例としては，石井・是川・武藤（2013）を挙げることができる。ここでは，流入した18〜34歳の男性の外国人が定住し被保険者になるシナリオ（ケースA）と，彼らに加えてその妻や子ども世代が定住し被保険者になるシナリオ（ケースB）に基づき，年金財政に及ぼす影響を試算している。その結果，いずれのケースについても，外国人労働者の受け入れの開始に伴い，賦課保険料率（年金給付額に対する賦課方式のもとで徴収される年金保険料の比率）は直ちに基本ケースに比べて低下する効果が見込めるが，ケースAでは流入した外国人の高齢化によって，長期的にはその効果が薄まっていく。一方，ケースBでは，第2世代以降が長期的に賦課保険料率を低下させる効果を持つことが示されている。

世代重複モデルとは，異なる年齢・ライフサイクルステージを設定し，家計や企業の行動を関数により記述した理論的モデルである。シミュレーションを行う場合，任意にパラメータを設定し，理論モデルに基づきシミュレーションを実施することになる。この長所としては，モデルの式が経済理論から直接導かれるため，理論的基礎が存在し，アドホックな定式化とは無縁であることや（小黒 2013a），シミュレーションを簡便に行えることなどが挙げられる。短所としては，モデルが非現実的となる場合があることを挙げることができる（Rowthorn 2008）。

世代重複モデルに基づき，移民・外国人の流入が年金財政などに及ぼす影響についてシミュレーションを行った例としては，上村・神野（2010），小黒（2013b）を挙げることができる。上村・神野（2010）は，移民受け入れについて，日本の公的年金や経済厚生への影響を理論モデルに基づきシミュレーションを行った。この結果，小国開放経済では，移民の受け入れにより賃金率と利

子率は変化しないため，年金給付額は増加し，1人当たりの社会的厚生も改善される。一方，閉鎖経済では，移民受け入れにより賃金率の低下がもたらされ，1人当たりの社会厚生は悪化する。また，子どもを産む世帯ではより一層悪化することが示されている。小黒 (2013b) では，移民受け入れが日本のマクロ経済や各世代の効用に与える影響について，理論モデルに基づきシミュレーションを行っている。この結果，毎年15万人の移民の受け入れは，現存世代と将来世代の効用を大幅に改善する（負担を大幅に減少させる）ことが示されている。

マクロ経済モデルとは，連立方程式体系により変数間の関係を表したものだが，シミュレーションを行う際には，外生変数を政策変数などとして操作することにより実施することになる。マクロ経済モデルに基づき，移民・外国人の流入が年金財政に及ぼす影響についてシミュレーションを行った例は見当たらない。ただし，移民・外国人を考慮に入れていないが，人口構造，社会経済環境が社会保障財政に及ぼす影響をシミュレーションする際には活用されている例もみられる（佐藤 2010，増田 2014）。この方法の長所としては，人口構造，経済成長，政策などの効果を明確に示すことが可能であることが挙げられる。短所としては，時系列データに基づく連立方程式モデルの固定されたパラメータを用いてシミュレーションを行うため，過去の社会経済構造がシミュレーション期間においても反映される（Lucas 1976），定式化がアドホックになる可能性がある（小黒 2013a）ことなどを挙げることができる。

本分析では，人口構造，経済成長，政策などの効果を明確に表すため，マクロ経済モデルに基づきシミュレーションを行うこととした。

第4節 移民の流入が年金財政に及ぼす影響の経路

(1) 厚生年金給付・拠出に及ぼす影響

先に示したように，本分析では社会保障のうち年金保険とりわけ厚生年金に焦点を当てて分析を行う。この理由は，社会保障のうち年金保険の給付と負担

の対応関係が，人口年齢構造から最も強く影響を受けるからである。公的年金の財政方式は，主に高齢者の年金給付を現役世代の保険料でまかなう賦課方式に基づいているため，高齢化の進展による年金給付の増大は現役世代の負担を高めることになる。すなわち，世代間移転の問題が生じるのである。他にも，重要な社会保障の分野として医療保険，介護保険などがあり，これらも高齢化から影響を受けるものの，医療保険から得られるサービスは現役世代も対象となるし，介護保険は高齢者も保険料を支払っているし，40〜64歳の現役世代も第2号被保険者としてサービスの対象者となっている。また，雇用保険は労働と関係が深い分野であるが，この給付は主に失業者を対象とするものなので，年齢構造の変化の影響は非常に弱い。

これらの影響の経路は図8-3に示される通りである。流入する移民は先に示した方法で性別・年齢階級別に分けられ，そこに生存確率が乗じられ，社人研の将来推計人口に加算され，将来シミュレーション期間に組み入れられること

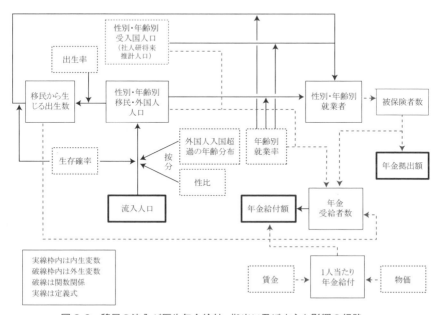

図8-3　移民の流入が厚生年金給付・拠出に及ぼす主な影響の経路

になる。ここには，移民から生じた出生数も加えられる。ここに性別・年齢別就業率の将来仮定値が乗じられることにより，将来期間における性別・年齢階級別の就業者が求まるが，これは被保険者数に直接的な影響を及ぼす（すなわち，就業者の増加は被保険者数を増加させる）。そして，最終的に被保険者数は年金拠出額に影響を及ぼすことになる。

　他方，年金給付額に対して，移民の流入は，65歳以上人口，5年前の60～64歳の被保険者数として影響を与える。そして，年金給付が65歳以上人口から影響を受けるのは，まさにこの年齢層が主な年金給付の対象者だからである。5年前の60～64歳の被保険者数から影響を受けるのは，年金給付を受けるには現役時代に被保険者である必要があるからである。また，年金給付は65歳以上の就業率や1人当たり年金給付額から影響を受ける。65歳以上の就業率から影響を受けるのは，在職老齢年金により働いている高齢者の年金給付額が減額される効果を考慮に入れるためである。なお，1人当たり年金給付額を被説明変数とする場合は，変化率とし，1期前の消費者物価指数の変化率，実質賃金の変化率の過去3年平均から影響を受けるように定式化しているが，これは2004年の年金制度改正において設定されている計算方法を可能な限り踏襲するためである。

　これらの影響の詳細については，付録に示すマクロ経済モデルの方程式群（シミュレーションの基となるモデル）を参照されたい。これらは，基本的には増田（2014）における方程式を用いているが，過去のデータ改定（消費者物価指数と人口）を考慮に入れるため，年金拠出額，年金受給者数，人口1人当たり年金給付額，年金給付額の方程式だけ再推定を行い，その結果を載せている（付録の方程式番号は(12), (13), (14), (15)）。

　先の先行研究が示すように，移民の流入が失業率を上昇させる影響については小さいことが予想される。実際，日本の都道府県パネルデータを用いて推定しても，影響はない（統計的に有意ではない）ことが明らかにされた（次のセクションで詳説）。したがって，移民の流入が失業率を上昇させ，賃金率を低下させ，年金給付額を減少させる効果はゼロであると仮定することは妥当と考え

られる。したがって，本分析のシミュレーションでは，これらの影響の経路は考慮に入れないこととする。

なお，マクロ経済モデルを構築する際に用いたデータソースは以下の通りである。将来人口，外国人入国超過の年齢分布，出生性比は，社人研「日本の将来推計人口」(2017年4月推計)，厚生年金給付額，厚生年金拠出額は内閣府「国民経済計算」，1人当たり厚生年金給付額，厚生年金受給者数，被保険者数は厚生労働省「厚生年金保険・国民年金事業の概況」，過去の人口は総務省「人口推計」，就業率は総務省「労働力調査」を用いた。

(2) 受入国の失業率に及ぼす影響

ここでは，移民の流入が受入国の失業率を上昇させる効果について，回帰分析を行うことにより検証を行う。推定は，1995年，2000年，2005年，2010年の47都道府県データのパネルデータを用いて行った。被説明変数は失業率，説明変数は，外国人居住者対前期比率，第三次産業就業者割合，女性の労働力率，DID（人口集中地区）人口である。

外国人居住者対前年比率は，t-5年の外国人居住者数からt年の外国人居住者

表8-3 移民の流入が受入国の失業率に与える影響

	失業率（%）
外国人居住者数対前期比率（%）	-0.0009 (0.536)
第三次産業就業者割合（%）	0.823 (0.000) ***
女性の労働力率（%）	0.025 (0.459)
DID人口	0.0000001 (0.696)
定数項	-3.787 (0.023) **
自由度修正済み決定係数	0.94
サンプル数（47都道府県×4期間）	188

(注) 固定効果モデルで推定。
　　*** は1%水準で有意，** は5% 水準で有意，* は10% 水準で有意。
　　上段の値は係数，下段の括弧内の値はp値。

数への変化率のことであり，ここではこれを移民・外国人の流入として捉えている[6]。また，失業率の構成要素である労働力人口と完全失業者からは外国人人口を除いているので，本失業率は日本人のみの失業率である。これは，流入する移民が受入国における日本人の失業率に及ぼす影響を検討するためである。女性の労働力率，第三次産業就業者割合を失業率の説明変数に入れたのは，女性が男性よりも不安定雇用に従事する場合が多く，サービス業従事者の転職率が高いからである（周 2007）。DID 人口を説明変数に入れたのは，都市的な地域とそれ以外の地域で失業率が異なると考えられるからである。これらの変数のデータソースはすべて総務省「国勢調査」である。

　推定に際しては，タイム・コンスタント（time-constant）で観察されない個別効果を考慮に入れるため，固定効果モデルで推定を行った[7]。推定結果は**表8-3**に示す通りである。外国人居住者対前年比率は有意ではないため，移民の流入は受入国における日本人の失業率を上昇させる効果（置換効果）はないと捉えることができる。この結果は，先の多くの先行研究の結果と一致している。第三次産業就業者割合，女性の労働力率の符号は予想通りだが，女性の労働力率は有意ではなかった。DID 人口も有意ではなかった。

第5節　移民の流入が将来の年金財政に及ぼす影響

　ここでは，先に示したマクロ経済モデルに基づき，移民の流入が老齢厚生年金の給付と拠出に及ぼす影響の将来シミュレーションを実施する。シミュレーション期間は 2015 年から 2065 年までの 50 年間であるが，これは先の社人研の人口推計期間に合わせたためである。同人口推計では 2115 年までの期間も別途公表されているが，生存数，出生率，出生性比，国際人口移動率のすべてが 2066 年以降一定と仮定されている参考推計であることを踏まえ，本分析のシミュレーション期間も 2065 年までとした。

　ここでは，2015 年以降の移民の将来の動きを，社人研の将来推計人口とは別

の独自の仮定に基づき推計し，これを社人研の推計人口に足し合わせ，その動きが日本の老齢厚生年金の給付額と拠出額に及ぼす影響についてシミュレーションを行っている。将来シミュレーションの人口シナリオとしては，以下の3通り設定した。

① 追加的な移民の流入がないケース
② 移民が毎年10万人流入するケース
③ 移民が毎年20万人流入するケース

先に示したように，①は社人研「日本の将来推計人口」（2017年4月推計）出生中位・死亡中位仮定の将来推計人口に相当する。②は①に独自に推計した移民が毎年10万人流入し定住する推計値を加算した人口であり，③は①に独自に推計した移民が毎年20万人流入し定住する推計値を加算した人口である。また，すべてのケースにおいて，人口以外の外生変数についても仮定を置いた。これらのうち主な変数は賃金，物価，就業率であるが，将来期間においては以下の通り仮定を設定する（これらは，増田（2014）で設定された前提とは異なる）。

将来の賃金，物価は，厚生労働省「平成26年財政検証結果レポート」に提示されている"経済再生ケース"による。

性別・年齢階級別就業率は，労働政策研究・研修機構「労働力需給の推計（2015年版）」における"経済再生・労働参加進展シナリオ"に従う。

なお，賃金，物価については，2023年以降当年の値を一定，就業率については2030年以降当年の値を一定として設定している。マクロ経済スライドは終始適用している。また，就業率については，2020年と2030年しか将来値が公表されていないため，不明の期間は線形補間で対処した。これらの仮定値は**表8-4**の通りである。

シミュレーション結果は**図8-4**，**図8-5**の通りである。これを見ると明らかなように，移民の流入なし，10万人，20万人の順で年金給付も拠出も額は大きくなっている。すなわち，移民の流入が大きいほど年金給付と拠出は大きくなっていることを意味している。また，この傾向は時系列で拡大しているが，その

程度は年金拠出の方が大きい。なお，2035年と2065年について，三つの将来人口シナリオ間で給付額と拠出額を比較してみると以下の通りとなる。2035年において移民の流入なしケースと比べると，給付額は10万人ケースの方が6,200億円，20万人ケースの方が1兆1,800億円多く，拠出額は10万人ケースの方が1兆600億円，20万人ケースの方が22兆400億円多い。また，2065年において移民の流入なしケースと比べると，給付額は10万人ケースの方が19兆3,800億円，20万人ケースの方が38兆2,300億円多く，拠出額は10万人ケースの方

表8-4 賃金，物価，就業率の将来前提値

(単位：%)

	CPI上昇率_調整	CPI上昇率	名目賃金上昇率_調整	名目賃金上昇率
2015	1.8	2.7	1.6	2.5
2016	1.8	2.7	1.6	2.5
2017	1.3	2.2	2.7	3.6
2018	1.1	2.0	2.8	3.7
2019	1.1	2.0	2.9	3.8
2020	1.1	2.0	3.0	3.9
2021	1.1	2.0	3.0	3.9
2022	1.1	2.0	3.3	4.2
2023〜	1.1	2.0	3.2	4.1

(単位：%)

男性就業率	2015年	2020年	2030年〜	女性就業率	2015年	2020年	2030年〜
15-19歳	15.4	17.8	23.8	15-19歳	15.9	17.2	18.0
20-24歳	63.7	64.8	70.9	20-24歳	66.3	68.5	70.2
25-29歳	88.5	89.5	90.7	25-29歳	76.2	78.8	82.1
30-34歳	91.9	92.6	92.9	30-34歳	69.4	76.5	81.6
35-39歳	93.3	93.6	93.9	35-39歳	69.3	74.4	81.0
40-44歳	93.2	93.6	94.1	40-44歳	72.6	76.7	82.5
45-49歳	93.1	93.6	94.0	45-49歳	74.9	77.2	80.5
50-54歳	92.2	93.2	93.6	50-54歳	74.3	78.5	82.6
55-59歳	90.1	90.8	91.6	55-59歳	67.2	71.7	76.8
60-64歳	75.6	82.1	85.9	60-64歳	48.4	52.2	57.5
65-69歳	52.1	60.2	65.7	65-69歳	30.9	33.1	38.4
70歳以上	22.5	24.4	28.2	70歳以上	11.7	13.0	15.0

(注) 1) CPIは消費者物価指数．
2) 調整とは，マクロ経済スライドにより調整された (0.9を差し引いた) 計数を意味する．

が63兆8,600億円，20万人ケースの方が128兆2,100億円多くなっている。

ここで重要なのは，給付と拠出の相対関係である。そこで，拠出に対する給付の比率を示してみることにする。先に示したように，この値が小さければ，社会保障給付を減らさなくても，社会保障拠出が増加することによりこの比率を減らすことができ，それだけ現役世代の負担は小さいということになる。**図8-6**は，年金の拠出額に対する給付額の比率のシミュレーション結果を示したものだが，移民の流入なし，10万人，20万人の順で比率は小さくなっており，

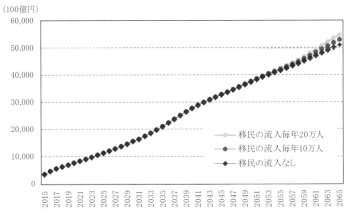

図8-4　厚生年金給付の将来シミュレーション

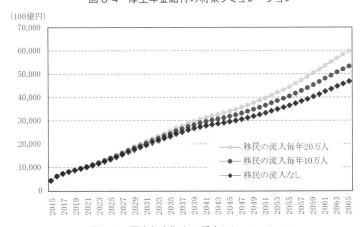

図8-5　厚生年金拠出の将来シミュレーション

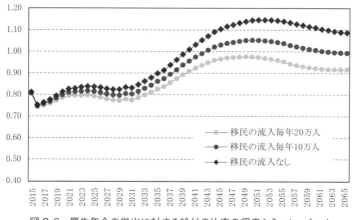

図 8-6　厚生年金の拠出に対する給付の比率の将来シミュレーション

移民の流入は現役世代の負担を緩和するように作用していることが分かる。また，移民の流入なしのケースでは，この比率が 2030 年代後半頃に 1 を上回り，10 万人のケースでは 2040 年代前半頃に 1 を上回っている。移民を受け入れる方が，拠出に対する給付の比率を低く抑えていることが分かる。ただし，20 万人のケースでは，シミュレーション期間において終始 1 を下回っていることから，移民の流入の多さが，現役世代の負担を大いに緩和していることが分かる。さらに，2050 年代に入ってからは，いずれのシナリオについても，それまで上昇していたこの比率は低下傾向を示している。移民の持続的流入が現役世代の負担を緩和する効果を持っていることも分かる。

　これらのことは，移民の流入が大きいほど年金給付総額と拠出総額はともに大きくなるが，拠出を増加させる効果の方が給付を増加させる効果よりも大きいことを意味している。

　年金制度は，そもそも人間の寿命にあたる 100 年単位で設計されるものであり，本来検証は 100 年単位で行われるべきものである。しかしながら，本シミュレーションの対象期間は，社人研の将来人口推計の対象期間である 2015～65 年の 50 年間としている。この点には留意が必要である。

おわりに

　本分析では,定住移民の流入が老齢厚生年金の将来の給付・拠出に及ぼす影響について,シミュレーションを通じて検討した。この結果,移民の流入が大きいほど年金給付総額と拠出総額はともに大きくなるが,拠出を増加させる効果の方が給付を増加させる効果よりも大きく,移民の流入は現役世代の負担を緩和させるように作用していることが明らかとなった。

　ただし,本シミュレーションの基礎となるモデルでは,流入してくる移民について熟練労働者か未熟練労働者かの違いを考慮に入れていない。また,本シミュレーションでは,移民がそのまま定住し,受入国と同じ条件で厚生年金に加入し保険料を払うという前提に基づくが,実際は未熟練労働者である場合が多いと考えられ,非正規労働者やパートなどの短時間労働者として働く場合が多くなると推察される。さらに,本シミュレーションでは,流入してくる移民の家族呼び寄せを考慮に入れていないため,その分年金財政に及ぼす影響が過小評価されていると考えられる。したがって,熟練労働者と未熟練労働者の違いや就業形態の違い,家族呼び寄せの効果などを考慮に入れると,これらの如何により,社会保障財政への影響は変わってくるであろう。これらの点についてはなお分析の余地がある。

　外国人・移民の流入が社会保障財政に及ぼす影響については,さらなる検証が望まれる。

付録　方程式一覧

〔推定式〕

(1)　$\ln(15\sim19歳厚生年金被保険者数) = 2.16 + 0.69 \times \ln(15\sim19歳就業者数男女計)$
　　　　　　　　　　　　　　　　　　　(10.44)　(16.14)

　　修正 $R^2 = 0.9$　　推定期間:1980~2010

(2) $\ln$（20~24歳厚生年金被保険者数）$= 0.41 + 0.81 \times \ln$（20~24歳就業者数男女計）
    $\qquad\qquad\qquad\qquad\qquad\qquad\quad$ (1.17)$\quad$(14.47)

　　修正 $R^2 = 0.87$　　推定期間：1980~2010

(3) $\ln$（25~29歳厚生年金被保険者数）$= -0.42 + 0.92 \times \ln$（25~29歳就業者数男女計）
    $\qquad\qquad\qquad\qquad\qquad\qquad\quad$ (-1.52)$\quad$(21.39)

　　修正 $R^2 = 0.94$　　推定期間：1980~2010

(4) $\ln$（30~34歳厚生年金被保険者数）$= 0.3 + 0.81 \times \ln$（30~34歳就業者数男女計）
    $\qquad\qquad\qquad\qquad\qquad\qquad\quad$ (1.34)$\quad$(23.3)

　　修正 $R^2 = 0.95$　　推定期間：1980~2010

(5) $\ln$（35~39歳厚生年金被保険者数）$= 0.1 + 0.84 \times \ln$（35~39歳就業者数男女計）
    $\qquad\qquad\qquad\qquad\qquad\qquad\quad$ (0.32)$\quad$(18.1)

　　修正 $R^2 = 0.92$　　推定期間：1980~2010

(6) $\ln$（40~44歳厚生年金被保険者数）$= -1.41 + 1.06 \times \ln$（40~44歳就業者数男女計）
    $\qquad\qquad\qquad\qquad\qquad\qquad\quad$ (-4.21)$\quad$(20.86)

　　修正 $R^2 = 0.94$　　推定期間：1980~2010

(7) $\ln$（45~49歳厚生年金被保険者数）$= -1.81 + 1.12 \times \ln$（45~49歳就業者数男女計）
    $\qquad\qquad\qquad\qquad\qquad\qquad\quad$ (-7.97)$\quad$(32.43)

　　修正 $R^2 = 0.97$　　推定期間：1980~2010

(8) $\ln$（50~54歳厚生年金被保険者数）$= -0.9 + 0.99 \times \ln$（50~54歳就業者数男女計）
    $\qquad\qquad\qquad\qquad\qquad\qquad\quad$ (-4.77)$\quad$(34.28)

　　修正 $R^2 = 0.98$　　推定期間：1980~2010

(9) $\ln$（55~59歳厚生年金被保険者数）$= -0.47 + 0.94 \times \ln$（55~59歳就業者数男女計）
    $\qquad\qquad\qquad\qquad\qquad\qquad\quad$ (-4.1)$\quad$(52.08)

　　修正 $R^2 = 0.99$　　推定期間：1980~2010

(10) $\ln$（60~64歳厚生年金被保険者数）$= -0.82 + 1.04 \times \ln$（60~64歳就業者数男女計）
    $\qquad\qquad\qquad\qquad\qquad\qquad\quad$ (-6.28)$\quad$(47.23)

　　修正 $R^2 = 0.99$　　推定期間：1980~2010

(11) $\ln$（65~69歳厚生年金被保険者数）$= -1.52 + 1.24 \times \ln$（65~69歳就業者数男女計）
    $\qquad\qquad\qquad\qquad\qquad\qquad\quad$ (-9.33)$\quad$(41.06)

修正 $R^2 = 0.98$　　推定期間：1980~2010

(12) ln（厚生年金拠出額）= －1.68 + 1.04 × ln（15~69歳厚生年金被保険者数）+ 2.01
　　　　　　　　　　　　　(-0.58)　　(2.34)　　　　　　　　　　　　　　　　　　　　　(2.80)

　　　× ln（CPI 1期前ラグ）+ 0.33 × ln（トレンド）
　　　　　　　　　　　　　　　　　(4.77)

修正 $R^2 = 0.98$　　推定期間：1981~2010

(13) ln（厚生年金受給者数）= －3.7 + 0.13 × ln（60~64歳被保険者数（－5））
　　　　　　　　　　　　　　　(-3.85)　　(1.74)

　　　－0.21 × ln（65歳と70歳以上就業率の男女合計）
　　　　(-1.48)

　　　+ 1.39 × ln（65歳以上人口）
　　　　(16.55)

修正 $R^2 = 0.99$　　推定期間：1985~2010

(14)　人口1人当たり厚生年金給付額の変化率
　　　　= 0.6 × 実質賃金の変化率の過去3年平均 + 0.69 × 消費者物価指数の
　　　　　(2.38)　　　　　　　　　　　　　　　　　　(2.07)

　　　変化率の1期前ラグ

修正 $R^2 = 0.49$　　推定期間：1983~2010

(15) ln（厚生年金給付額）= 2.79 + 0.54 × ln（厚生年金受給者数×人口1人当たり
　　　　　　　　　　　　　(2.94)　　(13.98)

　　　厚生年金給付額）+ 0.69 × ln（CPI 1期前ラグ）+ 0.19 ×
　　　　　　　　　　　　　(3.81)　　　　　　　　　　　　　　(4.84)

　　　ln（トレンド）

修正 $R^2 = 0.99$　　推定期間：1981~2010

〔定義式〕

(1)　15~19歳男性就業人口 = 15~19歳男性人口 × 15~19歳男性就業率

(2)　20~24歳男性就業人口 = 20~24歳男性人口 × 20~24歳男性就業率

(3)　25~29歳男性就業人口 = 25~29歳男性人口 × 25~29歳男性就業率

(4) 30~34 歲男性就業人口 = 30~34 歲男性人口 × 30~34 歲男性就業率

(5) 35~39 歲男性就業人口 = 35~39 歲男性人口 × 35~39 歲男性就業率

(6) 40~44 歲男性就業人口 = 40~44 歲男性人口 × 40~44 歲男性就業率

(7) 45~49 歲男性就業人口 = 45~49 歲男性人口 × 45~49 歲男性就業率

(8) 50~54 歲男性就業人口 = 50~54 歲男性人口 × 50~54 歲男性就業率

(9) 55~59 歲男性就業人口 = 55~59 歲男性人口 × 55~59 歲男性就業率

(10) 60~64 歲男性就業人口 = 60~64 歲男性人口 × 60~64 歲男性就業率

(11) 65~69 歲男性就業人口 = 65~69 歲男性人口 × 65~69 歲男性就業率

(12) 70 歲以上男性就業人口 = 70 歲以上男性人口 × 70 歲以上男性就業率

(13) 15~19 歲女性就業人口 = 15~19 歲女性人口 × 15~19 歲女性就業率

(14) 20~24 歲女性就業人口 = 20~24 歲女性人口 × 20~24 歲女性就業率

(15) 25~29 歲女性就業人口 = 25~29 歲女性人口 × 25~29 歲女性就業率

(16) 30~34 歲女性就業人口 = 30~34 歲女性人口 × 30~34 歲女性就業率

(17) 35~39 歲女性就業人口 = 35~39 歲女性人口 × 35~39 歲女性就業率

(18) 40~44 歲女性就業人口 = 40~44 歲女性人口 × 40~44 歲女性就業率

(19) 45~49 歲女性就業人口 = 45~49 歲女性人口 × 45~49 歲女性就業率

(20) 50~54 歲女性就業人口 = 50~54 歲女性人口 × 50~54 歲女性就業率

(21) 55~59 歲女性就業人口 = 55~59 歲女性人口 × 55~59 歲女性就業率

(22) 60~64 歲女性就業人口 = 60~64 歲女性人口 × 60~64 歲女性就業率

(23) 65~69 歲女性就業人口 = 65~69 歲女性人口 × 65~69 歲女性就業率

(24) 70歳以上女性就業人口 = 70歳以上女性人口 × 70歳以上女性就業率

※ 実質化は消費者物価指数（CPI）で除すことにより行った。
　ln は自然対数，d は階差，修正 R^2 は自由度修正済み決定係数，括弧内の値は t 値。

注

(1) ここでは，2014年までの実績データを用いているため，共済年金は厚生年金に含まれていない（2015年10月から共済年金は厚生年金に統一された）。
(2) 在留外国人数は，中長期在留者と特別永住者の合計である。なお，中長期在留者とは，以下の①から⑥までのいずれにもあてはまらない者のことである。①「3月」以下の在留期間が決定された者，②「短期滞在」の在留資格が決定された者，③「外交」または「公用」の在留資格が決定された者，④上記①から③までに準じるものとして法務省令で定める者，⑤特別永住者，⑥在留資格を有しない者。また，特別永住者とは，戦前から引き続き日本に居住している韓国・朝鮮および台湾出身者とその子孫のことである。
(3) 在留外国人数は6月と12月の2時点について公表されているため，ここでは12月の対前年同月増加数を示した。
(4) 後述するように，石井・是川・武藤（2013）は流入する外国人が年金財政に及ぼす影響を推計しているが，そこでは18～34歳の男性労働者が定住する仮定に加え，男性労働者の家族も定住する仮定も設けている。
(5) 男性の37歳の入国超過率を例に挙げて説明する。この入国超過率は −0.00135 であるため，正の値に変換する必要がある。男性のすべての年齢のうち最も入国超過率が低いのは53歳の −0.00263 であり，これより1単位少ないのは −0.00264 なので，男性の37歳の入国超過率 −0.00135 からこの −0.00264 を差しくことで 0.00129 とし，男性の37歳の負の入国超過率を正の値に変換している。他の年齢・性別の入国超過率で負の値が示される場合についても，同様の処置を行っている。
(6) ここにおける t−5 年の外国人居住者数から t 年の外国人居住者数への変化には，日本国内における外国人の移動も含まれている。ただしその割合は小さい。

(7) ハウスマン検定の結果，変量効果モデルではなく，固定効果モデルが採択された。また，Breusch-Pagan のラグランジュ乗数検定の結果，個別効果有りのモデルが採択された。

参考文献

石井太・是川夕・武藤憲真（2013）「外国人受入れが将来人口を通じて社会保障に及ぼす影響に関する人口学的研究」『人口問題研究』69(4)，65-85 頁。

上村敏之・神野真敏（2010）「公的年金と移民受け入れ：移民の経済厚生格差への影響」『経済学論究』64(3)，149-167 頁。

大竹文雄・大日康史（1993）「外国人労働者と日本人労働者の代替・補完関係」『日本労働研究雑誌』35(12)。

小黒一正（2013a）「シミュレーション分析 (1) 子育て支援，年金改革，財政再建」『人口動態と政策：経済学的アプローチ』日本評論社，179-199 頁。

小黒一正（2013b）「シミュレーション分析 (2) 移民政策」『人口動態と政策：経済学的アプローチ』日本評論社，201-216 頁。

佐藤格（2010）「経済前提の変化が年金財政に及ぼす中長期的影響：マクロ計量モデルによる年金財政の見通し」『季刊社会保障研究』46(1)，35-46 頁。

周燕飛（2007）「都市雇用圏からみた失業・就業率の地域的構造」『地域雇用創出の新潮流—統計分析と実態調査から見えてくる地域の実態』労働政策研究・研修機構。

増田幹人（2014）「高年齢者就業と年金財政」小崎敏男・永瀬伸子編『人口高齢化と労働政策』原書房，83-104 頁。

荻原里紗・中島隆信（2014）「人口減少下における望ましい移民政策—外国人受け入れの経済分析をふまえての考察—」，*RIETI Discussion Paper Series*, 14-J-018.

神野真敏（2013）「理論と実証 (4) 移民」山重慎二・加藤久和・小黒一正編著『人口動態と政策—経済学的アプローチへの招待』日本評論社 ,151-176 頁。

Angrist, J. and A. Kugler（2003）"Protective or Counter-Protective? Labor Market Institutions and the Effect of Immigration on EU Natives," *Economic Journal*, No.113, pp.302-331.

Borjas, G.（2003）"The Labor Demand Curve is Downward Sloping: Reexamining the

Impact of Immigration on the Labor Market," *Quarterly Journal of Economics*, Vol.118, pp.1335-1374.

Borjas,G. (2009) "Immigration in High-Skill Labor Markets: The Impact of Foreign Students on the Earning of Doctorates," R. Freeman and D. Goroff. (eds.), *Science and Engineering Careers in the United States: An Analysis of Markets and Employment*, University of Chicago Press, Chicago, pp.131-162.

Brücker, H. and E. J. Jahn (2011) "Migration and Wage-Setting: Reassessing the Labor Market Effects of Migration," *Scandinavian Journal of Economics*, Vol.113(2), pp.286-317.

Card, D. (2001) "Immigrant Inflows, Native Outflows, and the Local Market Impacts of Higher Immigration," *Journal of Labor Economics*," Vol.19(1), pp.22-64.

Gross, D. M. (1999) "Three Million Foreigners, Three Million Unemployed? Immigration and the French Labor Market," *Applied Economics*, Vol.34(16), pp.1969-1983.

Kerr, S. P., and W. R. Kerr (2011) "Economic Impacts of Immigration: A Survey," *Harvard Business School Working Paper*, 09-013.

Lucas, R. E. Jr. (1976) "Econometric Policy Evaluation : A Critique," K. Brunner and A. H. Meltzer (eds.), *The Phillips Curve and Labor Markets, Amsterdam*, North-Holland.

Rowthorn R. (2008) "The fiscal Impact of Immigration on the Advanced Economies," *Oxford Review of Economic Policy*, 24(3), pp.560–580.

(増田幹人)

終章　外国人受け入れをめぐる議論

はじめに

　わが国の外国人人口は，総務省「国勢調査」によると約175万人（2015年）であるが，法務省入国管理局が2018年3月27日に発表したところでは，2017年末の在留外国人数は256万1,848人と過去最高を記録している。また，厚生労働省「外国人雇用状況」の届出状況によれば，外国人労働者は約128万人（2017年10月末）に達している。すなわち，外国人人口の割合はいまだ低いものの，労働力としての存在はもはや無視できないものとなっている。

　今後50年間で，わが国の総人口は約32％減少し，生産年齢人口は約45％もの減少が見込まれている（国立社会保障・人口問題研究所「日本の将来推計人口」（出生・死亡中位推計））。まさに社会システムの持続可能性が問われている。そうしたなかで，移民政策の在り方が公的政策選択の課題として浮上してきている。終章では，移民受け入れ問題を改めて経済理論から考察するとともに，財政的側面さらには教育・社会保障の側面からも考察する。第1節では，わが国を含めて各国の外国人・移民の受け入れの現状と制度を概観し，第2節ではわが国での外国人・移民の受け入れの経済理論からのアプローチを検討する。その後，実証分析の文献から受入国の財政負担の側面を考察する[1]。第3節では，外国人・移民の受け入れにとって最も重要な政策となる社会統合問題を論考する。最後に，本章のまとめを行う。

第1節　移民・外国人受け入れの現状と制度

本節では，わが国を含めた先進国及びアジア諸国の外国人・移民の受け入れのシステムと現状を簡単に整理し，現状把握に努める。

(1) わが国の外国人・移民受け入れの現状と制度

わが国は，外国人の入国・滞在・居住等について「出入国管理及び難民認定法」（以下「入管法」）によって，その基本姿勢を示している。それによれば，「わが国の産業及び国民生活に与える影響その他の事情を勘案して法務省令で定める基準に適合すること」（入管法第3章，第1節，第7条第2項）[2]としている。外国人の就業に関しては，雇用対策法（2007年10月施行）で，専門的・技術分野の外国人の就業促進を重視するとともに事業主には外国人雇用状況の届けを義務化している。また，当面の基本的考え方として，「日本経済の活性化や国際競争力強化という観点から，高度外国人人材の受け入れ及び定着を支援することが重要であるとして，就労環境，生活面などの環境整備について政府全体で取り組む。雇用主に関しては，雇用管理の改善，日本語能力の改善を図る研修や職業訓練の実施，社会保険の加入等を通じて安定した雇用を確保する」としている（雇用政策基本方針　2014年4月厚生労働省告示）[3]。

上述の厚生労働省の「外国人雇用政策の基本的考え方」を見る限り，2008年の雇用政策基本方針（2008年2月29日厚生労働省告示第40号）に見られた単純労働者の受け入れなどに慎重な姿勢を示す文言が見当たらなくなっている[4]。代わりに，「……範囲の拡大については，労働市場や医療・社会保障，教育，地域社会への影響や治安等国民生活への影響を踏まえ，国民的議論が必要である」に留めている。ここから日本政府の外国人労働者受け入れ姿勢に微妙な方針変更が読み取れる。

こうした政府の姿勢の変化の最大の要因は，わが国の生産年齢人口の大幅な減少の見通しと，現状の人手不足の経済環境にあると考えられる。最近の外国

表 E-1　わが国の外国人労働受け入れ政策

	従来の制度	新たな政策
高度人材	学歴や年収などに応じて日本での活動を優遇（ポイント制）	「最短1年」での永住権
介護	経済連携協定（EPA）を結ぶ一部の国から受け入れ（インドネシア，フィリピン，ベトナム）技能実習制度，在留資格「介護」（2017年9月より）	「在留資格」を新設（特定技能1号）外国人技能実習生をベトナムから3年間で1万受け入れ予定（2017年11月から開始）
建設	原則，技能実習のみ（東京五輪までの特例で2年間の延期許可）	「在留資格」を新設（特定技能1号）
農業	原則，技能実習のみ，国家戦略特区	「在留資格」を新設（特定技能1号）
技能実習	最長3年（2017年5月より最長5年）	最長5年間

（資料）日本経済新聞 2010 年 11 月 19 日（朝刊）・2017 年 6 月 13 日（夕刊）及び 2018 年 11 月 2 日（夕刊）を参考に作成.

人労働者受け入れ政策は表E-1 のようにまとめられる．第1に高度外国人材受け入れ環境の整備，第2に外国人技能実習制度の見直し，第3に建設及び造船分野における外国人材の活用，第4に国家戦略特区における家事支援人材の受け入れ，第5に介護分野における外国人留学生の支援が「日本再興戦略」（改訂 2014 年 6 月 24 日）で閣議決定されている．また 2018 年 11 月 2 日に，実質的に単純労働者を含むという指摘もある外国人労働者受け入れを拡大する「出入国管理法改正案」を閣議決定した．この改正法は 12 月 8 日に国会で成立し，2019 年 4 月に施行される．そこでは，新たな在留資格「特定技能」を 2 段階で設けている．第 1 段階は，「特定技能 1 号」で，相当程度の知識または経験を要する技能を持つ外国人に就労を許可する．最長 5 年の技能実習を修了するか，技能と日本語力の試験に合格すれば資格を得られる．在留期間は通年 5 年で，家族の帯同は認めない．

　第 2 段階は，第 1 段階よりさらに高度な試験に合格し，熟練した技能を持つ外国人には「特定技能 2 号」の資格が与えられる．1～3 年ごとの期間更新が可能で，更新回数に制限がない．家族の帯同は認められている．10 年の滞在で永住権の取得要件の 1 つを満たし，将来の永住可能性が開ける．政府は，5 年間で最大約 35 万人の外国人労働者受け入れを考えている．

(2) 各国の移民・外国人受け入れ制度

表E-2は，イギリス，ドイツ，フランス，アメリカ合衆国，韓国，シンガポールの移民受け入れに関する制度をまとめたものである。上述の国は2000年代はじめ頃から外国人労働者受け入れを積極化している。その後2016年のイギリスのEU離脱の国民投票の結果により保守党のメイ首相が就任したが，この国民投票でも移民受け入れ問題が背景にあったとみられている。2017年6月8日に再度，総選挙が行われ，メイ首相が率いる保守党が後退し，コービン党首率いる労働党が躍進して，英国のEU離脱や移民政策は，混沌としてきた。アメリカ合衆国ではトランプが2016年の大統領選挙に勝利し，2017年1月20日大統領に就任した。その結果，これまで比較的移民受け入れに寛容であったアメリカが移民政策を大きく転換させた。2008年の秋にリーマン・ショックが起きるまで，上述の国はいずれも，景気が良く移民の受け入れを比較的積極的に行っていたことを思えば大きな変化と言える。

これらの国の多くは「選択的移民政策」を採用し，高度人材に関しては定住を積極的に促進しているが，未熟練労働者に関しては移民の抑制ないし帰国を担保としている。

高度人材に関して，どの国もウエルカムの政策を採用している。一般的には，高度人材は生産性が高く，賃金も高いので受入国の税収や経済成長に貢献するとして歓迎されている。その意味では，高度人材は各国で人材の奪い合いとなり十分人材を確保できてきないのが現状である。また，高度人材獲得政策はポイント制を通して，処遇を優遇することにより定住化，永住化へと導いている。

一方，高度人材以外の移民に関しては，国内労働者によってその職業の空席を埋めることができなかったという証拠の提出を雇用主に義務付けて，人材不足分野の職業リストを査定し，そこに外国人労働者を受け入れている。こうしたシステムを労働市場テストと呼んでいる。わが国では，労働市場テストは行われていない。今まで，比較的移民に寛容であったアメリカなどでは，ビザの発給の上限や割り当て制を導入して，特定の国や職業に移民が偏らないようにしてきた。移民受け入れに積極的であったシンガポールでも，2008年のリーマ

表 E-2　主要 6 カ国の移民受け入れ制度

	イギリス	ドイツ	フランス
受け入れ政策	・選択移民政策 ・2008年から段階的にポイント制を導入 ・5つの階層スキームが存在	・選択移民政策 ・入国管理法(滞在法, EU自由移住法, 就労法令, 就労手続き法令) ・入国管理法の特徴:「ワンストップ・ガバナンス」で「滞在許可」と「就労許可」の2つの申請手続きが必要ない	・選択移民政策(質の高い移民の受け入れは寛大, 非合法の移民の取り締まりを厳格化) ・滞在有効期間は雇用契約期間と同じ(最大4年):高度熟練労働者(専門分野あるいは科学分野の修士。3か月以上の雇用契約, 年間35,963.20ユーロ以上) ・その他の高度専門労働者の多くは, 長期滞在ビザは4カ月から1年
高度人材	・高度技術移民プログラム ・ポイント制 ・第1階層	・「国外職業資格認定改正法」施行(EU域外で専門技術を習得した外国人技能/熟練労働者の資格認定を簡素化で受け入れ促進):2012年 ・「ブルーカード国内法」施行最長4年のブルーカード付与:2012年 ・連邦雇用エージェンシーの同意不要あり	・フランスの経済・社会発展への貢献が高い高技術外国人労働者は積極的に受け入れ
介護	・2011年に人材不足職種リストから排除	・連邦雇用エージェンシーの許可を必要として, 職業教育を前提とする就労	・介護労働を不足職種として捉えていない
高度人材以外	・第3層(単純労働者), 第4層(学生), 第5層(他の短期移民)は, 帰国を担保させる ・第3層(単純労働者)は, 停止中だが, EU域内の労働移動は自由なので, 外国人労働者受け入れスキームの枠外で受け入れ	・2000年:グリーンカード制度導入(IT技術者の受け入れ促進) ・非熟練労働者については, 期限付きの区分で受けいれるため, 長期滞在と定住資格を得ることは, 不可能	・6か月以内の季節労働者を除けば, 未熟練労働者の受け入れは抑制
社会統合	統合政策の対象は難民や難民申請者であり, 外国人向けの統合政策はおこなわれていない	社会統合は, ほとんど実施してこなかった。2005年に移民法制定時に, ドイツ語や法秩序などを学ぶ「統合講習」が導入された。 2012年「統合講習令」の改正が施行され, 講習時間の拡大と受講料自己負担の引き上げ	2003年7月施行「受け入れ・統合契約」 移民の社会統合推進が目的で, 新規に滞在許可を申請する移民とフランス共和国との間で交わされる。市民教育, 言語教育

表 E-2　主要 6 カ国の移民受け入れ制度（続き）

アメリカ	韓国	シンガポール
・人数制限のための割り当て枠を設けながら、受け入れを積極的に行ってきた。〈トランプ政権〉 ・非熟練労働者の移民ではなく能力人数制限のための割り当て基づく移民制度に改める ・国内の不法移民に対して、就労を合法化し、納税を義務づける包括的な移民制度改革の制定を検討 ・移民の厳格化	・2003年「外国人労働者の雇用等に関する法律」を制定 ・専門職区分が高度人材、非専門区分が非高度人材 ・雇用許可制により、非熟練分野の外国人労働者受け入れ ・雇用許可は、一般雇用許可制と在外同胞（韓国系外国人）の特例雇用許可の2種類 ・在留資格は、一般雇用許可制が非専門就業（E-9）ビザ、特例雇用許可制が訪問就業（H-2）ビザ ・一般雇用許可制の最長滞在可能期間：9年8ヶ月	・オープンドア方式から転換 ・労働市場テストは実施されない、ガイドラインによる通達 ・2011年以降：外国人の受け入れを急激に制限。永住権の付与数も大幅に減少 ・全人口の3割が外国人で、その8割近くが就労ビザ ・一部を除き、受け入れスキームは、雇用許可制
・専門性の高い労働者の受け入れ枠を拡大	・2000年：特定技術分野で就労する高度外国人材に優遇措置を与えるゴールドカード ・2001年：韓国の教育機関・研究機関に所属する教授・研究者に優遇措置を与えるサイエンスカード ・専門職人材は、外国人雇用法の適用を受けず、雇用許可なしに出入国管理法が定める在留資格の範囲内で就労活動が可能	・Eパス（高度人材：P1パス、P2パスQ1パス）
・1100万人いる不法移民について、犯罪歴のある200～300万人の強制送還	・雇用許可制度は、国内労働市場で必要な労働力を見つけることができない企業が外国人労働者を合法的に雇用することを許可する制度 ・2004年「雇用許可制度」実施（製造業、建設業、農畜産業、サービス業の従業員300人未満の事業主は、国内で労働者を見つけることができない場合、労働部の許可を得て、外国人労働者を雇用できる	・Sパス（中技能労働者）、Rパス（非熟練労働者） ・Sパスはポイント制を採用
	2006年：外国人政策基本方向及び推進体系を策定。「外国人と共に生きる開かれた社会の実現」「履行課題①外国国籍同胞の包容、②結婚移民者・外国人女性・外国人子女の権益向上、③難民に対する実質的支援、④外国人労働者の処遇改善、⑤方法滞留外国人の人権保護、⑥多文化社会としての統合基盤	2009年：国家統合評議会を設立。「国民と移民との統合を図る」ことを目的としている。永住権取得者を「将来シンガポール国籍を取得する候補者」として捉え、各種制度において、シンガポール国民に近づく政策を採用。 中央積立金制度下での各種補助率格差の段階的縮小

（資料）　労働政策研究・研修機構（2008, 2009, 2013, 2014, 2015, 2018）．日本経済新聞 2017 年 3 月 2 日（朝刊）．

ン・ショック後，移民受け入れを抑制している。韓国は，1991年頃から労働力不足解消の目的で研修制度を導入したが労働者の待遇問題や失踪問題等でこの制度を取りやめた。代わって，2002年から就業を許可する就業管理制度を導入，さらに2004年から雇用許可制度を導入した。2006年末で既存の産業研修制度は雇用許可制度に統合されている（労働政策研究・研修機構 2013, p.195）。

第2節　移民・外国人受け入れの議論

　高所得国における低所得国からの移民の受け入れ問題に関しては賛否の議論が存在する。移民研究の第一人者であるハーバード大学のボーハス（Borjas）は，移民受け入れによる受入国の労働者の賃金低下を主張し，移民受け入れ反対論者であるが，近年では移民受け入れの議論には努めて参加しない。こうした議論は科学的論争より感情的議論に陥り易いため，移民受け入れに関する論争を行っていない（Borjas 2014 ; Powell 2015, 邦訳 p.284）。また，移民受け入れを全面的に否定すると，道徳的見地から非難されかねない。一方移民受け入れに全面的・無条件に賛成すると，それでは国内治安の維持が困難であると非難される。こうした事情もあり，移民受け入れの議論は慎重になされなければならない。本節では，わが国での移民受け入れの賛否の議論を経済学の理論的アプローチから考察する。

(1) 理論モデルからの考察
1) 後藤のモデル
　後藤（1990）は，労働経済学者が多く使用する部分均衡モデルでの分析では，移民を受け入れると，賃金が伸縮的な完全競争を想定する限り，移民余剰が生じ移民受け入れは経済的便益を生み出すが，国際経済学者が多く使用する一般均衡分析では必ずしも，移民受け入れは経済的便益を生み出すものではないとしている。

後藤（1990）は，生産要素である資本と労働を使用して，資本集約財と労働集約財の2財を生産し，生産された2財は輸出入の対象となると仮定している。また，小国の仮定を導入して，交易条件は変化しないとしている。

　こうした仮定の下で，外国人労働者を受け入れると，資本・労働比率が変化する。外国人労働者の受け入れは，生産要素の相対価格を変化させないと仮定する。貿易パターンが「非特化状態」（incomplete specialization）を維持するかぎり，生産要素の価格は変化しない（後藤 1990，p.68頁）。

　その結果，労働力を受け入れたことにより，労働集約財の生産が増加し輸入が減少するが，外国人労働者の受け入れによって利益を受けない。つまり，外国人労働の受け入れは，輸出入パターンの変化により吸収され，国内の賃金率は変化しない。その結果，受入国の経済的利害は影響を受けない（後藤 1990, p.68）。

　後藤（1990）は，資本と労働である生産要素のそれぞれに，輸出部門，輸入部門，非貿易部門の3部門を生産関数に導入して，モデルを組み一部の変数をシミュレーションして求め，その後推計を行っている。その結果，短期，中期，長期で外国人労働者（10万人，30万人，50万人）受け入れの結果を提示しているが，いずれも国民所得に及ぼす効果はマイナスとなっている。短期で30万人受け入れた場合は，国民所得が1.2％，中期では0.3％，長期では1.6％の減少となっている。

　後藤（2015）では，1990年のモデルに外国人労働者受け入れに関して，「定住移民」と「出稼ぎ的外国人労働者」を峻別して分析している。但し，後者では，出稼ぎ的外国人労働者の所得は全額母国に送金すると仮定している。シミュレーションの結果，受入国の厚生水準は，最初のうちは外国人労働者の受け入れ数が増えるにつれて低下するが，526万人以上受け入れれば増加に転じる。外国人の受け入れがゼロの場合より厚生水準がプラスになるのは（$t = 0.2174$，但し，tは関税率プラス非関税障壁の関税相当率），受け入れ数1,120万人以上の場合であり，非現実的な仮定であるとしている。

2) 山本のモデル

　山本（1992）も後藤（1990）と同様，一般均衡モデルを使用して外国人受け入れの議論を展開しているが，後藤（1990）と異なる分析結果を提示している。後藤と同様，山本は2生産要素2財が存在すると仮定している。労働力不足の国は，労働集約財を輸入し，資本集約財を輸出する貿易を行うと初期時点の均衡点が移動する。

　労働力不足の国が労働集約財を輸入しないで，労働を輸入，つまり外国人労働受け入れ政策ないし移民政策を行った場合，リプシンスキーの定理により[7]，生産可能性曲線が下方にシフトし，生産と消費の均衡点は移動する。その結果，労働集約財を輸入するより移民政策を行った方が，経済的厚生が増加することが示される。

3) 後藤と山本のモデルの比較検討

　後藤（1990）の提示したモデルでは，移民政策を行うと，資本・労働比率が変化するが，等産出量曲線がシフトせず，以前の状態を維持している。一方，山本（1992）のモデルでは，移民政策により社会的消費無差別曲線が上方にシフトして経済的厚生を高めている。両者の結論を異にしているところは，移民政策を行ったときに，等産出曲線の上方シフトがあるかないかである。後藤のモデルも移民政策により資本・労働比率がシフトしているので，生産可能性曲線がシフトしていると解釈できる。それに伴って，等産出量曲線も上方にシフトすると考えられる。それにより，山本が示しているように社会的消費無差別曲線の上方シフトが発生する。よって，理論的には，移民政策は受入国の経済的厚生を高めると結論づけられる。

4) 外国人労働者の雇用と費用

　わが国が外国人を受け入れた場合，言い換えると，国内で外国人労働者を雇用した場合，わが国に便益を与えるか否かを，労働経済学で使用するアファーマティブ・アクション・プログラム（affirmative action programs）[8]理論で考察する（図E-1参照）。縦軸に外国人労働者（LF）をとり，横軸に日本人労働者（LJ）をとる。それぞれの賃金をWF，WJとして無差別であると仮定する。右

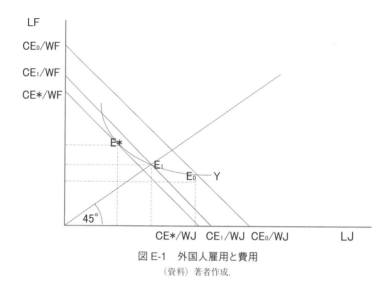

図 E-1　外国人雇用と費用
（資料）著者作成.

　下がりに示されている線（CE_0/WF と CE_0/WJ など）は等費用曲線で，原点に近いほど費用が少ない。Y は等産出量曲線である。45 度線は日本人雇用者数と外国人雇用者数の比率が等しい線である。提示されている図によれば，費用最小の点は等費用曲線（CE^*/WF と CE^*/WJ）と等産出量曲線（Y）が接する E^* の点で与えられる。ここで CE は一定の費用を示している。

　いま，わが国は E_0 の組合せが選択されていると仮定したならば，日本人雇用比率が外国人雇用比率を上回っている。この場合，外国人労働者比率を増加させ，E_1 まで外国人比率を増加させれば，等費用曲線（CE_0/WF と CE_0/WJ）は下方（CE_1/WF と CE_1/WJ）にシフトすることになり，費用が低下し企業の利潤が増加することになる。

　この理論から，費用を最小化するには，外国人労働者と日本人労働者の最適な雇用比率が存在していることを示唆している。いま，外国人労働者の流入ないし移民政策を行わないと，かえって費用が増加することを教えている。

(2) 移民・外国人受け入れと財政問題
1) 受入国の財政問題[9]

　経済学の多くの文献は移民が経済的便益を与えることを提示しているが，外国人労働者受け入れないし移民が財政的にどれほどの影響を与えるかの計測問題は，複雑な問題を多く含んでいて，簡単に答えが出せない。部分均衡分析の完全競争モデルでは，移民・外国人受け入れは社会的余剰を生み出すが，その大きさの測定問題には困難を伴う[10]。なぜなら，受入国にとり，移民を受け入れことにより移民が伴う子供の教育や社会保障問題で財政に負担を強いる一方，移民受け入れにともない，住宅や消費の拡大により需要が拡大したり，納税者が増大したり，賃金下落により企業の収益が増加することも考えられる。一般的には，移民受け入れにより彼らの納税が彼らの受け入れ費用を上回れば財政は黒字であり，移民の納税が受け入れ費用を下回れば財政は赤字となる。

　移民の財政に与える影響を考える際に，考慮しなければならない点がいくつかある。第1に期間の問題である。短期と長期により移民受け入れ効果が大きく異なると考えられる。第2は，長期で考える場合，移民の子孫を何世代まで計算に入れるかにより推計結果が異なる。第3に受入国の労働者と移民労働者の代替と補完の問題を考慮する必要がある。第4に，移民受け入れによる需要拡大効果も考慮に入れる必要がある。これらを全て正確に考慮したモデルを作成し推計することは現時点では不可能である。どれ一つとっても，研究者により見解が異なりコンセンサスを得ることは難しい。こうした事柄を考慮しながら，以下に紹介する文献を考察することにする。

2) 財政への影響の計測方法

　図E-2は，外国人・移民受け入れの財政的影響を測定する分析方法をまとめたものである。大きく2つの分析方法がある。第1は静学を取り扱う静学会計方式である。第2は，動学で取り扱う純移転プロファイル，世代会計，マクロ経済モデルの応用一般均衡モデル（Computable General Equilibrium Model; CGE）である。どの推計方法も長所と短所を持つ。

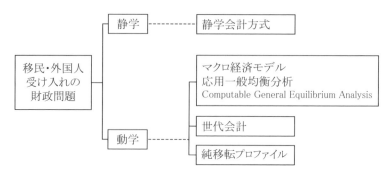

図 E-2　外国人・移民受け入れによる財政的影響の測定方法
(資料) OECD (2013) とナウラステ (2016) を参考に著者作成.

3) 静学分析

　静学会計モデルは，外国人・移民をある特定の時点，場所，外国人・移民グループで切り取って，財政にどれほど貢献するかを測定する。移民の財政的インパクトを測るのに最も容易で直接的アプローチである。OECD（経済協力開発機構）は，モデルが簡単であり，移民が政府財政にどのような影響を与えるかを研究するための出発点として妥当であるとしている（OECD 2013, pp.133-137）。静学分析のマイナス面は，第1に，現時点の外国人・移民のみが対象となることである。外国人・移民の将来を考慮しないため，年齢や技能取得によって所得が変化したとしても，その効果は考慮されない。第2に，時間による政府の政策の変化や，移民労働者の生涯にわたる税金の支払いと政府からの給付を無視している。第3に分析対象となる年の景気変動により，外国人・移民労働者の政府への貢献度が大きく変動する。

　Lee and Miller のアメリカ合衆国についての研究結果によれば，移民と彼らの子孫による財政面での純貢献が1994年に州・地方政府レベルで274億ドルの赤字である一方，連邦政府では509億ドルの黒字が発生している（GDPの約0.35％に相当する黒字となっている）ことを報告している（Lee and Miller 1998）。一般的に静学分析では，移民は差し引きで連邦政府の税収を増加させ，州・地方政府については増減いずれもありうるがその幅はほとんどわずかであ

ると報告している（Lee and Miller 1998, OECD 2013）。

4）動学分析

静学分析は時間を考慮しない一時点ないし短期間のクロスセクション分析であるが，動学分析は時間を考慮し，比較的まとまった期間ないしは長期分析となる。その第1は，純移転プロファイルモデルである。このモデルは，移民とその子孫の財政的インパクトを静学会計モデルで数十年拡張して純移転を測定する。追加的移民の純財政的寄与に関して，年間純財政収支の予測を純現在価値（Net Present Value; NPV）で示す。第2は，世代会計（Generation Accounting; GA）モデルである。このモデルは，公的債務の時間的分布，つまり，どの世代が政府支出の資金調達に貢献しているかに焦点を当てる。GA は債務の実際の水準だけでなく，暗黙的な支払義務，例えば年金も含めて評価する。第3はマクロ経済モデルである。このモデルは，一般均衡モデルの応用で，移民到来以前のトレンド・ラインとの比較による移民の経済効果，税収の変化，政府支出の変化などを予測する。

第1の純移転モデルは，静学会計モデルから始め，出身国別の移民グループとその子孫の生涯にわたる純所得移転プロファイルに拡張し，正味現在価値で財政への影響を示す。

OECD（2013）は Lee and Miller（1997）の研究結果を紹介している[11]。その推計結果によれば，アメリカ合衆国の財政への影響は移民の教育到達度に依存する。1990年代中頃の移民は，高等教育を受けた移民のみが正の NPV を持つ。平均して，典型的な移民は3,000ドルの純財政的損失を生み出す。しかしながら，移民の子孫を含めれば，劇的に変化する。移民の受入国生まれの子孫の統合結果の推計は，子孫が正の財政的貢献をすることを示す。結果として，平均的移民は財政的負担を生まず，むしろ現在価値で80,000ドルの財政的利得をもたらす。移民の到達時の年齢と教育到達度が財政的貢献において重要である。

第2の世代会計（GA）モデルを使用して，移民の影響を推計した Auerbach and Oreopoulos（1999, 2000）は，次の結論を得ている。第1に，移民の貢献が財政的圧力を緩和するのかどうかは，財政的圧力が将来世代の負担としてどの

程度生じるかに依存する。現在，米国に関して推計された全体の財政不均衡が将来世代に置かれるならば，新しい移民の存在は，ネイティブの負担を軽減する。第2に，移民からの財政の利得があるかどうかは，政府支出が移民人口と共に増加する程度に依存する。第3に，財政収支上の移民の影響は，全体的な不均衡自体の大きさに比べ非常に小さい。それゆえ，移民は，現存する財政不均衡の主な原因ではない。財政的不均衡の潜在的な解決策として，移民を見るべきでない。

　ナウラステ（2016）は，Rowthorn（2008）の結果を紹介している(12)。それによると，移民は人口の平均年齢を下げ，社会の年齢構成に影響を与える。その結果，給付の従属人口比率を改善し，長期の政府財政に大きな影響を与える。一時的移民の大幅増加があったとしても，従属人口比率は少しの改善に留まる。イギリスにおいて就業年齢にあたる期間限定の出稼ぎ労働者が350万人増加した場合でも，従属人口比率は0.43から0.39に低下する程度である。また，移民がドイツ，スペイン，イタリア，EU，オーストリアにおいて長期的な財政収支の改善に役立っている。フランスにおいては，財政的にはマイナスに寄与している研究結果を紹介している（ナウラステ　2016, pp.78-79）。

　世代会計モデルの無限期間の重複世代の経済では，正味負担は受入国人口の純増と完全に一致する。それゆえ，移民労働者は，労働供給を増加させ，退職者に年金給付の財源を提供する。これにより，受入国に恩恵をもたらしている。無限期間の世代重複会計モデルでは，移民が財政にプラスの影響を与える（Razin and Sadka 2004）。

　第3のマクロ経済モデルの応用一般均衡（CGE）モデルを用いたLee and Miller（2000）のアメリカ合衆国についての研究結果によれば，移民の財政への影響は，最初はマイナスとなる。なぜなら，移民は子供を学校にかよわせ，到着直後は収入も低いからである。財政的に正になるのは，16年後である。勤労期に入りプラスに転換し，その後，退職と共に負となる。

　アメリカ合衆国への移民が毎年10万人ずつ受け入れられた場合，連邦政府は常に支出控除後の収入が純増となり，州政府の収入はわずかながら純減となる。

連邦政府の税収増加は75年後に連邦歳入の0.7％，州政府の税収減少は同じく純税収の0.5％であるが，決してマイナス0.5％を超えない。全体のインパクトは，はじめ負であるが，数十年後には正となるが，全税収に対する比率は小さい（Lee and Miller 2000, p.352）。

Storesletten（2000）は，アメリカで移民政策の変更だけでベビーブーム世代の高齢化による公的年金の赤字が解決できるかどうかを調査するためにカリブレートされた世代重複一般均衡モデルを使用する。移民政策は，高度なスキルと中程度のスキルを持つ労働者の流入により特徴付けられる。彼の推計によると，40歳から44歳の高技能の移民を年間160万人追加的に受け入れることで，公的年金制度は均衡することを見出し，選択的移民政策の可能性を提示している。一方，Storesletten（2003）は，高福祉国家のスウェーデンが移民を受け入れた場合も検討している。その結果，年齢の若い移民労働者（20-30歳）1人当たり23,500ドル便益をもたらすが，50歳以上の場合，若者の利得の5倍の損失が発生する。新しい移民は20,500ドルの純政府損失となる。財政的に重要な要因は，就業率と年齢であることを見出している。移民の若い労働者に関して，就業率60％が財政収支の分岐点となる。

Shimasawa and Oguro（2010）は，16ヵ国と地域で年間15万人の移民受け入れをシミュレーション分析している。その結果，日本に関しては移民受け入れにより，経済厚生が改善することを見出している。一方，消費税の増税のみは，長期的な経済厚生を改善させない結果となっている。彼らの経済厚生の改善メカニズムは次のようなものである。移民受け入れにより，生産年齢人口が増加，年齢の若返り効果と貯蓄率の上昇（移民受け入れがない場合より14％増加）によりGDPが増加する。

本項のまとめとして，静学分析の結論は，移民の財政への影響はほとんどがプラスであるが，その程度は比較的小さい。動学分析からの結論は，移民の影響がGDPの1％以上であることは稀である。移民水準の劇的な変化でさえ，政府予算と財政赤字に与える影響はわずかである。財政面から移民政策を考えるべきではない。

OECD (2013) の文献レビューから，移民が財政に与える重要な要因に着目すると，第1に就業状態を挙げることができる。次節で取り上げる社会統合との関連でも重要である。第2は労働であり，移民のカテゴリー（労働，家族，人道的）の中で，労働が他のカテゴリーより財政に正の影響を与える。第3に移民の年齢は，財政的に重要な影響を与える。

第3節　社会統合と同化政策

本節では，移民・外国人の受入国にとって，財政的負担問題と並び重要な課題である社会統合に関して考察する。社会統合の政策手段として同化政策に注目し，きわめて重要な役わりを担う言語習得について考察する。各国の社会統合に関しては前掲の**表E-2**にまとめている。[13]

同化政策の一つとして言語教育プログラムを実施することの目的は，外国人・移民労働者の就業機会を高め，受入国への経済的貢献を高めることにある。また，移民・外国人が「望まれない移民・外国人」に転落することを防ぐ意図がある。暴動などが起こることによる社会損失を防ぎ，社会保障の面での将来的な負担の軽減となることが期待される（労働政策研究・研修機構 2013）。

Lazear (1999) は，共通の文化や共通の言語は，個々の取引を促進するので，個人は他の言語や文化を学ぶインセンティブを持つと言う。その結果として，潜在的に大きい取引パートナーを持つ。大きい少数グループの個人より小さい少数グループの個人で，同化の価値が大きいことを見出している。つまり，ある社会で非常に大きな多数グループが1つの文化を持っている場合，少数グループの個人はより素早く同化する。移民の母国の文化や言語が移民先の国で広く普及している場合，同化はスムーズに行われないとしている。オーストリアに関しては，Chiswick and Miller (1996) によって同様の結果が確認されている。Chiswich, Lee and Miller (2008) は家族間と移民の言語能力を研究した結果，移民の子供達は母親の言語上達と負の効果を持つが，父親に対しては効果を持た

ないこと，配偶者の言語スキルはかなり正の関係があることを見出している。

ヴィグドー（2016）は，データによる先行研究は必ずしも十分ではないが，先行研究から一致した次の結論が得られていると言う。アメリカの第1世代の移民は文化的にも市民的にも主流派への同化をある程度実現し，彼らの子供たちが大人になった時には生粋のアメリカ人とほとんど見分けがつかない。

Chiswick（1978）によれば，移民は当初は受入国民の収入よりも少ない収入しか得られないが，アメリカの労働市場の経験から，10～15年後には収入は受入国と同等の収入となり，その後アメリカ人を上回る。Chiswick and Miller（2001）によれば，カナダへの移住時の年齢が若いほど，居住期間が長いほど，教育の到達度が高い。またカナダから出身国が遠く，母国語が英語またはフランス語の言語に近く難民ではない人々，元英国，フランス，アメリカの植民地の人々，母国語を話す人が少ない地域に住む人々の間で，より多く英語またはフランス語を使用する（Chiswick and Miller 2001）。

文化的同化指数は，各個人の英語を話す能力，結婚歴，アメリカ生まれの配偶者と結婚したかどうか，子供の数といった4つのデータを組み込んでいる（ヴィグドー 2016）。この指数から，10年以上前の移民とここ数年の移民では同化スピードが異なり，その速度は加速していることが見て取れる。その理由は，2008年の不況である。同化していない移民は帰国する傾向があった。市民的同化指数には，過去および現在の兵役，市民権のデータが組み込まれている。1990年代後半の移民グループの市民的同化指数は2010年時点で約33％に達しており，入国後10～15年以内に帰化している。移住後30年で70％以上が帰化していることを報告している。Chiswick and Miller（2008）の研究結果によれば，教育年数，移住時の年齢，移住年数，米軍の退役軍人，家族との暮らし，および配偶者の学歴が帰化変数に重要である。出身国に関しては，市民の自由や政治的権利の程度，一人当たりGDP，出身国が二重国籍を認めているかどうか，米国との地理的距離等が影響していることを明らかにしている。

表E-2からもわかるように，社会統合は十分に行われている国は少なく，行われていても十分とは言えず，ヨーロッパ諸国でも大きな課題となっているのが

現状である。

おわりに

　移民・外国人受け入れの是非についての意見の相違は，おもに非経済的な影響についての意見の相違による。例えば，移民・外国人を受け入れることにより，治安が悪化すると考える人々がいる。客観的データを見ると，わが国に関して，外国人流入増加と外国人の犯罪件数は反比例の状態である（法務総合研究所編 2014）。つまり，いまのところ，外国人受け入れにより犯罪件数が増加するという根拠はない。[14] 実証分析の結果は，受入国の賃金・雇用への影響に関して，意見が分かれるがそれでも影響は軽微であるとする分析結果が圧倒的に多い。パウエルの報告によれば，移民数を1標準偏差分増加させると経済的自由は0.34ポイント高まり，移民割合を1標準偏差の大きさだけ上昇させると，長期の年間成長率は0.45％高まるという（Powell 2015, 訳書 p.306）。パウエルの結論は，現行の移民水準，またはそれを少し上昇させたとしても，その影響を心配することは無用であることを示唆する。パウエルは，移民拡大は世界の所得を増加させ，移住した人々の生活を急激に改善させるだろうと述べている（Powell 2015, 訳書 p.307）。

　次に，外国人労働受け入れは，産業構造の高度化を遅らせるかという問いについて，どう考えたらいいだろうか。中村他（2009）の分析結果によれば，外国人労働者の導入比率が高まることにより，技術・技能の高い労働者との組み合わせが必要な資本の導入が短期的に阻害される可能性がある。また，外国人労働者導入企業は非熟練労働者と補完的な資本を導入することにより，中・長期的残存確率を高める。短期的に外国人労働者導入を行った企業のうち，より非熟練労働集約的な技術に特化した企業は中長期的にも一定の市場競争力を確保している可能性がある。それゆえ，非熟練の外国人労働者の導入はマクロ的に見て中長期的な産業構造の高度化を遅らせる可能性がある。

そこで，外国人労働力に依存することなく，現状および将来の労働力不足をAI（人工知能）・ICT（情報通信技術）・ロボット等で代替することが可能ではないかと考える人々もいると思われる。これに対し，筆者は，そのような先端技術の導入のみでは少なくとも短期的には解決策にはならないと考える。なお，紙面の関係で，十分考察できなかったが，移民・外国人の受入国の社会統合政策は，人的資本の蓄積の側面から極めて重要である。社会統合政策の如何により，移民・外国人労働者の受入国への貢献が異なる結果をもたらす。

　最後に，本書の各章を担当した筆者により移民受け入れの賛否に関する議論は異なることを申し添えて終わりにしたい。

注

(1) 移民・外国人の「受け入れ」という語は多義的ともいえるが，本章では人数の増加という量的な側面と，滞在や就業などに関する自由と権利の拡大という側面の両面を含めて検討する。小﨑（2018a, pp.101-102；2018b）も参照されたい。
(2) 入管法は 2018 年 12 月に一部改正された（2019 年 4 月施行）。特定技能（1 号，2 号）という在留資格が新設された。
(3) 厚生労働省ホーム・ページの外国人雇用政策の基本的考え方（http://www.mhlw.go.jp/stf/seisakunitsuite/bunya/koyou_roudou/koyou/gaikokujin/gaikokujin17/index.html，2017 年 6 月 18 日確認済）。
(4) 厚生厚労省の以前のホーム・ページでは「単純労働者に関しては，国内の労働者に関わる問題を始めとして日本の経済社会と国民に多大な影響を及ぼすと予想されるため，国民のコンセンサスを踏まえつつ，十分慎重に対応する」と記述されていた（小﨑 2008, p.100）。2018 年 12 月の「入管法の改正」により，事実上，単純労働者受け入れが開始された。
(5) 日本の外国人受け入れに関する詳細は，本書の第 4 章を参照してほしい。
(6) 日本経済新聞 2018 年 11 月 2 日（夕刊）1 頁。第 1 号の想定する 14 業種は以下の業種である。介護，ビルクリーニング，素形材産業，産業機械製造，電気・電子機器関連産業，建設，造船・船用工業，自動車整備，航空，宿泊，農業，漁業，

飲食料品製造，外食。
(7) リプシンスキーの定理：生産要素賦存量の増加はその生産要素を集約的に用いている産業の生産に対して偏った生産可能性フロンティアをもたらす。ある生産要素賦存量の拡大は，それ以上の率で生産可能性フロンティアの拡大をもたらす（澤田 2005, p.34）。
(8) 積極的差別解消計画と呼ばれているもので，少数の人種や女性の従業員を定められた割合以上に雇用するよう国が求める政策である（樋口 1996, p.41；大森 2008, p.102）。
(9) わが国の外国人受け入れと社会保障の財源に関しては，本書の第8章を参照してほしい。
(10) 小﨑（2015, p.98）参照。
(11) Lee, R. and T. Miller（1997）"The Lifetime Fiscal Impacts of immigrants and their Descendants," Smith, J. and B. Edmonston (eds), *The New American-Economic, Demographic, and Fiscal Effects of Immigration*, Washington,DC: National Academy, pp.297-362.
(12) Rowthorn. E (2008) "The Fiscal Impact of Immigration on the Advanced Economies," *Oxford Review of Economic Policy* 24 (3), pp.560-580.
(13) 社会統合には，労働市場への統合や生活統合，政治統合など多数の側面が考えられるが，紙面の制約上最も重要と思われる言語習得を中心に記述する。社会統合と同化政策に関しては，社会学者の間でも分類方法が多くあり，まとまっているわけではない。ここでは，社会統合の手段として同化政策を考えている。
(14) 外国人の犯罪件数も，国の外国人に対する取り締まりの程度により異なる。国の施策と関係しているようである。不法滞在の取り締まりの程度により，犯罪の件数が異なったりすることがある。

参考文献

ヴィグドー・ジェイコブ（2016）「アメリカ移民の市民的・文化的同化政策」ベンジャミン・パウエル編，薮下史郎監訳，佐藤綾野・鈴木久美・中田勇人訳『移民の経済学』東洋経済新報社，89-121頁。

大森義明（2008）『労働経済学』日本評論社。

小﨑敏男（2008）「人口減少と外国人労働政策」『東海大学紀要政治経済学部』第40

号，99-130 頁。

小﨑敏男（2015）「移民受入れの経済学的検討」『東海大学紀要政治経済学部』第 47 号，87-109 頁。

小﨑敏男（2018a）『労働力不足の経済学』日本評論社。

小﨑敏男（2018b）「労働力不足対策としての外国人労働政策」『NETT』No.100, 64-67 頁。

後藤純一（1990）『外国人労働の経済学』東洋経済新報社。

後藤純一（2015）「少子高齢化時代における外国人労働者受入れ政策の経済学的分析」国際経済，J-STAGE Advance Published Date; August 19, 2015。

澤田康幸（2005）『国際経済学』新世社。

ナウラステ・アレックス（2016）「移民の財政への影響」ベンジャミン・バウユル編，薮下史郎監訳，佐藤綾野・鈴木久美・中田勇人訳『移民の経済学』東洋経済新報社，47-87 頁。

中村二朗・内藤久裕・神林龍・川口大司・町北朋洋（2009）『日本の外国人労働力』日本経済新聞出版社。

樋口美雄（1996）『労働経済学』東洋経済新報社。

法務総合研究所編（2014）『外国人犯罪に関する研究』キタジマ。

山本繁綽（1992）『国際労働移動の経済学』関西大学出版部。

労働政策研究・研修機構（2008）『諸外国の外国人労働者受入れ制度と実態 2008』JILPT 資料シリーズ，No.46。

労働政策研究・研修機構（2009）『アメリカの外国人労働者受入れ制度と実態』JILPT 資料シリーズ，No.58。

労働政策研究・研修機構（2013）『諸外国における高度人材を中心とした外国人労働者受入れ政策』JILPT 資料シリーズ，No.114。

労働政策研究・研修機構（2014）『欧州諸国における介護分野に従事する外国人労働者』JILPT 資料シリーズ，No.139。

労働政策研究・研修機構（2015）『諸外国における外国人受入れ制度の概要と影響をめぐる各種議論に関する調査』JILPT 資料シリーズ，No.153。

労働政策研究・研修機構（2018）『諸外国における外国人受入れ制度―非高度人材の位置づけ―』JILPT 資料シリーズ，No.207。

Auerbach, A. J. and P. Oreopoulos（1999）"Analyzing the Fiscal Impact of U.S

Immigration," *American Economic Review*, 89(2), pp.176-180.

Auerbach, A. J. and P. Oreopoulos (2000) "The Fiscal Effects of U.S. Immigration: A Generational-Accounting Perspective," J., M.Poterba (ed.), *Tax Policy and the Economy*, MIT Press, pp.123-156.

Blau, F. D. and C. Mackie (eds.) (2016) *The Economic and Fiscal Consequences of Immigration*, Washington, DC: National Academy press.

Borjas, G. J. (2014) *Immigration Economics*, Harvard University Press.

Chiswick, B. (1978) "The Effect of Americanization on the Earnings of Foreign-Born Men," *Journal of Plitical Economiy,* 86(5), pp.897-921.

Chiswick, B. (2008) *The Economic of Language: An Introduction and Overview*, IZP Dicussion Paper No.3568.

Chiswick, B. and P., W. Miller (1996) "Ethnic Networks and Language Proficiency among Immigrants," *Journal Population Economics* No.9, pp.19-35

Chiswick, B.and P. Miller (2001) "A Model of Destination-Language Acquisition: Application to Male Immigrants in Canada,"*Demography*, 38. pp.391-409.

Chiswick, B., Lee, Y. L. and P. Miller (2008) *Family Matters: The Role of the Family in Immigrants' Destination Language Acquisition*, IZP Discussion Paper No.460.

Chiswick, B. and P. Miller. (2008)*Citizenship in the United States: The Roles of Immigrant Characteristics and Country of Origin*, IZP Discussion Paper No.3596.

Lazear, E. (1999) "Culture and Language," *Journal of Political Economy*, 107(6), pp. S95-S126.

Lee, R and T., Miller (1998) "The Current Fiscal Impact of Immigrants and Their Descendants: Beyond the Immigrant Household," James P. Smith and Barry Edmonston (eds.), *The Immigration Debate*, Washington DC: National Academy Press, pp.183-205.

Lee,R. and T.Miller (2000) "Immigration, Social Security, and Broader Fiscal Impacts," *American Economic Review*, Vol.90(2), pp.350-354.

OECD (2013) *International Migration Outlook 2013*.

Powell, B. (ed.) (2015)*The Economics of Immigration: Market-Based Approaches, Social Science, and Public Policy*, Oxford University.（薮下史郎監訳，佐藤綾野・鈴木久美・中田勇人訳（2016）『移民の経済学』東洋経済新報社）

Razin, A. and E. Sadka (2004) "Welfare Migration: Is the Net Fiscal Burden a Good Measure of Its Economic Impact on the Welfare of the Native Born Population?," *NBER Working Paper* No10682.

Shimasawa, M. and K, Oguro (2010) "Impact of Immigration on the Japanese Economy: A Multi-Country Simulation Model", *Journal of the Japanese and International Economies*, 24, pp.586-602.

Storesletten, K. (2000) "Sustaining Fiscal Policy through Immigration," *Journal of Political Economy*, 108(21), pp.300-323.

Storesletten, K. (2003) "Fiscal Implications of Immigration - A Net Present Value Calculation," *Scandinavian Journal Economics*, 105(3), pp.487-506.

(小﨑敏男)

索　引

あ　行

ICT（情報通信技術）　231
新しい在留管理制度　88
アファーマテイブ・アクション・プログラム　221
移住　2, 25, 229, 230
移住に関するグローバル・コンパクト　14
一般均衡モデル　221
移動（者）　2
移動転換仮説　28
イベント相関効果　40, 45, 46, 50
移民　1-6, 13, 14
移民受入国　3, 7, 8, 11-13, 17
移民送出国　3, 8, 11, 12
移民・外国人受け入れ（制度）　213, 216
移民・外国人政策　81
移民・外国人流入　142, 144-146
移民女性の出生力　35
移民人口　19
移民政策　12, 213
移民の雇用効果　143
移民余剰　219
移民労働者　13
医療保険　197
インバウンド（観光）　109, 129
受入国　3, 7, 8, 11-13
受入国の財政問題　223

AI（人工知能）　231
永住　2, 8
永住外国人　81
永住権　3
エスニック・グループ　29
オールドカマー　65, 70
オールドタイマー　83, 92, 93
送出国　3, 8, 11, 12

か　行

外国生まれ人口　19, 28, 29
外国人（人口）　3, 13-15, 65, 213
外国人技能実習機構　177
外国人雇用状況（の届出）　86, 136, 159, 213
外国人集住都市会議　90
外国人女性の出生力　33, 36, 44, 47, 50
外国人女性流入　42
外国人人口の分布　57
外国人登録（制度）法　58, 59, 99
外国人の移住過程　25
外国人の移動　69
外国人の犯罪件数　230
外国籍人口　22-24, 28, 59, 60
外国に起源をもつ人々　29
介護保険　197
家事労働者　13
課税対象所得金額　123
家族移動　9

家族移民　9
家族形成　8, 9
家族紐帯　25, 28
家族の随伴・帯同　2, 8, 9
家族呼び寄せ　2, 8, 9, 12
観光入込客数　112
帰化　14
企業単独型　160
企業の社会的責任（CSR）　179
帰国支援　91
「偽装」滞在者　82
技能実習（生）　26, 159, 160
技能実習制度　159
技能実習法　159
居住期間　47,
倶知安町　110-127
クロスセクション分析　225
経済的同化理論　150
県間移動率　71, 72
交易条件　220
工業統計調査　125
合計特殊出生率　39, 40
高校新卒就職者　168
厚生年金　185
高度人材　87, 216
合法移民　8
コーホート　194
国益レジーム　89
国際移住機関　14
国際移動（転換）　17, 19, 22, 24, 28, 50
国際移動者　2, 4
国際移民流入　34
国際結婚　39, 43, 49
国際研修協力機構　164

国際人口移動　1-4, 6, 7, 10, 14, 20, 33
国際労働移動　8
国際労働機関　13
国勢調査　29, 34, 38, 59, 62, 76, 200, 213
国籍（法）　3, 14, 95
国内（人口）移動　2, 57
国内避難民　10
国民　3
国民経済計算　193
国連難民高等弁務官事務所　9
子ども女性比　36
ごみの処理　126
雇用（許可制度）　143, 219
雇用対策法　214
雇用保険　197

さ 行

サービス残業　174
在外在留邦人　21
在日外国人（人口）　21, 26, 213
在日コリアン　22, 37
在留外国人統計　60, 75, 186
在留管理制度　59
在留資格（制度）　75, 82, 88, 138
在留資格別寄与度　26
在留資格別人口　25
在留特別許可　92
サプライチェーン（・マネジメント）　173, 179
三大都市圏　63, 68, 69
強いられた移動　7
仕送り　12
時系列分析　142

自然実験　139
ジニ係数　65, 77
市民権　3
市民的同化指数　229
社会化理論（効果）　35
社会的消費無差別曲線　221
社会統合　217, 228, 229
社会保障財政　193, 194
若年労働市場　168
就学　8
住民基本台帳（法）　58, 59, 99
住民基本台帳人口移動報告　60, 62
住民票　59-61, 76
熟練労働者（力）　28, 141, 193
出移民　3, 6, 22
出国超過　23
出産育児支援　48
出生性比　188
出入国管理　9, 12
出入国管理及び難民認定法　58, 83, 160, 214
出入国管理法改正　215
出入国管理令（政令第319号）　58
純移動　6, 7, 10, 11
純移転プロファイル（モデル）　223, 225
純現在価値　225
純入国超過率　24, 25
商業統計調査　125
消費者物価指数　198
女性の年齢別の出生率　40
人権リスク　179
人権レジーム　89
人口移動　2
人口移動集計（結果）　69, 76

人口構造　192
人口高齢化　11
人口転換理論　28
人口動態統計　39, 114
推計の問題点　142
頭脳流出　12
静学会計モデル　224, 225
静学分析　224
生産可能曲線　221
生産年齢人口　67-69, 192, 227
生産農業所得統計　125
生産波及効果　109
生存数　188
世代会計（モデル）　223, 225, 226
世代間移転　197
世代重複モデル　194
選択的移民政策　216, 227
線の管理　99
選別効果　36
専門的・技術的労働者　86
属性効果　36

た　行

第三の人口転換　18
多分化共生政策　90
多変量解析　41, 46
短期滞在　29, 60
単純労働者　86
団体監理型　160
地域分布　57
地価上昇率　118
地方創生（計画）　127-130
中断（理論）効果　34, 37
中長期滞在（在留）者　29, 60, 61, 88

長期滞在　2, 12
長時間労働　174
地理的変動　140
賃金関数　147
DID（人口集中地区）人口　199
定住（人口）　2, 8, 129
テロ対策　85
動学分析　225
同化効果　35, 41, 46, 50
同化政策　228
同化理論　35, 37
同居児法　39, 40
統合政策　90, 151
等産出曲線　221, 222
同心円モデル　81-83
等費用曲線　222
登録外国人統計　59
特定技能（1号・2号）　87, 178, 215
特別永住者　29, 60, 61, 70

な　行

難民　7, 9, 10, 13
難民条約　13
二重国籍　3
ニセコアンヌプリスキー場　119
日系人　65
日本再興戦略　176
日本人　3
入移民　3, 6, 22
ニューカマー　17, 23, 26, 36, 65, 70, 71, 72, 82, 83, 92, 93
入国管理政策　58
入国超過率　188
ニューヨーク宣言　14

年金数理モデル　194
年金制度改正　198
年金保険　185
年齢別出生率　44

は　行

爆買い　128
パネルデータ（分析）　39, 147, 152
パリティ　35
半減計画　85
庇護申請者　9, 10, 13
非自発的な移民　7
非熟練労働者（力）　24, 39, 230
非正規移民　8
非正規滞在者　82, 92
非特定化状態（incomplete specialization）　220
ピリオドデータ　35
付加価値誘発効果　109
賦課方式　197
不完全代替　140
プッシュ要因　8
部分均衡モデル　219
不法移民　8
不法残留　175
プル要因　8
文化的同化指数　229
法的地位　81
訪日外国人　110
訪日外国人消費動向調査　113
補完関係　140
北海道　110
北海道観光産業経済効果調査　113
北海道の人口　114

骨太の方針　176

ま 行

マクロ経済スライド　201
マクロ経済モデル　194
マクロ経済モデルの応用一般均衡モデル
　　223, 226
まち・ひと・しごと　128
未熟練労働者　139-141, 149, 193, 194
未登録移民　8
無国籍　3

や 行

有効求人倍率　126
有配偶出生力　37

ら 行

ライフコースアプローチ　39
リーマンショック　71
離職率　169
リプシンスキーの定理　321
留学　8
流入人口　19
労働移動　13
労働移民　13, 20
労働市場（テスト）　8, 216
労働市場統合　149 151
労働需要関数　147
労働力需給　159
老年人口指数　192
老齢厚生年金　185
ローレンツ曲線　65, 77

編著者略歴

小﨑　敏男（こさき・としお）
一九五八年　石川県生まれ。
東海大学政治経済学部経済学科教授。
主著『労働力不足の経済学』（日本評論社）、『キャリアと労働の経済学』（共編著、日本評論社）、『少子化と若者の就業行動』『人口高齢化と労働政策』（いずれも共編著、原書房）がある。

佐藤　龍三郎（さとう・りゅうざぶろう）
一九五二年　長崎県生まれ。
国立社会保障・人口問題研究所国際関係部長などを経て、現在、中央大学経済研究所客員研究員、早稲田大学政治経済学部非常勤講師。
主著『世界の人口開発問題』『ポスト人口転換期の日本』（いずれも共編著、原書房）、『現代人口辞典』（共著、原書房）ほか。

人口学ライブラリー　18
移民・外国人と日本社会

2019年3月20日　発行

編著者………小﨑敏男，佐藤龍三郎

発行者………成瀬雅人

発行所………株式会社原書房
〒160-0022 東京都新宿区新宿 1-25-13
電話・代表 03 (3354) 0685
http://www.harashobo.co.jp
振替・00150-6-151594

印刷・製本………株式会社ルナテック

©Toshio Kosaki 2019　©Ryuzaburo Sato 2019
ISBN978-4-562-09212-3, Printed in Japan

人口減少時代の日本社会 人口学ライブラリー6

阿藤誠・津谷典子編著

超高齢化を伴う人口減少が、主として経済と社会保障以外の社会的側面に、どのような影響を及ぼすかを現状分析に基づいて解明。将来起こりうる諸問題に対処する方策を提言する。2800円

人口減少時代の日本経済 人口学ライブラリー5

大淵寛・森岡仁編著

将来においても少子化が解消される可能性は低い。人口減少と消費、投資、労働、技術等の経済の諸要因との間に生ずる問題を多面的に分析し様々な影響を説明。人口減少経済の対応策を講じる。2800円

国際人口移動の新時代 人口学ライブラリー4

吉田良生・河野稠果編著

世界の代表的な地域を取り上げ、国際人口移動の実態調査と移民の流れを生み出す要因・仕組みを説明。受入国送出国双方の地域社会、経済、政治などに及ぼす影響を明らかにし、今後の方向性を論じる。2800円

少子化の政策学 人口学ライブラリー3

大淵寛・阿藤誠編著

本書は、今日の日本の少子化状態を是正し、出生率を置換水準まで回復するための方途を探る。具体的な諸政策を提言し、これらを総合的にとらえて分析し、少子化問題の解決に迫る。2800円

少子化の社会経済学 人口学ライブラリー2

大淵寛・兼清弘之編著

少子化が21世紀の日本の人口、経済、社会にどのような影響を与えるかを徹底的に分析。少子化が引き起こす諸問題を明らかにし、なぜ少子化が問題なのかをわかりやすく論ずる。2800円

少子化の人口学 人口学ライブラリー1

大淵寛・高橋重郷編著

少子化は、今日あらゆる面においてわが国の将来に暗い影を投げかけ、大きな問題となっている。世界的にも進行しているその現状を踏まえ、少子化の意義、実態、そして要因を徹底的に分析し、解決策を探る。2800円

（価格は税別）

世界の人口開発問題 人口学ライブラリー12

阿藤誠・佐藤龍三郎編著

人口開発問題を、世界が掲げるべき最上位の問題設定として総括した注目の書。先進諸国の財政難、一方で途上国や新興国の経済発展とともに進行する様々なひずみ。これら問題の根底に人口問題をみる。

3200円

ミクロデータの計量人口学 人口学ライブラリー11

小島宏・安藏伸治編著

1990年代以降、人口学教育において若手・中堅研究者を中心に利用されるようになったミクロデータについて、各種テーマに沿って利用可能な公開ミクロデータを用いる分析方法を丁寧に解説する。

3200円

少子化と若者の就業行動 人口学ライブラリー10

小崎敏男・牧野文夫編著

人口減少に対する若者の就業行動および婚姻や出生率に焦点を当てる。彼らが就業を決める要因の解明、就業形態の多様化、さらに日本的雇用システムとの関係を究明し、人口減少との関連性を明らかにする。

2800円

人口減少時代の地域政策 人口学ライブラリー9

吉田良生・廣嶋清志編著

現代社会のキーワードとなった人口減少を地域社会に焦点をあてて考察。地域人口の実態、人口変動が地域社会に及ぼす影響、都道府県別の政策について分析し、人口減少がもたらす社会的問題の解決策を探る。

2800円

世界主要国・地域の人口問題 人口学ライブラリー8

早瀬保子・大淵寛編著

世界各地域における、最近の人口の現状と今後の動向や社会経済状況を分析し、それにともなう人口政策や開発問題などを考察。世界の各地域毎に、研究者の専門的な知見を基礎として11章にまとめた。

3200円

人口減少時代の社会保障 人口学ライブラリー7

兼清弘之・安藏伸治編著

人口減少時代を乗りきるため、社会保障に焦点を絞り、今後おこりうる多様な問題を検討。これまでとは異なる社会的状況で、人口減少の根底にある問題に視点を向けて、政策的対応について考察する。

2800円

〈価格は税別〉

ポスト人口転換期の日本 人口学ライブラリー17
佐藤龍三郎・金子隆一編著

少子高齢化や人口減少といった表現は人口現象の一面を捉えているに過ぎない。深層のさらに根本的な変化について、人口と経済社会システムを一体的に捉えた新たな人口理論により日本の諸問題を概説する。

人口減少と少子化対策 人口学ライブラリー16
高橋重郷・大淵寛編

編者らによる厚生労働科学研究事業成果をもとに人口政策の見直しと提案をまとめた。少子化対策の変遷、未婚化と出生行動、結婚出産と女性就業、家族・労働政策など総合的に分析。

3200円

人口高齢化と労働政策 人口学ライブラリー15
小崎敏男・永瀬伸子編著

日本は今後、人類が経験したことのない超高齢化社会を迎えようとしている。対応する社会システムの構築なしには社会の持続可能性さえ危ぶまれる現状を分析、今後の労働政策の指針となる方向性を提示。

3200円

首都圏の高齢化 人口学ライブラリー14
井上孝・渡辺真知子編著

急速に進む首都圏の高齢化が今後どのように展開するのか、多分野の視点から最新データを用いて詳細に分析。研究教育・政策立案・実務・ビジネスにて高齢化問題に関わるすべての方の必読書。

3200円

世界の宗教と人口 人口学ライブラリー13
早瀬保子・小島宏編著

全地球的にみる宗教の重要性。宗教と人口変動（出生、死亡、国内移動、国際移動等）、宗教と各種政策（人的資源開発政策、ジェンダー政策、家族政策等）の関係について、途上地域にも積極的に言及。

3200円

（価格は税別）